本书撰稿人

才凤敏　李　剑　李　俊　许政敏　杨解君

杨　宁　詹鹏玮　庄　汉　张治宇

Research on Legal Guarantee for Achieving Carbon Peaking and
Carbon Neutrality Goals

实现"双碳"目标的法治保障研究

杨解君　主　编

李　剑　副主编

人民出版社

责任编辑：张　燕

图书在版编目（CIP）数据

实现"双碳"目标的法治保障研究 / 杨解君 主编；李剑 副主编 . —北京：
人民出版社，2022.12（2023.3 重印）
ISBN 978－7－01－025184－4

I. ①实… 　II. ①杨… ②李… 　III. ①节能减排－环境保护法－研究－中国
IV. ① D922.684

中国版本图书馆 CIP 数据核字（2022）第 193684 号

实现"双碳"目标的法治保障研究
SHIXIAN SHUANGTAN MUBIAO DE FAZHI BAOZHANG YANJIU

杨解君　主　编

李　剑　副主编

人民出版社 出版发行
（100706　北京市东城区隆福寺街 99 号）

中煤（北京）印务有限公司印刷　新华书店经销

2022 年 12 月第 1 版　2023 年 3 月北京第 2 次印刷
开本：710 毫米 × 1000 毫米 1/16　印张：20　印数：30,001–32,000 册
字数：290 千字

ISBN 978－7－01－025184－4　定价：58.00 元

邮购地址 100706　北京市东城区隆福寺街 99 号
人民东方图书销售中心　电话（010）65250042　65289539

序　言

2020 年 9 月 22 日，国家主席习近平在第七十五届联合国大会上宣布，中国力争 2030 年前二氧化碳排放达到峰值，努力争取 2060 年前实现碳中和目标。这个庄严承诺体现了我国推动世界经济绿色发展和构建人类命运共同体的大国担当，也标志着中国经济社会全面绿色低碳转型和高质量发展的开启。

"双碳"目标的实现，仰赖政策、技术、市场与法律的"四轮驱动"。随着双碳"1+N"政策体系的基本建立，对政府、市场与社会的绿色低碳行动起到了举旗定向的作用；一些具有战略意义的新能源、人工智能、信息和数字等新型科技的发展日新月异，并被广泛运用于能源、电力、交通、建筑、工业等核心领域的减污降碳；全国碳市场基本框架初步形成，有效发挥了控制碳排放的市场激励与约束功能；"双碳"国际国内法律规范也陆续出台或处于草创阶段。可以说，在迈向碳中和的进程中，一切向好，行稳致远。然而，我们也应该清醒地看到，具有强制性、规范性、可操作性的"双碳"法治保障体系尚未建成。如果"双碳"法治建设与其他"三轮"不能同步发展，"双碳"目标的实现之路则可能会失序、失速或失控。

在气候变化和"双碳"目标冲击自然与人类社会各个层面的时代变局之下，法治的传统框架与思考模式已不足以回应这种冲击。而以往单纯的以经济发展为导向的法治思维，同样不足以达成实现人与自然和谐共生的美好愿景。简言之，面对气候变化和碳中和，法治建设也必须跳脱传统的框架，重新出发。正是基于这种认识，我们凝心聚力，守正创新，推出《实现"双碳"目标的法治保障研究》一书，致力于对实现"双碳"

目标的法治表达，为构筑权威、全面、系统、科学的"双碳"法治保障体系略尽绵薄之力。

法治保障的基本逻辑是科学立法、严格执法、公正司法、全民守法，我们的"双碳"法治言说也基本上循此路径，从立法维度、执法维度、司法维度和社会治理维度渐次展开。同时，"双碳"法治保障还需要在构建人类命运共同体的理念下连接本土与全球，呼应全球治理现代化。因此，我们增加了"双碳"国际法治与涉外法治建设内容。

气候变化与碳中和时代的法治，必须兼具协助自然与社会系统转型的功能，无法像过去那样以对因果关系确定性的掌控为基础建立法治保障体系，而必须不断学习如何与变异的环境和不确定性共存。基于此种认知，在立法保障上，我们立足于风险预防原则、人与自然和谐共生观和整体系统观，从国际法规范的沿革和国内法规范的"立改废"两个层面展开；在执法保障上，我们强调坚守行政法上的比例原则，推行府际联动和综合执法机制；在司法保障上，我们积极探索气候变化公益诉讼和碳排放生态修复司法保障机制的中国方案；在社会治理保障上，我们倡导反身法视角，从社会端或消费端出发，探寻公众对于碳减排的全面参与和深度参与之道；在国际法治与涉外法治上，我们秉持"共同但有区别的责任原则"，完善国内法与国际法的转化衔接机制，提升国家自主贡献力度，培养专业"双碳"涉外法律服务队伍。

"双碳"目标的实现与气候变化的应对，呼唤出现一种新的生态环境与经济社会发展相协同的法治保障模式，它是持续推动"双碳"方案实施和健康有序发展的基石，也是未来法治转型的契机。

是为序。

杨解君

2022 年 9 月 5 日

目　录

第一章 "双碳"目标：从提出到行动

第一节 "双碳"目标的提出

一、"双碳"目标提出的背景

（一）国际背景

自工业革命以来，人类生产生活方式的变更使得以二氧化碳为代表的温室气体排放大量增加，已扰乱正常的自然生态和气候变化规律，造成了极端天气频发、臭氧层保护减弱、冰川大面积融化等恶劣气候问题。2019 年 11 月，来自世界各地的 11000 多名科学家共同宣布地球正面临"气候紧急状态"（*Bioscience*），[①]研究表明 15 个已知的全球气候临界点，已有 9 个被激活。临界点之间存在关联，它们被激活将触发级联效应，进一步加剧气候风险。[②]2021 年是全球平均气温连续第 7 年（2015—

---

① William J., Ripple M., Christopher Wolf, et al., "World Scientists Warning of a Climate Emergency", *Bioscience*, 2020, Jan.; Vol.70: 8-12.

② Timothy M., Lenton, Johan Rockström, et al., "Climate Tipping Points - too Risky to Bet Against", *Science*, 2019, Nov.;575（7784）:592-595.

2021 年）高于工业化前水平 1℃ 以上。①2022 年"全球风险感知调查报告"（Global Risks Perception Survey, GRPS）展示的最新全球风险感知调查结果从三个方面展示了气候变化的影响：第一，环境风险依然是构成世界最严重最长远的威胁之一。即使新冠肺炎疫情对社会产生了前所未有的影响，但环境风险仍然被认为是世界五大严重威胁之一，是对人类和地球最具潜在破坏性和长远性的威胁。其中，"气候行动失灵""极端天气""生物多样性失衡"被视为最严重的三大风险。第二，国际上对碳排放规范无序，将致使全球经济面临结构矛盾等问题。政府、企业和社会正面临越来越大的压力，气候变化将进一步导致国家分裂、社会分化、全球气候合作困难等。鉴于碳排放变革具有复杂性，以及当前定下确切目标与承诺治理碳排放的国家数量不足，到 2050 年实现净零排放目标的任何过渡很大程度上将是无序的。那些继续依赖碳密集型行业的国家，可能会因为更高的碳成本、技术创新迟滞、贸易协定对碳排放要求的限制等而失去竞争优势。第三，不恰当的气候治理同样会带来不可忽视的风险。2020 年温室气体排放率高于过去十年的平均水平，如果仓促采取环境治理政策，可能会对环境产生意想不到的不良后果。同时，缺乏公共支持亦会造成气候治理在政治上的复杂性，进而减缓其进程。若未能考虑到气候治理对社会造成的影响，将会加剧国家内部及国家之间的不平等，从而徒增地缘政治摩擦等问题。② 联合国政府间气候变化专门委员会（IPCC）在其发布的报告《气候变化 2022：影响、适应和脆弱性》中评估认为，气候变化正将地球生态系统推向"人类适应的硬性极限"，

---

① WMO, "2021 One of the Seven Warmest Years on Record-WMO Consolidated Data Shows", 19 January, 2022, retrieved February 28, 2022, from: https://public.wmo.int/en/media/press-release/2021-one-of-seven-warmest-years-record-wmo-consolidated-data-shows.

② World Economic Forum, "The Global Risks Report 2022", 17th Edition, Geneva Switzerland, 11 January, 2022, retrieved February 16, 2022, from: extension://bfdog-plmndidlpjfhoijckpakkdjkkil/pdf/viewer.html?file=https%3A%2F%2Fwww3.weforum.org%2Fdocs%2FWEF_The_Global_Risks_Report_2022.pdf.

这意味着人类社会在达到这个极限后便无法适应变化和生存，且在全球气温升高值超过 1.5℃后，伴随而来的各种全球性灾难将无可避免，倘若人类在未来几十年内减少对化石能源的依赖，各国形成共识并采取积极有效措施控制温室气体排放，则可以避免最坏的结果。[①] 鉴于当前形势，气候治理已然到了必行之时。

气候治理的关键在于控制二氧化碳等温室气体的排放。全球多数国家采取的是通过加强对话和战略合作等形式寻求双边或者多边协作的方式应对气候问题。这些合作往往以国际气候变化法为主要载体，即各国际法主体为保护全球气候系统、生态系统，规避全球温室气体排放对地球生态、人类生存与生产产生不利影响等而逐步形成的各种国际法律原则、规则、制度。国际气候变化法的表现形式通常为具备国际法律属性的国际条约（International Treaty），这些条约也是各缔约国在国内层面应对温室气体排放法律问题的重要法律渊源。国际上现有针对二氧化碳或温室气体排放的规范主要有《联合国气候变化框架公约》（*United Nations Framework Convention on Climate Change*，UNFCCC，以下简称《气候公约》）、《京都议定书》（*Kyoto Protocol*）、《巴黎协定》（*Paris Agreement*）等，当然还包含其他双边或多边的气候治理合作的规范，它们共同构成了控制温室气体排放或应对气候变化的国际法规则。

《气候公约》是联合国针对全球气候变化及应对措施而作出的纲领性条约，亦称作"气候宪法"。1992 年《气候公约》在巴西里约热内卢召开的联合国环境发展大会上签署通过，于 1994 年 3 月 21 日生效，是一项专门应对全球气候变化的国际规范。《气候公约》第二条便开宗明义地阐述其目标："将大气中温室气体的浓度稳定在防止气候系统受到危险的人为

---

① IPCC, "Climate Change 2022: Impacts, Adaptation and Vulnerability", *IPCC Sixth Assessment Report*, 27 February, 2022, retrieved February 20, 2022, from: extension://bfdogplmndidlpjfhoijckpakkdjkkil/pdf/viewer.html?file=https%3A%2F%2Fwww.ipcc.ch%2Freport%2Far6%2Fwg2%2Fdownloads%2Freport%2FIPCC_AR6_WGII_FinalDraft_FullReport.pdf.

干扰的水平上",[①] 第三条:"共同但有区别的责任原则",该原则明确了发展中国家无须承担减排义务,但这并不意味着发展中国家无须在国内开展应对温室气体排放活动并持续增加高碳排放,发展中国家仍需在其能力范围内承担积极减排、公开信息、研究应对措施、宣传与教育低碳意识等《气候公约》规定的各缔约方的共同义务。

在《气候公约》的基础上,参与全球气候变化治理之主体逐步增多,并逐渐衍生了其他更为详尽和务实的国际条约,如《京都议定书》等。为确保《气候公约》达到实质效果,作为其补充协议的《京都议定书》于2005年2月生效。《京都议定书》被誉为"国际环境外交的里程碑",标志着应对二氧化碳或温室气体排放的气候治理行动走向了全球化,也标志着量化的温室气体减排义务成为发达国家的法律义务。

《京都议定书》确定了三大"京都机制",[②] 在这一体系下,发达国家可以通过合作和提供技术达到域外减排的效果,这为发展中国家引进低碳技术提供了良好基础。2012年是《京都议定书》第一承诺期届满之年,至2015年《巴黎协定》出台前,全球气候治理进入"后京都时代"。然而,"后京都时代"的法治"怯场",使全球气候治理缺乏凝聚力和可行性。

经过国际同仁不断努力,"后京都时代"法治"怯场"之局面由《巴黎协定》的出台而最终被打破,随后国际气候治理的法治时代登上历史舞台。以《巴黎协定》为国际法渊源和依据,各国纷纷开始制定相关气候治理的国内法律法规或政策等。

《巴黎协定》于2015年12月通过,是继《京都议定书》之后,全球气候治理上的第二份具有法律效力的国际气候治理条约。《巴黎协定》结束了"后京都时代"的全球气候治理乱局,摒弃了狭隘的"零和博弈"气

---

① United Nation Climate Change, "United Nations Framework Convention on Climate Change", 28 June, 2002, retrieved February 21, 2022, from: extension://bfdogplmndidlpjf-hoijckpakkdjkkil/pdf/viewer.html?file=https%3A%2F%2Funfccc.int%2Fsites%2Fdefault%2Ffiles%2Fconvention_text_with_annexes_english_for_posting.pdf.

② 即联合履行机制(JI)、碳排放贸易机制(ET)、清洁发展机制(CDM)。

候治理思维，最终为各国利益与人类利益之间达成最大公约数奠定了国际法治基础。相较于之前的国际文件，《巴黎协定》具有如下一些明显的特点。第一，目标具有长期性。该协定鼓励各国结合自身国情，按照各自国内立法来展开减排义务以应对气候变化。第二，进一步践行"共同但有区别的责任"原则。其一方面要求发达国家为发展中国家提供"气候资金"和低碳技术等支持，另一方面也要求发展中国家在自身国情下积极履行减排义务。总体而言，《巴黎协定》更具灵活性，更尊重发展中国家的主权和自主性，其自下而上的"自主贡献"模式获得了绝大多数国家的支持和认同，为全球积极参与气候治理打开了一扇大门，也为中国经济转型绿色低碳发展带来了全新的机遇与挑战。

目前，在《巴黎协定》框架下，全球已有126个缔约主体承诺通过"双碳"行动展开与其相关的气候治理目标。这些作出承诺的国家大多是欧美发达国家，且大部分已经实现了碳达峰，其中德国、法国、英国等国早在20世纪80年代左右即已实现碳达峰，美国、加拿大、意大利等国在2007年便已经实现碳达峰。①

从工业化的成熟度来看，欧美等发达国家已然实现工业化，而中国尚处在工业化发展的中后期。对中国而言，实现"双碳"目标远比欧美等发达国家要困难得多，所面临的产业结构转型和绿色升级都将困难重重。但从长远来看，只要能够从"双碳"中顺利实现产业结构与绿色转型，中国便能以"革命性的进步"进入可持续、清洁、绿色的发展期，巩固自身综合实力，进一步提升其国际竞争力与国际话语权。基于这一国际背景，中国国内的"双碳"战略部署逐渐顺应形势而积极展开并采取了付出努力的诸多行动。

（二）国内背景

国际上对气候治理的日趋重视以及气候变化带来的长远性、严重性

---

① 巢清尘：《"碳达峰和碳中和"的科学内涵及我国的政策措施》，《环境与可持续发展》2021年第2期。

等负面效应，深化了中国对气候变化和气候治理的必要性认识。与此同时，立基于国内绿色低碳发展的实践经验，中国逐渐发现实现气候治理将带来更加生态、更高质量发展、更符合人与自然和谐共生的结果。由此，国内气候治理和包括碳治理在内的生态环境治理也发生了一系列变化。

中国在2015年向联合国负责全球气候变化规划部门提交了应对气候变化的中国自主贡献文件《强化应对气候变化行动——中国国家自主贡献》。文件除了总结和回顾过往的气候治理和减碳工作之外，还初次向联合国提出"自主贡献"的范围和时间，即中国为应对全球气候变化将根据中国发展阶段、发展战略、国际责任担当以及其他符合中国国情的情况来确定2030年的自主行动目标，在2030年左右二氧化碳排放争取尽早达峰，并将绿色低碳发展纳入基本国策作为生态文明建设的重要内容。此外，中国在应对气候变化行动政策和措施上亦不遗余力，在体制机制、生产消费方式、国际合作与创新等方面进一步采取强化政策和措施，例如落实《国家应对气候变化规划（2014—2020年）》和省级专项规划，建立系统化的低碳能源体系，颁布执行《工业领域应对气候变化行动方案（2012—2020年）》，制定当前中国主要行业的碳排放控制目标及其行动方案，同时在温室气体排放标准上采取新的措施和标准，推进全国碳排放权交易体系建设，逐步建立碳排放权交易制度，并在碳排放报告核查核证制度、碳排放权交易制度、碳排放统计核算体系、公众参与上进一步促进公平、公正、完善的市场化机制。在上述基础上，中国将气候变化行动目标纳入国民经济和社会发展规划中，并研究制定长期低碳发展战略和路线图，以法制建设巩固应对气候变化的成果和方向。这些在2015年后均得到了很好的落实和发展，为中国实现"双碳"目标的法治建设打下了良好的基础。

中国是发展中国家中最早制定关于气候变化方案的国家，伴随着中国深入落实气候治理行动，一系列直接的、间接的气候治理方案陆续出台。2007年6月，中国出台了全球发展中国家第一部专门性的气候治理行动方案——《应对气候变化国家方案》；2008年10月，中国国务院新闻办公室发布了《中国应对气候变化的政策与行动》，为应对气候变化的政策路线图制定指明了方向。2009 年 5 月，《落实巴厘路线图——中国政府关于哥本哈根气候变化会议的立场》宣布了中国 2020 年单位 GDP 碳排放相比2005 年下降 40%—45%，并将此决定纳入国家发展规划中。2011 年，国务院发布《中国应对气候变化的政策与行动（2011）》白皮书，并逐渐形成定期对外发布中国应对气候政策与行动报告的习惯。2011 年 10 月 29 日，国家发展和改革委员会发布《关于开展碳排放权交易试点工作的通知》，为区域碳排放权交易和后续实现"双碳"目标的具体措施安排奠定了基础。2013 年 11 月，国家发展和改革委员会发布了《国家适应气候变化战略》，是专门用于适应气候变化的战略规划。2014 年 9 月，《国家应对气候变化规划（2014—2020 年）》明确了中国 2020 年前应对气候变化的主要目标和任务。2015 年 6 月，中国向联合国气候变化框架公约负责部门提交的应对气候变化国家自主贡献文件《强化应对气候变化行动——中国国家自主贡献》，提出了中国将在 2030 年左右实现碳达峰，并提出确保目标实现的诸多政策措施，这是中国较早直接涉及"双碳"的文件。2017 年，党的十九大报告提出要推进人类命运共同体、生态文明与气候治理共同建设。随后，2020 年习近平主席在第七十五届联合国大会上正式对外宣布中国要在 2030 年前实现碳达峰、2060 年前实现碳中和（以下简称"30/60 愿景目标"）。2021 年，党中央将"双碳"纳入国家"十四五"规划和 2035 年远景目标纲要，并强调"双碳"要纳入生态文明建设整体布局，要拿出抓铁有痕的劲头如期实现"30/60 愿景目标"。至此，实现"双碳"目标行动全面拉开序幕。

客观来看，与欧美发达国家相比，中国实现"双碳"目标需要付出更多的努力。从发展阶段来看，发达国家已经实现了经济发展与碳排放脱钩，而中国却还处在经济结构转型和碳排放达峰前期，这就要求中国在兼顾经济发展转型与低碳转型的双重压力下做出行动。从"双碳"发展的趋势来看，大部分发达国家早已提前实现碳达峰，并且碳达峰与碳中和的窗口期相隔 40—70 年，实现碳中和的时间相较于中国而言具有更大的空间和弹性。中国从实现碳达峰到碳中和之间仅有 30 年左右，在时间和弹性上明显少于发达国家。来自经济社会发展等多方面的压力，使得中国实现"双碳"目标所要付出的努力和代价远比发达国家大得多。这种倒逼的压力，对中国低碳和脱碳等技术创新、产业结构和能源结构转型提出了新的和更高的要求。基于数据模型组的科学测算和预测，2035 年碳排放量将需要控制到 70 亿—90 亿吨，如果"十四五"期间碳强度[①]下降到预定目标 18%，那么在"十五五"与"十六五"时期碳强度则需要降到 25% 至 35%，这就需要中国提前做好低碳与脱碳等技术储备[②]和能源结构及产业结构的转型。但是，从目前的低碳技术、行政、市场、绿色、全球和法治等因素状况来看，俨然是无法保障如期实现"双碳"目标的。因此，在国际与国内"双碳"实践的背景下，中国必须从多个方面探寻多种方式、多元路径来形成合力，借用国家发展和改革委员会主任何立峰的话说，就是要"统筹处理好发展和减排、降碳和安全、整体和局部、短期和中长期、立和破、政府和市场、国内和国际等多方面多维度关系……重塑我国经济结构、能源结构"，[③]从而助推和保障"双碳"目标如期实现。

---

① 碳强度，是指单位国内生产总值二氧化碳排放。一般而言，碳强度指标是随着技术进步、产业结构调整和经济增长而下降的，因而，碳强度的下降必然要求降碳科技的进步，而科技的进步又与其他因素息息相关。当然，这种对碳强度的要求，在"双碳"的"全国一盘棋"中具有更深层次的意义：一方面，在国内生产总值（分母）升高的同时，减少碳排放（分子），则碳强度在比值上就会降低；另一方面，在全国范围内的不同梯次的"双碳"行动中，对降碳潜力大的省市，在保障 GDP 高质量增长的同时，做好碳排放（分子）削减工作，以此实现碳强度下降，而实现碳达峰的地区则可以抓住转型机遇做好生态优势转化为经济优势的工作，通过碳排放权交易市场或碳汇等方式扩大 GDP（分母），以此在全局上帮助碳排放多的地区，最终实现"全国一盘棋"的"双碳"目标。

② 巢清尘：《"碳达峰和碳中和"的科学内涵及我的政策措施》，《环境与可持续发展》2021 年第 2 期。

③ 何立峰：《完整准确全面贯彻新发展理念　扎实做好碳达峰碳中和工作》，《人民日报》2021 年 10 月 25 日。

二、实现"双碳"目标的重要文件及其阐释

无论是国际上气候治理条约的签署，还是各国国内不断为应对气候变化作出的调整，都可以看出国际气候治理行动正敦促着各国不断推出有关"双碳"的政策和法律。欧盟、英国、法国、新西兰等相继出台了相关的政策和法律或法律草案等措施以应对"双碳"行动。中国为确保"双碳"愿景目标如期实现，在统筹国际与国内两大背景下，亦陆续出台了关于实现"双碳"目标的顶层设计，为法治保障实现"双碳"目标奠定好了"四梁八柱"的政策基础。

（一）《中共中央 国务院关于完整准确全面贯彻新发展理念做好碳达峰碳中和工作的意见》

2021 年 10 月 12 日，在《生物多样性公约》第十五次缔约方大会领导人峰会上，习近平主席对外宣布要建立保障实现"双碳"的方案措施，以"1+N"政策体系推动"双碳"重点领域和行业迅速进行减碳降碳工作。[1]同时，在共同构建地球生命共同体的主旨讲话中将"双碳"实施与生态文明建设共同纳入"共同构建地球生命共同体"框架中，[2]这意味着"1+N"政策体系概念，不仅仅是针对气候治理的政策体系，更是有机关联了"五位一体"中的生态文明建设和习近平主席倡议的"构建人类命运共同体"的国际担当。基于此，实现"双碳"目标将代表新时代下的中国特色社会主义生态文明建设的新方向，与西方资本主义制度下的生态文明建设或"双碳"实施有着本质上的不同。

2021 年 9 月 22 日，中共中央、国务院发布《关于完整准确全面贯彻

---

[1] 《习近平出席〈生物多样性公约〉第十五次缔约方大会领导人峰会并发表主旨讲话》，《人民日报》2021 年 10 月 13 日。

[2] 《共同构建地球生命共同体——在〈生物多样性公约〉第十五次缔约方大会领导人峰会上的主旨讲话》，《人民日报》2021 年 10 月 13 日。

新发展理念做好碳达峰碳中和工作的意见》（以下简称《意见》），是"1+N"政策体系中的"1"，也是往后根据具体国情和发展情形制定"N"系列政策与相关制度的纲领性文件。"N"系列政策包含了《2030年前碳达峰行动方案》《中国应对气候变化的政策与行动》，也包含了各级政府制定的"双碳"政策等，同时还包括其他重点领域、行业等政策措施和行动，例如涉及"双碳"的能源、工业、交通运输、城乡建设、财政金融、标准计量体系、碳排放权交易（市场）、监督考核，以及根据政策制定相关保障措施等方面。《意见》作为"1+N"政策体系的顶层制度设计，明确了"双碳"工作的主要目标、路径及其配套保障措施的制定方略等，为实现"双碳"目标提供了政策基础。

实现"双碳"目标的内涵与《意见》的内涵互为表里，《意见》充分体现了实现"双碳"目标所依赖的特有方式，可将其抽象地概括为技术化、市场化、行政化、绿色化、全球化、法治化路径。当然，涉及绿色低碳减排这一"双碳"目标所反映的特有属性的对象均可纳入"双碳"目标这一概念的外延。

其一，在技术化方面，《意见》全文出现关键词"技术"24处、"科技"6处。其中，在工作原则中，强调政府和市场要两手发力，通过政府与市场的合力推动科技创新、低碳科技应用取得突破。在深度调整产业结构上，要求在新兴技术领域实现深度融合，即在新兴信息技术、新能源科技、生物科技、人工智能、5G、数字技术等技术上实现新兴技术与低碳产业的深度融合。[①] 在低碳出行上，要求综合运用各种技术等手段治理交通拥堵。在"双碳"技术推广和应用中，一方面，在技术化规划上，要制定碳中和技术发展路线，以科技支撑"双碳"行动方案；另一方面，在技术布局上，要强化低碳技术基础研究，培育降碳与新能源技术国家重点实验室、国家科技创新中心、重大技术创新平台等，并建立配套的技术服务与评估体系

---

① 胡熠、靳曙畅：《数字技术助力"双碳"目标实现：理论机制与实践路径》，《财会月刊》2022年第6期。

等。在对外开放上，要求大力发展高技术产品，推进绿色"一带一路"建设，深化各国技术的绿色合作，推动我国绿色技术和衍生品走出国门。在政策机制上，要求完善财税在技术研发上的支持力度，积极开展低碳零碳技术研发应用等。

其二，在市场化方面，《意见》全文出现关键词"市场"20处。其在"双碳"的工作原则中，强调政府和市场的关系要在"双轮"驱动下展开，发挥"市场机制作用"，形成有效激励性约束的政府与市场合力机制。一是在体制机制上要进行市场化改革，形成市场化的引导机制。具体而言，要在产业结构上进行深度调整，以碳排放主要来源的电力产业为主，推动电力产业结构在体制机制上深度改革，培育配销电环节的独立市场主体、中长期市场、现货市场、辅助服务市场的衔接机制等，并通过以消纳可再生能源为主来增量配电，从而形成市场主体地位；通过有利于节能的方式深化电价改革，放开竞争性环节电价，以完善电力等能源品种"价格市场化"形成机制；同时对煤炭、油气进行市场化改革，推进统一能源市场。二是通过政策机制培育"市场主体"，例如通过支持社会资本参与政策来激发低碳投资的市场主体活力，借助开发性政策性金融机构的"市场化"与"法治化"方式来提供长期且稳定的融资，以此鼓励市场积极参与"双碳"的市场化行动。总体而言，"双碳"的市场化需要尽快完善全国碳排放权交易市场和碳定价的各项制度和运行机制，在政府的监管下扩大市场化的范围，包括碳排放主体的覆盖范围等，并进一步完善碳排放权交易市场的交易品种及其交易方式等。

其三，在行政化方面，《意见》强调要"严格监督考核"。此处所说的"监督"，具体是指以党中央、国务院为"双碳"工作垂直领导的最高领导机构领导全国"双碳"的统筹协调工作，以国家发展改革委统筹协调各部委和地方各部门，以地方各级党委和政府等形成自上而下的行政监督、行政监管、通报、约谈、问责等方式扛起"双碳"工作。这是行政化宏观层面上的体现。在微观层面上，例如在碳排放权交易市场建设上，《意见》强调要健全企业和金融机构等碳排放报告和信息披露制度，这就需要在行政监管上作出体制机制安排，建立健全碳排放权交易的准入制度，在行政许可法上确立"双碳"许可相关制度，在行政处罚法上衔接碳排放权交易的惩戒机制，在碳排放权交易机制上完善行政监管的主体、行为、组织等。

其四，在绿色化方面，《意见》全文出现"绿色"关键词多达62处，是全文出现频率最高的词。"绿色化"贯穿在总体要求、指导思想、工作原则、主要目标以及具体工作的始终。在"双碳"工作的指导思想中，要求将经济社会发展"全面绿色转型"作为引领式的核心主题，将"绿色低碳技术"广泛推广到国内外；在主要目标上，要求在2025年初步形成"绿色低碳循环发展经济体系"，2030年在经济社会发展"全面绿色转型"上取得显著的成绩和效果，2060年全面建立起"绿色低碳循环发展的经济体系和清洁低碳高效的能源体系"。在"全面绿色转型"的具体工作上，对"绿色发展规划引领"提出要将"双碳"目标融入经济社会的长远发展规划中；在"绿色区域布局"上，要求粤港澳大湾区、京津冀、长三角一体化发展要将绿色低碳发展作为发展的导向；在"绿色生活方式"上，强调将绿色发展纳入国民教育体系，凝聚全社会共识形成全民参与的绿色格局。在产业结构调整上，提出了"农业绿色发展""信息服务业绿色转型""绿色低碳产业深度融合"等。在交通运输绿色建设上，提出要加快发展绿色物流，倡导绿色出行等。在城乡建设绿色发展上，要求城乡建设和管理模式向绿色方向转型，发展节能低碳绿色建筑等。

其五，在全球化方面，《意见》开篇即开宗明义：实现"双碳"目标是基于国内国际两个大局而作出的重大战略决策，因而必须具有"全球化"的视野。除此之外，基于我国是发展中国家的基本国情，我国可依据《巴黎协定》引进发达国家有利于绿色低碳发展的技术，借助发达国家的低碳技术交流和资助资金可大大增强"双碳"实现的可能性。因而，《意见》在对外开放水平上提出新的要求。第一，绿色对外贸易体系需要加快建立，扩大绿色低碳产品、节能环保服务、环境服务等进口，完善低碳绿色出口产品及政策体系。第二,加大南南合作,通过南南合作将中国新能源等绿色低碳技术和产品推广出国门,彰显"一带一路"绿色底色。第三,积极参与全球应对气候变化的国际规则和标准的制定,统筹做好应对气候变化的对外斗争,增强国际话语权与影响力,共建全球公平合理、合作共赢的气候治理体系。

其六,在法治化方面,法治是《意见》得以确切实施的保障。虽然《意见》在多方面强调实现"双碳"目标需要多重手段和多种方式共同合力,但是不管运用何种方式和手段,法治均是最重要的保障方式,是确保"双碳"稳步实现的最有力武器。"双碳"所借助的技术化、市场化、行政化、绿色化、全球化等各种手段均需要"法治"保驾护航。可以说,法治化是实现"双碳"目标的"兜底条款",是保障其他方式得以有序进行的重要保障。从法治的基本内涵来看,法治的基本要求是建立起完备的法律法规体系和健全的法律制度,确立法律的权威性,以保障社会各类主体认真对待与遵循法律制度。法治化的前提是法制化。法治相对于人治而言,法治要求任何机关、团体、个人严格依法办事。《意见》在全文通过以下几个方面体现了法治保障的重要性。第一,通过专门章节强调法治保障的重要性,要求健全"双碳"法律法规体系。一方面,针对现行法律法规中不符合"双碳"工作精神与内容的要全面清理,并要保障法律法规间围绕"双碳"工作的衔接问题得以协调;另一方面,针对"双碳"立法的不足之处,要求研究制定碳中和的专项法律,并同时对能源法、电力法、煤炭法、可再生能源法、循环经济促进法等现行相关法进行修订,以保障开展"双碳"工作的法律需求。第二,在其他相关具体工作部署上亦专门强调法治保障的重要性,例如明确要求严格"执法"保障清洁低碳能源体系的责任落实,通过"法律"等综合手段推进低碳交通运输体系的建设,通过法治化原则为"双碳"提供长期稳定的融资支持。在落实监督考核方面,要严格依法对未完成"双碳"目标的责任主体进行问责等。

（二）《2030 年前碳达峰行动方案》

《2030 年前碳达峰行动方案》（以下简称《方案》），从其与《意见》这两个文件的内容和发布时间上看，《方案》是对《意见》内容的进一步深化与具体部署，属于"1+N"政策体系里的"N"。但是《意见》所涵盖的是碳达峰与碳中和两个阶段的总览式目标与措施，而《方案》主要部署的是碳达峰实现阶段的目标和措施，强调的是"双碳"目标中的第一个过程性目标，即 2030 年前实现碳达峰，两者存在重大区别，发挥着不同作用，前者是行动纲领，后者是行动指南。明确两者的区别和作用，着眼于 2030 年，放眼于 2060 年，是解读《方案》内涵的基本前提。

从"双碳"目标的内涵要求上来看，对《方案》的理解也可从技术化、市场化、行政化、绿色化、全球化、法治化路径等方面展开分析。

其一，在技术化方面，《方案》聚焦于"十四五""十五五"期间的主要技术目标，即在 2025 年明确要求单位国内生产总值二氧化碳排放比（碳强度）分别要比 2020 年下降 18%，而 2030 年则要比 2005 年下降 65% 以上，从而才可能顺利实现碳达峰。单位国内生产总值二氧化碳排放比往往是通过技术进步、产业结构调整和经济增长而下降的，当然产业结构的调整和经济的增长更多依赖的也是技术的进步。换言之，单位国内生产总值二氧化碳排放的下降必然要求相关科技的进步。对此，《方案》直接阐明在"十四五"期间，低碳技术研发要取得新突破，低碳技术的推广和应用也要取得新进步；在"十五五"期间，绿色低碳技术取得关键性突破。由此可见，在主要目标上，《方案》明确了"双碳"目标在"十四五""十五五"阶段的技术化的地位。

其二，在市场化方面，《方案》除了保持与《意见》相同的以"市场化"和"政府推进"双轮驱动的模式外，还进一步要求建立和健全市场化机制，即在《意见》的基础上要求完善市场化的配套制度，保障市场化的运行。在其他碳达峰行动上，《方案》亦进一步要求形成市场化。例如，在深度调整产业结构上要求电力、煤炭、油气等行业要形成市场化机制，在绿色金融上也要以市场化模式开展融资支持，特别强调要拓展绿色债券市场的深度和广度，并在市场化模式下鼓励社会资本建立低碳产业投资基金等。

其三，在行政化方面，《方案》主要强调政府要发挥自身驱动，在监管方面保障碳达峰工作的成效。首先，在实施《方案》各项碳达峰行动上要以国家、省、自治区、直辖市自上而下的总体部署为前提，在坚持"全国一盘棋"的总体格局下提出符合各地发展水平的措施；其次，负有责任的地方政府要组织碳达峰目标任务的年度评估，对目标的实行情况等工作向国务院和党中央"双碳"工作领导小组汇报；最后，在具体执行中，强化常态监管，在特殊行业如核安全上要实行最严格监管。在节能降碳增效行动中，要建立信用监管，与其他监管模式一起增强节能监察的约束力。在重点用能设备节能增效上，要加强日常监管，以确保节能要求全面落实。在工业领域碳达峰行动中，要加强产能置换监管和通过强化常态化监管遏制"两高"项目的盲目发展。在节能增效行动中，还需要综合运用行政处罚等行政化手段增强监管的严格度。

其四，在绿色化方面，《方案》全文128处提到"绿色"，是出现频率最高的词，与《意见》一样，"绿色化"在逻辑上始终贯穿全文。首先，《方案》主要针对2030年前如何通过各项行动实现绿色化，其在总体要求上表述为："实现生产生活方式绿色变革，经济发展需建立在绿色低碳发展基础上。"在工作原则上，《方案》以绿色低碳技术创新为抓手，引导低碳技术向绿色化方向流动。在主要目标上，与《意见》不同的是，《方案》具体部署了绿色发展的不同阶段目标：一是在"十四五"阶段，要在绿色低碳技术研发、绿色生产生活方式、绿色低碳循环发展政策体系上取得成效；二是在"十五五"阶段，要在绿色低碳技术上取得关键性突破，而且绿色生活方式深入民心，基本健全完善绿色低碳循环发展政策体系。其次，《方案》在"碳达峰十大行动"中均体现"绿色化"的核心思想，十大行动的技术、市场、行政、全球合作等支撑措施也围绕"绿色化"展开。总体而言，《方案》为2030年前碳达峰阶段的绿色化行动阐明了基本的行动方向。

其五，在全球化方面，《方案》在主要目标中明确了"十五五"期间要实现"重点耗能行业能源的利用效率与国际先进水平持平"，并通过专章"国际合作"来进一步完善《意见》中关于全球化的要求。在参与全球气候治理上，《方案》强调"深度参与"，即在气候治理理念上着重宣传习近平生态文明思想，通过分享中国的生态文明建设、绿色低碳发展理念及其实践经验为全球贡献气候治理的中国智慧、中国方案与中国力量，最终实现与全球携手共建一个"人与自然生命共同体"的生态和谐的全球环境。在国际交流上，《方案》提出与全球共同开展绿色经贸、技术与金融合作，在合作中与各方共同推动绿色低碳转型。在"一带一路"建设上，《方案》要求融入"绿色"理念，加强南南绿色合作与科技创新计划行动。

其六，在法治化方面，《方案》在《意见》的基础上对促进绿色低碳发展的法律法规体系提出了构建、修订的具体要求，即在2030年之前，《方案》在法治化上的紧迫任务是修订现有法律体系中与绿色低碳发展不相符合的法律法规，使之形成一个有利于绿色低碳发展的统一而和谐的法律体系。具体涉及需制定的法律有：应对气候变化法、碳中和专项法律等；涉及需要修订的法律有：清洁生产促进法、循环经济促进法、能源法、可再生能源法、电力法、煤炭法等。所谓"制定修订"，是指从正反两面同时进行。一方面，在现有法律法规基础上进行"修订"，修订删除与"双碳"不相符合的法律法规规定；另一方面，制定增加与"双碳"工作相适应的法律法规。具体而言，"制定修订"形式多样，可以是增加各部法律法规中关于"双碳"工作的条款等，形成各部法律法规之间在横向和纵向上的体系化，也可以是在各部法律法规间删除相互矛盾和不适应新情况新目标的法律法规条款，增加法律法规体系内的融洽度。这种"制定修订"体现了习近平法治思想中的系统观念，将为实现"双碳"目标增添强大的法治保障力量，尤其是来自立法依据上的支持。总体而言，法治化俨然是保障《方案》《意见》落地的强有力的制度举措，也是使技术化、市场化、行政化、绿色化、全球化能够发挥"双碳"行动功能的法律性、权威性和强制性手段，是"双碳"目标能够沿着稳定性、可预测性、指引性、强制性等方向实现的保障性路径。

（三）《中国应对气候变化的政策与行动》

《中国应对气候变化的政策与行动》（以下简称《行动》），亦称为"中国应对气候变化白皮书"（各领域的此类报告俗称为"白皮书"），通常被认为是中国在应对气候变化上的"政治宣言"，其对外功能主要是宣示中国政府在应对气候变化问题上的基本立场、政策与保障情况，回应国际社会对中国气候变化治理的特别关切；对内功能主要是总结中国气候变化治理的历史和实践经验，在各方面凝聚气候变化治理的共识。

自 2008 年 10 月《行动》首次对外发布开始，国家有关部门于 2014 年之后每年形成一份行动报告，报告通常对过去一段时间内政府在应对气候变化上所采取的措施和取得的成效等进行总结和阐述，并通过国务院新闻办公室负责对外宣布。总体而言，《行动》白皮书是在对国内外总结宣布中国政府过去是怎样应对气候变化、现在取得了什么成效、未来将如何继续展开应对气候变化行动等。

2021 年《行动》白皮书与以往有所不同，这种不同主要是继承性地呈现《意见》与《方案》的技术化、市场化、行政化、绿色化、全球化、法治化的行动特征。

首先，《行动》阐述中国应对气候变化的新理念，体现出"双碳"行动的绿色化、全球化特征。第一，《行动》将绿色化理念作为行动的先导。确立正确的发展理念，是取得良好成效的关键前提。2021 年《行动》通过确立应对气候变化的新理念作为全文的总纲和开篇，引出中国治理气候变化在各个方面取得的巨大成效和可行性经验，并指引未来的发展方向。在确立共同体意识上，中国将站在对全人类文明负责的立场上全面推进"双碳"行动绿色化，把应对气候变化纳入生态文明建设的框架内，并阐述气候治理的行动文化根源，即中华文明历来所尊崇的"天人合一""道法自然"的绿色化理念。在贯彻新发展理念上将"绿色化"转型视为永续发展的必要条件，在以人民为中心的理念中坚持以"绿色化"转型来实现社会主义的公平正义，在推动"双碳"发展上将"绿色化"作为引领。第二，在全球化上，《行动》所阐述的新理念主张，气候治理是一项全球人类共同的活动，人类命运共同体应该通过"全球化"来最大化地发挥"双碳"的治理效能。同时，加大全球气候治理合作力度是全球化本身的题中应有之义，因而必须进一步在贸易和各个相关领域积极践行《巴黎协定》的基本原则，为全球化气候治理作出贡献。

其次，《行动》宣布中国将应对气候变化作为国家战略。《行动》客观指出中国面临实现"双碳"目标的艰巨性，但中国迎难而上，积极制定实施了一系列"双碳"政策、法规、标准与行动，并在实践基础上取得了一定的成效。在应对气候变化的力度上，中共中央与国务院联合发布了《意见》，推动制定顶层设计文件"1+N"政策体系，以保障战略的有效实施。在治理气候变化的历史上，中国将继续秉持"绿色化"的方式坚定走绿色低碳发展的道路，向世界宣布中国基于过往的绿色实践既有能力实现"双碳"目标，也能把地球家园呵护好。在治理气候变化的方式上，将通过"行政化""绿色化""技术化"手段加大对温室气体排放的控制、通过"市场化"机制平衡经济发展与降碳减排的关系、通过"法治化"为"双碳"的务实行动奠定法律基石、通过"技术化"手段提升应对气候变化的技术水平等。

再次，《行动》总结中国应对气候变化的历史经验。中国在应对气候变化上，一直秉持"行政化""绿色化""技术化"的方式，为减碳降碳作出了中国的贡献。根据《行动》数据显示，中国超额完成"十三五"时期的碳排放量约束性目标，碳排放强度2020年比2015年下降18.8%；在环境上，各项环境污染指数均有所下降；在能源生产和消费上，清洁能源使用比例逐渐上升，非化石能源消费总量比重提高到15.9%，能耗强度显著下降，2020年比2011年下降28.7%；在产业结构上，产业低碳化向"绿色化"持续优化，第三产业增加值占GDP比重高达54.5%，比2015年提高3.7个百分点，高于第二产业16.7个百分点，新能源产业持续领先世界，

"绿色化"逐渐成为社会共识。①

最后，在面向未来如何开展气候治理时，《行动》承诺：中国将把低碳绿色的气候治理经验与世界分享，贡献气候治理的中国方案与中国智慧，并呼吁国际社会在全球气候治理上共建公平合理、合作共赢的全球气候治理体系。在全球化上，中国始终维护《气候公约》《巴黎协定》所确定的原则、目标和框架，积极参与应对气候变化的国际合作，在国际上为推动全球遵守《巴黎协定》作出了历史性贡献。积极落实减排自主贡献，并对世界庄严宣布和承诺"双碳"目标。在建设"一带一路"的进程中，中国也将以绿色为底色，带动沿路发展中国家参与绿色低碳的高质量发展，为全球气候治理贡献中国力量。

三、"双碳"目标提出的意义

"双碳"目标的提出，是基于统筹国内国际两个大局而制定的重大发展战略。因此，其在国内和国际两个层面上均具有相应的重要意义。

（一）国内层面的意义

在国内层面，"双碳"目标的提出主要是基于中国自身的低碳发展战略的演变，由低质量高污染发展自然地向高质量低污染方向发展的应然要求。同时，在总结国内外工业文明发展的历史实践中，逐渐明晰未来人类的永续发展的道路是涵盖"双碳"目标的生态文明建设之路。其战略意义主要体现在以下三点。

第一，"双碳"目标的提出，契合了中国低碳发展战略的内在演变逻辑，是推动中国高质量发展的内在要求。"十一五"规划首次明确提出具有约束性的节能减排目标，标志着中国低碳发展战略正式启动。中国能源

① 《中国应对气候变化的政策与行动》，《人民日报》2021年10月28日。

消耗主要以煤炭为主，节能减排的主要功能是减缓碳排放，实际上节能减排也是低碳发展战略的实施方式。正是基于这一战略的提出，国家开启了实践探索摆脱高碳排放依赖的发展之路，而以低碳发展替之的绿色之路。根据《中国应对气候变化的政策与行动（2011）》白皮书的报告，2011年国家基本实现了"十一五"规划提出的节能减排约束性目标。从此，节能减排的低碳发展模式便延续至今，成为地方政府低碳发展的常态化工作。随着"十二五"规划和"十三五"规划的约束性低碳发展目标相继实现，中国的经济发展类型逐渐由过去的高碳耗能型转变为提高质量的低碳绿色发展型。2022年《中华人民共和国2021年国民经济和社会发展统计公报》显示，由于低碳发展战略的实施，我国在环保方面取得新突破，全年全国万元国内生产总值耗能比2010年下降了2.7%，高质量发展取得了新成效，低碳发展优势逐渐显示，实现了"十四五"良好开局。[1]

第二，"双碳"目标的提出，有利于新发展理念的全面贯彻落实，引领经济社会全面低碳绿色转型和高质量发展。党的十九大报告指出我国经济发展已由过去的快速增长阶段逐渐转向高质量发展阶段，高质量发展需要新发展理念支撑。"双碳"体现了新发展理念，其本质是推动发展转型。[2]一直以来，中国以煤炭为主的化石能源消耗占比较大，"双碳"行动可通过能源革命来变革社会能源的使用模式，使能源使用向脱碳化、低碳化、绿色化、技术化等可持续方向发展；同时将为中国转换新发展思路提供极佳的机遇期，促使中国从"后发优势"转为发挥"先发优势"，进而依靠创新驱动实现高质量引领型发展。近几年，在"双碳"的带动下，国内新能源汽车、光伏、清洁能源等产业发展迅速。从长远来看，经济社会全面低碳绿色转型和高质量发展的进一步融合，必将推动各领域产业向高端智能、绿色清洁方向发展升级和变革，从而塑造我国各产业参与国际合作与

---

① 国家统计局：《中华人民共和国2021年国民经济和社会发展统计公报》，《中国信息报》2022年3月1日。

② 李俊峰：《做好碳达峰、碳中和工作，迎接低排放发展的新时代》，《世界环境》2021年第1期。

竞争的新优势。

第三，"双碳"目标的提出，是生态文明建设的题中应有之义，可加速生态文明建设，为新时代生态文明建设奠定重点方向。党的十九大报告确立了"两个一百年"的生态文明建设目标，把坚持人与自然和谐共生理念和坚持发展中国特色社会主义的基本方略融为一体。习近平总书记在全国生态环境保护大会上提出了关于生态文明建设的五个体系和六个原则。其中，在五个体系中指出，要"加快构建生态文明体系"，构建生态文明制度体系中的法治保障体系；在六个原则中指出，要"坚持人与自然和谐共生……用最严格制度最严密法治保护生态环境，共谋全球生态文明建设"。[①] 以马克思主义历史观审视"双碳"的生态意蕴，可知其不仅契合"生态兴则文明兴，生态衰则文明衰"的著名论断，亦符合中国提出的"双碳"发展战略目标的时代需求。党的十九大报告将生态文明建设上升到国家战略，并将其纳入国家"五位一体"总体布局的核心地位，说明生态文明建设在中国当前重点建设对象中的重大意义。在新时代下，习近平生态文明思想在实践层面的体现就是推进实现"双碳"目标的建设。[②]

（二）国际层面的意义

在国际上，"双碳"目标的提出，既彰显了中国应对全球气候治理的责任和担当，也可帮助中国提升应对全球气候治理的国际话语权，[③] 避免落入西方霸权主义下"碳政治"的生态帝国主义泥潭。

一方面，"双碳"目标彰显中国对全球气候治理的责任担当。"双碳"目标的"绿色转型"理念对中国而言既是挑战也是机遇，绿色转型不仅是

---

① 习近平：《论把握新发展阶段、贯彻新发展理念、构建新发展格局》，中央文献出版社2021年版，第254、258页。

② 《全面贯彻落实习近平生态文明思想　确保如期实现碳达峰碳中和目标》，《人民日报》2021年5月28日。

③ 华启和：《中国提升生态文明建设国际话语权的基本理路》，《学术探索》2020年第10期。

中国经济发展的内生性需要，亦是塑造良好国际形象的需求，这与世界大部分国家所倡导的"绿色新政"理念相吻合。倡导绿色转型有利于改善中国发展的外部环境。一直以来，中国始终坚持和维护联合国《气候公约》的气候治理目标和原则，作为负责任大国一直致力于应对气候变化工作，诚恳地履行《巴黎协定》的"自主贡献"要求。中国无论是在具体促进路径，如绿色技术创新和绿色低碳转型上，还是在国家战略决策上，均不遗余力地推动气候治理，不断调整国内产业结构，优化能源利用效率，提高绿色低碳的新能源的使用占比，并取得了举世瞩目的成效。2020 年 9 月 22 日，习近平主席在第七十五届联合国大会上，首次向国际社会宣布中国将在2030 年前实现碳达峰和 2060 年前实现碳中和目标，这意味着作为全球最大的发展中国家，中国将在世界气候治理历史上以最短的时间完成全世界最高碳排放强度降幅。中国要在如此时间段的限制下实现"双碳"目标无疑是极其艰难的，但即使艰难也要创造条件加以克服和完成，这也充分表达了中国遵守国际法、实现绿色高质量发展、积极应对全球气候变化的大国责任和担当。

另一方面，"双碳"目标的提出，有助于提升中国应对全球气候治理的国际话语权。《巴黎协定》的出台无疑是全球气候治理的重要里程碑。虽然"双碳"是全球应对气候的政治共识，但是以唯物史观审视过往的全球气候治理状况，显然国际舞台上的"碳政治"① 因素不能无视。根据郇庆治等学者的观点，从生态主义话语及其实践的广义上来看，要谨防部分西方国家通过"碳政治"国际话语权而以"生态帝国主义"逻辑破坏来之不易的《巴黎协定》治理秩序，当然这种破坏也可能是坚持气候治理的多边主义以及构建更加公平有效、共享共治的全球气候治理规范的主要障碍。目前，中国所构建的生态文明国际话语体系已然体现着中国积极主动参与和自主贡献的气候治理理念及其理论表达。作为世界上最大的发展中

---

① 郇庆治、马建平等学者认为所谓"碳政治"或"气候政治"，一般是指国际社会围绕《联合国气候变化框架公约》《京都议定书》而形成的应对全球气候变化的制度化机制及其政策实践。

国家，中国迎难而上，推出"双碳"方案，落实约束性的"双碳"行动路线图和时间表，为发展中国家起到遵循《气候公约》《巴黎协定》的模范作用。这不仅能够推动中国自身可持续发展，而且通过绿色"一带一路"的带动，将能帮扶更多国家转向绿色低碳发展，体现中国与世界各国共建人类命运共同体的责任担当。

第二节　实现"双碳"目标的多元化路径

《意见》《方案》《行动》的出台为"双碳"的战略实施奠定了基础，彰显了中国致力于气候治理的强力信号与大国责任担当，也为中国未来战略定位和实现"双碳"的行动思路、时间和路线明确了根本思路和基本指引。2021 年 3 月 15 日，习近平总书记在中央财经委员会第九次会议上的讲话表明了我国对"双碳"方案实施的坚定决心和战略定力。习近平总书记强调，实现"双碳"是一场广泛且深刻的经济社会系统性变革，因而要把"双碳"纳入生态文明建设整体布局，并以抓铁有痕的劲头和决心，如期实现目标；对于为什么要实现"双碳"目标，习近平总书记从总结历史与预测未来发展的角度指出，实现"双碳"目标是党中央经过深思熟虑作出的重大战略决策，事关中华民族永续发展和构建人类命运共同体，需要以系统观坚定不移地贯彻新发展理念，在组织上需加强党中央集中统一领导，完善监督考核机制和提升监管水平，在政府引导和市场推动下促进科技创新等。[①] 由此，我国要在不到 9 年的时间内实现碳达峰，并在其后的 30 年内实现碳中和，无疑需要比欧美等发达国家付出更多的努力和"迎难而上"的行动。在面临的挑战如此巨大、时

---

① 《推动平台经济规范健康持续发展　把碳达峰碳中和纳入生态文明建设整体布局》，《人民日报》2021 年 3 月 16 日。

间如此紧迫的情形下，把对外承诺的"双碳"目标转化为可预期实现的目标，必然需要采取一系列有效且必要的行动。在"双碳"行动的路线图与行动方案的倒逼下，我们未来一定时间内或许无须过多专注于为何要有"双碳"的问题，我们更多的是需要聚焦于如何才能实现"双碳"目标。在我们看来，任何有利于"双碳"实现的措施，都应纳入"双碳"行动的范围。

因此，基于党中央的战略部署，辩证借鉴域外实现碳达峰等路径经验，① 再结合当前我国的国情和制度优势，综合考量当前经济社会发展状况与碳排放的现状等诸多因素，中国有必要采取技术化、市场化、行政化、绿色化、全球化、法治化等多元化路径展开"双碳"行动。② 有鉴于此，本部分主要就实现"双碳"目标的可行性且必要性路径展开探索，以期为实现"双碳"目标提供可资借鉴的思路与建议。

一、技术化

科学技术的进步可推动社会生产力的进步，是社会发展的重要动力来源之一。技术化不仅是我国能源转型和新能源与可再生能源发展的关键，而且是世界公认的实现"双碳"的重要手段，也是促进低碳技术创新与应用的核心方式。

那些直接或者间接有助于减少碳排放量的技术，我们称之为"低碳技术"。所谓"低碳技术"，是指可以减少二氧化碳等温室气体排放，防止气候变暖而采取的一切减碳、脱碳或零碳、负碳等技术手段。换言之，就是一切能够在人类生活生产活动中减少碳排放量的技术。低碳技

① 田聿申：《全球典型国家碳中和目标实现路径对我国的启示》，《中国能源》2021 年第9 期。
② 杨解君：《实现碳中和的多元化路径》，《南京工业大学学报》（社会科学版）2021 年第2 期。

术通常可划分为三种：一种是减碳技术，例如节能减排技术、洁净煤炭技术等；二是无碳或零碳技术，例如太阳能、生物质能、风能与核能等可再生能源技术；三是去碳技术，例如将二氧化碳捕获与封存（Carbon Capture and Sequestration, CCS）技术，该技术由美国麻省理工学院首次提出并逐渐用于世界上的碳捕获与封存项目中，其基本应用原理是将工业领域、火力发电领域等在化石燃料燃烧的过程中所产生的二氧化碳进行永久性封存，进而在短时间内减少大量的二氧化碳排放，[1]将 CCS 技术应用于高排放量重点领域中，在短期内经营成本虽有所增加，但可快速降低二氧化碳排放量。目前中国能源结构仍以煤炭等化石能源为主，一次能源消费中化石燃料的比重仍然在 85% 以上，如果能在转型过渡阶段引入或者通过技术提高 CCS 的应用价值并降低成本，将对降碳具有重大意义。我国目前针对 CCS 的立法仍是空白，但从长远来看，CCS 对"双碳"目标的实现和对促进企业降碳减排具有技术支撑的重要作用。截至目前，中国仅有少数的 CCS（或 CCUS）项目在建，大部分 CCS（或 CCUS）项目仍停留在研究论证阶段。[2] 在发布的《关于推动碳捕集、利用和封存试验示范的通知》《二氧化碳捕集、利用与封存环境风险评估技术指南（试行）》等关于 CCS 技术与项目的正式文件里，我们发现当前政策和规范对 CCS 技术项目的推动力有限，难以在常态化上进行技术示范和推广。基于此，在技术化推进"双碳"的落实进程中，有必要在法治层面针对 CCS 技术进行规范，使其能够促进 CCS 在引领技术化降碳减排上发挥应有的功能，例如美国加州修改了《全球变暖法》（AB32），以地方（州）立法形式制定了世界上第一个关于 CCS 减排的碳排放市场规范。[3]

---

[1] Pavel Tcvetkov, et al., "The Changing Role of CO_2 in the Transition to Circular Economy: Review of Carbon Sequestration Projects", *Sustainability*, Vol.11, No.20, 2019, p.5834.

[2] Peta Ashworth, et al., "Comparing How the Public Perceive CCS across Australia and China", *International Journal of Greenhouse Gas Control*, Vol.86, 2019, pp.125-133.

[3] Taravella D. Dismuke, "The Potential Impact of the U.S. Carbon Capture and Storage Tax Credit Expansion on the Economic Feasibility of Industrial Carbon Capture and Storage", *Energy Policy*, Vol.149, No.2, 2021, pp.112-113.

另外，还可在 CCS 基础上进行二氧化碳的利用，即碳捕集、利用与封存（Carbon Capture Utilization and Storage, CCUS）技术，该技术可以通过增加利用二氧化碳而获得一定的经济效益以降低 CCS 技术项目的成本。除此之外，在技术化上相关的绿色低碳技术还包含提升生态碳汇能力的技术。例如，提高树木的栽种和护理技术，在荒漠地带植树造林等，这些技术的应用不仅可以起到防风固沙和生态改良等作用，而且由于森林是陆地生态系统最为重要的碳库，其强大的碳汇能力不仅能够发挥吸收、储存二氧化碳的碳汇功能，还能提升树木在沙漠地带的成活率，起到固沙防风、生态改良之目的。除森林碳汇之外，还有草原、湿地、海洋、土壤、冻土等均具有固碳之功能。[1] 但需要注意的是，这些技术的引入和完善需要一定的时间。我们需要牢牢记住习近平总书记在参加内蒙古代表团审议时的叮嘱："不能把手里吃饭的家伙先扔了"，"实现'双碳'目标是一场广泛而深刻的变革，也是一项长期任务，既要坚定不移，又要科学有序推进"，"要从全国角度来衡量"，"要先立后破，而不能够未立先破"。[2]

对此，科技部应当在针对技术化支撑"双碳"目标上出台技术化的顶层设计方案，重点落实《意见》《方案》《行动》的要求，一方面要加紧组织制定印发《科技支撑碳达峰碳中和行动方案》以此明确"双碳"工作中的具体技术目标和重点任务，全面系统地推进技术化支撑"双碳"目标。另一方面，要尽快研究制定《科技支撑碳中和技术发展路线》，从重点领域重点技术方面着手，例如在低碳零碳发电、零碳非电能源、原料燃料及工艺工程替换、CCS 或 CCUS 和碳汇等方面的集成耦合与优化技术，发挥低碳技术的应用价值。

---

[1] 杨元合等：《中国及全球陆地生态系统碳源汇特征及其对碳中和的贡献》，《中国科学：生命科学》2022 年第 4 期。

[2] 《"不能把手里吃饭的家伙先扔了"》，《人民日报》2022 年 3 月 6 日。

二、市场化

"双碳"市场化可在两个方向上着力：建立以碳排放权交易市场为主的市场化机制与建立覆盖范围广的以碳排放主体为纳税对象的碳税机制。[①]

其一，完善的市场化碳排放权交易制度在控制市场主体碳排放量，促使其积极寻找绿色清洁的替代性生产方式，以及在实现绿色低碳与经济效益协同发展上，发挥着举足轻重的作用。碳排放权交易在全球发展迅速，许多国家已经形成较为成熟的碳排放权市场交易机制。部分国家或地区将碳排放权交易系统（ETS）作为一个基于市场的节能减排政策性工具使用，以减少温室气体排放。碳排放权交易系统若能在市场化体制机制中设计恰当，例如包含对碳价的设计以及建立保障该系统有效运行的监管措施等，将能为实现"双碳"提供最具成本效益的市场化解决方案。[②] 国外在碳交易体系上已经形成相对成熟的五大体系，即欧盟碳交易市场（EU ETS）、美国的碳交易市场强制减排体系（RGGI）、美国部分州与加拿大部分省签订的综合性碳市场倡议（WCI）、韩国碳排放权交易市场（KETS）、新西兰碳排放权交易体系（NZ ETS）。[③] 目前，在碳排放权交易市场建设上，中国基于市场的"双碳"政策已积累诸多富有成效的试验成果，例如从 2011 年便开启的地方碳交易体系，在北京、上海、广东、深圳、天津、湖北、重庆等省市陆续展开试点，以及于 2021 年 7 月 16 日正式启动的

---

① 刘琦：《"双碳"目标下碳税开征的理论基础与制度构建》，《华中科技大学学报》（社会科学版）2022 年第 2 期。

② 樊金璐：《碳中和系列报告：他山之石，从欧盟碳交易看我国碳中和的投资机会》，网 址：extension://bfdogplmndidlpjfhoijckpakkdjkkil/pdf/viewer.html?file=https%3A%2F%2Fpdf.dfcfw.com%2Fpdf%2FH3_AP202103171472995616_1.pdf%3F1616010928000.pdf，2022 年 3 月 3 日访问。

③ 杨解君：《实现碳中和的多元化路径》，《南京工业大学学报》（社会科学版）2021 年第 2 期。

全国碳排放权交易市场。随着碳排放权交易市场的稳步发展与开放扩大，基于碳排放权交易的其他衍生产品也将陆续出现，例如碳金融衍生品等，这就需要在资本市场与绿色金融体系上建立更加有序稳定的制度架构。

其二，除了碳排放权交易市场外，碳税也是一个重要的市场化手段。如果仅仅从减排量的多少来衡量市场化中不同行业最佳机制的选择的话，那么似乎碳排放权交易机制更为贴合。但是，这可能在交易成本上需要付出更大代价。因为借助碳市场来限制某些行业的碳排放，会导致相关行业在碳价上面临不确定性，影响相关行业的绿色投资与技术进步。从"双碳"策略的实现基础上来看，碳定价固然重要，但是技术进步对于"双碳"的实现也具有重大意义，有时候可能还具有决定性的意义。因而，基于此视角的考虑，我们有必要重新审视是否仅通过单一的碳市场来实现"双碳"市场化的思路。再者，从碳排放主体的角度而言，碳税价格的稳定性功能信号能够为企业的经营和投资主体提供指引和决策参考，有利于市场化的规范，而市场化的规范反过来将给技术化发展提供良好的土壤。

三、行政化

政府的引导与规制是政府发挥功能的重要方式，具体而言可通过行政规划、行政评价、行政扶持、行政规制等行政化措施来实现。此处所谓的行政化，是指发挥政府规制的功能来实现"双碳"目标，其主要体现为运用行政权力对经济社会绿色低碳发展及其转型中的市场主体行为与市场活动进行审核、监督、管理等的行政机制。基于"双碳"的顶层设计与现实考量，实现"双碳"目标的行政化具体进路可从以下几方面着手。

（一）行政规划

党和国家决策部署的重大战略由政府承担执行。不管是对《意见》《行动》《方案》抑或其他关于"双碳"的党和国家部署的重要政策，政府都应该不遗余力地承担起执行职能。行政规划是政府行使职能和落实重大部署的重要措施。政府可通过制定全面、稳定、有效的长期计划来规划"双碳"目标的实现路线图，在行政规划的引导下，使市场各类主体、消费者、消费活动、生产方式、生活方式等围绕"双碳"主题进行。国家层面的行政规划可在宏观上对国民经济及社会发展进行规划与调控，地方各级政府及其职能部门应当根据国家的行政规划制定相应的地方"双碳"行政规划，自上而下地逐层体现并落实国家战略以及具体的"双碳"相关措施。

（二）行政评价

《意见》《方案》《行动》要求建立一套关于"双碳"的"绿色标准"体系，并在绿色标准体系下完善法律法规标准和其他技术化标准等。因此，政府可建立一套具有科学理论依据和实践效果的绿色低碳相关标准体系，对政府自身、市场、企业与公众等主体的绿色低碳的举措与行为等进行评价，形成一个绿色评价机制，从而对整个社会形成引导效应，使各行各业各主体能够通过标准的绿色低碳参照系进行生产、经营和生活、消费等。具体而言，一方面政府应当在绿色低碳标准体系的顶层设计上进行系统、全面的规划，加强标准化组织的建设，形成高效、系统的绿色低碳标准体系；另一方面，政府应当逐渐建立绿色低碳产业、绿色低碳产品的认证制度，培育专业的绿色低碳标准认证组织，为绿色低碳产业、绿色低碳产品等的行政评价提供制度支持。

（三）行政扶持

通过行政扶持培育、帮扶和支持"双碳"行动中的绿色低碳产业，能够快速壮大绿色低碳产业并促成其产生创新成果，同时可据此获得与绿色产业技术相关联的新的生产函数。根据实现"双碳"目标的政策布局，绿色低碳产业在未来必将融合进中国产业中的方方面面，具有巨大的市场潜力，可望获得新的且可持续的绿色低碳经济增长极，并能够关联其他产业而带动相关产业也进行绿色低碳升级与改造。对新兴的绿色低碳产业进行行政扶持，主要可从扶持的目标和实施保障两个方面入手。在目标上，可以从"双碳"绿色产业的产业结构、产业组织、产业技术和产业布局上着手。在保障措施上，可以从绿色产业在经济、行政、法律等保障方面加强扶持。第一，在政府直接扶持层面，借助政府在绿色资源分配上的优势直接投资、调配资源、采取强制性行政管制等手段，直接影响绿色低碳产业及其要素流动；第二，在政府间接扶持层面，通过政府的财政税收、金融、价格调控等政策，调控涉及绿色低碳重点产业的生存环境，扶持绿色低碳产业或限制高碳污染型产业的发展，进而合理有效地促进绿色低碳生成要素的发展和技术创新；第三，在政府协调组织层面，通过行政化和市场化手段提供信息服务，借助劝导、指引、协商合作等措施来协调绿色低碳产业及其部门的行为，使行政扶持符合绿色低碳发展的目标；第四，在法律调控和规范层面，通过法律法规等形式干预绿色低碳产业和产业组织的发育成长和壮大等。从全球范围来看，无论是欧美等市场经济发达的地区，还是亚洲"四小龙"等新兴工业化地区，其在对各自绿色低碳产业进行扶持时，均重视通过法治化方式实现其扶持的目标。因而，在尊重市场化的前提下通过各种适当的行政扶持措施，可促进绿色低碳产业的发展，推动绿色经济增长。

在具体措施上，政府可通过行政扶持引导社会经济发展往绿色低碳转型，推动社会生产、生活建立在高效利用能源、保护生态环境与有效减污降碳的绿色发展模式上。在具体扶持措施上，政府可在金融、财税、价格等方面推出有利于促进绿色低碳发展的优惠政策，对妨碍绿色低碳市场公平竞争的行为进行严格监管，鼓励多元主体进入低碳环保市场，促进市场的活跃性和生机；加强政府对绿色低碳产品的购买服务支持；鼓励国有企业进行混合所有制改革，允许进入生态环保领域的所有制公司的设立，以支持多市场主体参与生态环保领域产业等。

（四）行政规制

相较于行政扶持，行政规制具有强力性、速效性、直接性等特点，可在"双碳"市场的培育中促进市场完善、增强市场的自身调节作用，并在科学理性的范围内，有计划、有目的地将"双碳"市场体系建立在行政监管之下，以促进"双碳"市场的健康发展。在"双碳"目标实现的过程中，市场在发展中必然会出现"发展中的各种问题"，但对这些问题只能在发展与变革中加以解决。因而，在遵循市场自身调节的功能时，也应注意发挥行政规制的宏观指导与微观监管作用。行政规制，是绿色转型的后发展国家实现经济绿色现代化的重要手段。

在"双碳"目标实现的进程与绿色低碳发展的转型中，政府层面除了通过正面引导、指导外，在监管职能上还要发挥其特有的功能。政府除对碳排放活动进行规制和监管外，还需要对市场进行引导和规制，使初期建立的"双碳"市场化机制能够有效运行。行政规制的强力性、速效性、直接性等功能能够弥补市场功能的随意性和盲目性，两者合力形成的"组合拳"能够使市场最大化发挥其潜力。政府的行政规制，可以有效弥补市场的局限与弱点。例如，欧盟的碳排放权交易规制制度在配额分配、企业上报、第三方核查等其他方面都有着严格的监管和处罚机制，对超额排放主体予以严厉处罚（如对超排一吨二氧化碳罚款 100 欧元，并在下一轮配额发放中扣除超额排放的数额）。这在一定程度上较好地规避了市场为逐利而产生的市场失灵现象。

就我国而言，在具体制度建设上，政府应当统计并监测各排放主体的排放数据，强化信息共享，逐步完善碳排放权、用能权等交易机制；在碳排放额初始分配、交易、纠纷解决、配套服务等制度上加快建设完善；鼓励清洁生产，对"双超双有高耗能"行业实行强制性的清洁生产审核；加强规制虚标绿色产品的市场行为等。[1]

---

① 杨解君：《实现碳中和的多元化路径》，《南京工业大学学报》（社会科学版）2021 年第 2 期。

四、绿色化

（一）在思想观念方面，强化绿色发展理念

理念指引着行动，具有什么样的理念将会决定什么样的行动结果。许多研究已经表明，气候变化不仅仅在气候上带来各种负面影响，而且在气候变化的过程中深深影响了人类社会的生产、生活甚至文明延续等重大事情，俨然成为人类生存和可持续发展的现实威胁，近年来种种极端天气事件所导致的各种灾难即是明显例证。因此，为让全社会在思想观念方面广泛认识到绿色发展理念的重要性和迫切性，有必要从低碳理念的培育与教育上着力，提升公众对绿色低碳发展的认知度、参与度、积极性与紧迫感，促进社会群体更自觉地遵循、维护有利于绿色低碳发展的理念和行动。

从政府层面而言，一则在发展理念上要遵循"系统观下的新发展理念"，平衡经济转型的现实基础与绿色化的张力，"减污降碳是经济结构调整的有机组成部分，要先立后破、通盘谋划"①，处理好经济发展与绿色化转型、资源环保之间的关系，避免习近平总书记所警示的"扔掉手里吃饭的家伙"的情况。近年来，一些地方或部门搞的"碳冲锋"、"一刀切"、运动式"减碳"甚至出现了"拉闸限电"的极端做法，实则是与实现"双碳"目标背道而驰的，对于"双碳"目标应"坚持稳中求进，逐步实现"。二则在制度层面上必须体现绿色化理念，对此可通过改革与制度创新推动能源和产业等相关领域的绿色化转型。三则在落实层面上要强化监督管理意识，以党中央为领导中心统一领导，以政治和绩效考核引导领导干部带头学习贯彻"双碳"相关理论知识，适应时代变化，实现"碳治理"的治理能力现代化。

---

① 习近平：《正确认识和把握我国发展重大理论和实践问题》，《求是》2022 年第 10 期。

从企业层面来看，未来的碳中和绿色发展法律法规将陆续出台，需提前布局避免企业在遵循绿色发展转型上的环境违规或刑事违规等问题。此外，企业的发展理念要体现绿色发展理念，实施清洁化改造，减少资源消耗和污染物排放，并强化科技创新意识，借助人工智能与大数据等高科技手段开展智能化绿色企业建设，兼顾现实与长远的利益平衡，提高企业自身在绿色化变革中的抗风险能力。

从公民角度出发，我们需要对传统的以人类中心主义立场的消费观以及对自然的片面功利主义立场进行全面审视，推进生态文明观取代过去的工业文明发展观，深刻认识到人类与自然的共生关系，以人与自然生命共同体的理念去尊重、顺应与保护自然。在对待新能源的观念上，既要利用好"富煤、贫油、少气"的资源禀赋，同时也要确立新能源与可再生能源的替代观念，减少污染高耗能的生产模式，以节约能源、减少能源需求、使用清洁能源等绿色化的生产方式代替。在消费观念上，从需求侧出发引领消费习惯，倡导绿色低碳的生活方式，避免无节制的消费主义陷阱。最后，在对待代际正义理念上，应教育公民在追求自身合法利益的同时也应当意识到他人与后代人的利益，引导其树立平等及代际正义的可持续发展理念。

（二）在过程管控方面，全面推进生产、流通、生活、消费的绿色化

"双碳"目标的实现，需要在过程上对绿色产品"全生命周期"进行管控，即对绿色生产、绿色流通、绿色生活与绿色消费全过程进行监管与控制，使绿色化烙在每个产品里、体现在每个环节中。具体而言，需要在以下领域采取诸多应对措施。

首先，在供给或生产领域，应强化工业清洁生产，在重点行业出台关于深入推进强制性清洁生产审核的政策措施，并首要针对重点行业企业实施清洁生产技术改造，随后逐步带动相关行业全面实施清洁生产技术改造；其次，在促进清洁能源发展中，可再生能源发展是关键，要建立与可再生能源相适应的法律法规、标准规范、促进政策等；最后，在农业绿色

生产上建立生态化机制，例如以有机肥替代工业肥，[①]减少农业生产中的化学农药使用量，落实畜牧禽类粪便资源的利用制度，推广农业绿色生态生产技术等。[②]

在绿色流通领域，结合《方案》对绿色流通的要求，可以进一步将降碳与生态环境保护融为一体。例如，在绿色物流方面要尽快建立政策支持，在快递、电子商务、外卖等领域的绿色包装上要完善相关的法律法规、绿色环保标准、保障措施等，减少污染和高碳性的一次性用品的使用，推行可降解循环利用的相关材料的开发和应用等。[③]其中，绿色流通的重要环节是流通后的回收再利用，对于再生资源的有序分类，将有利于降低回收利用的成本，因而，要进一步完善管理和技术规范，提高绿色流通的舒畅性。另外，对于一些可能严重污染环境或者具有潜在危险性的废弃物要及时集中处置，并以配套政策将相关的处置工具和场所作为环境保护公共设施。[④]

在绿色生活领域，推行自我约束、自我节制式的绿色生活方式，通过公众的积极参与来推动绿色发展。对普通公众而言，践行绿色生活方式是参与"双碳"行动的最直接方式。因此，对公众的绿色化生活方式要通过各种措施进行引导，使公众在绿色生活上形成自我约束的观念与行动。具体而言，第一，在价格上形成引导，即完善公用水、用电、用气阶梯价格政策；第二，对公众排污进行收费制，引导公众理性排污，减少排污，直至实现绿色排污；第三，加快完善城乡居民生活垃圾分类和资源利用制度，使垃圾分类深入民心，强化绿色的人心基础；第四，完善塑料污染治理政策措施，强化公众付费使用塑料的监督，解决塑料污染的外部性问题；第五，制定餐厨废弃物管理与资源化利用法规，倡导绿色节约型消费

---

① 江志阳、李汝会、陈欣：《肥料与"碳中和"的生态策略》，《肥料与健康》2022 年第 1 期。

② 王学婷、张俊飚：《双碳战略目标下农业绿色低碳发展的基本路径与制度构建》，《中国生态农业学报》（中英文）2022 年第 4 期。

③ 张珺、邹乔：《"双碳"目标视角下物流业绿色转型对流通业高质量发展的影响》，《商业经济研究》2022 年第 5 期。

④ 杨解君：《实现碳中和的多元化路径》，《南京工业大学学报》（社会科学版）2021 年第 2 期。

观念；第六，推广绿色农房建设方法及其技术，逐步通过绿色化的农房建材应用，以提高乡村振兴的绿色要素。

在绿色消费领域，所谓绿色消费是指以生态文明建设为出发点，以有利于生态保护、绿色发展、低碳环保与健康为基本内涵的新型消费行为与过程。绿色消费涉及的主体诸多，不同的主体其选择的消费模式不同。消费是间接引导生产的重要反馈，因而需要对消费进行一定的绿色化引导。为实现"双碳"目标，在绿色消费领域：第一，建立绿色产品的认证制度，没有绿色消费制度的规范，主体在消费或者在准备消费的时候就无参照系，不利于形成绿色消费指引；第二，为避免无节制地消费和浪费，应落实节能环保与资源高效利用的产业税收优惠政策，保障理性消费；第三，在推出新产品时，重点对节能高效产品、绿色建材、新能源汽车等绿色低碳产品进行推广，并形成促进持续绿色化的机制；第四，建立政府绿色采购制度，由政府作为绿色消费采购的示范主体，形成示范作用并支持绿色产业的发展；第五，鼓励公共交通、公共卫生、快递邮政等领域的通勤工具采取新能源产品替代传统使用汽油等高碳排放的产品。

五、全球化

在全球化背景下，国际社会应倡导共建人与自然生命共同体的和谐全球环境，倡议各国明确减排目标积极作出减排承诺，实现碳减排和全球温控目标，强化南南与南北之间的合作，弥补后发展进程中先发展与后发展国家在气候责任分担上的分歧，促进全球气候治理以合作共赢为基本依归。

（一）倡导共建人与自然生命共同体的和谐全球环境

"人类命运共同体"与"生态文明"理念是基于全球气候危机与中华文明发展的历史经验而提出来的，对全球形成气候治理意识和共识具有重要意义。当今世界，人类面临的挑战越来越多，这让我们不得不面对这样的选择：要么是全球的崩溃，要么是共渡难关。① 因此，塑造全球共同体认同具有必要性，唯有如此方能解决任何一个民族国家都无法独立解决的危机与困难。为此，国际社会应树立"人类命运共同体"与"生态文明"发展理念，按照《巴黎协定》的"共同但有区别的责任"原则，加强全球气候变化与环境治理等领域的国际合作，在此基础上达成共建人与自然生命共同体的和谐全球环境共识。

"共同但有区别的责任"中的"共同"与"区别"是辩证的关系，一方面强调责任的共同性，即在全球气候治理这个关系全球气候环境的共同问题上，各国均负有责任和义务；另一方面，共同责任并不代表平均主义，也就是说，责任与义务是建立在有"区别"之上的。由于发达国家早已实现工业化，基本实现工业化进程中的碳排放达峰等问题，并且绿色转型业已逐步成熟，在资金、技术、人才等方面比发展中国家具有更大优势，因而需要在全球气候治理目标上承担有区别的（即更多的）"责任"和义务。基于此，发达国家应该根据这一原则率先实现减排，并给予发展中国家资金和技术支持，以实现"共同"这一目标。当然，"区别"并非一味地回避自身国家的责任和义务，所谓"区别"是建立在发展中国家自身的发展状况上作出的碳达峰或碳中和自主贡献目标。因此，发展中国家也应该确立"人类命运共同体"与"生态文明"理念，尽早形成共识，作出控制和减少碳排放总量的目标承诺与行动计划安排。

（二）倡议各国明确减排目标和积极作出减排承诺

《巴黎协定》明确规定了发达国家缔约方应先行实现全经济领域或过程的绝对减排目标，发展中国家缔约方亦需根据自身国情逐渐达到全经济领域或过程的限排或减排目标。这意味着发展中国家可以根据自身国情，在一定时间内应当分阶段实现相应的减排目标。换言之，即在一定阶段内

---

① 韩震：《习近平生态文明思想的哲学研究——兼论构建新形态的"天人合一"生态文明观》，《哲学研究》2021 年第 4 期。

可以采取 GDP 的二氧化碳排放强度下降的减排方式实现阶段性的减排目标，直到最后实现全经济尺度的减排目标。① 该规定在一定程度上有利于发展中国家在"动态"上参与全球气候治理。这种"共同但有区别的责任"与《巴黎协定》通过设置五年综合盘点来实现对缔约方在目标完成效果上的评估机制，意味着所有缔约方均需明确减排目标并积极作出减排承诺和行动。

需要注意的是，如果没有自下而上的自我区分模式的介入，《巴黎协定》很可能因无法达成共识而无法出台。尽管这种自下而上的"自主贡献"模式有助于结束"后京都时代"的全球气候治理乱象，并打破《巴黎协定》的谈判僵局，但是从发展中国家的视角来看，这种模式明显弱化了"共同但有区别的责任"。因为，该模式承认了各国的国情差异性，导致有些国家可能基于经济考量而不根据自身真实的责任和能力进行自我评估而作出或拒绝作出减排承诺和行动，这表明现有的全球气候治理模式是基于国家利益驱动而不是国际气候治理理性驱动。这为倡议和强化发展中国家明确减排义务并积极作出减排承诺提供了依据，也在一定程度上避免了发达国家基于"自主贡献"模式可能存在的差异性而为逃避减排义务寻找借口。

各国能否将"双碳"承诺转化为具体行动，决定了全球气候治理的成效。许多发达国家在应对气候变化问题上言行不一，例如未能向发展中国家提供气候融资基金等，且在对待《京都议定书》和《巴黎协定》的立场反复，严重阻滞了全球气候治理的进程，削弱了全球达成的气候治理共识。《巴黎协定》的"共同但有区别的责任"原则在阐明"有区别"的同时，还强调"共同责任"，这意味着不仅发达国家要承担更多的责任，发展中国家亦需要承担应有的责任。欲实现《巴黎协定》的气候治理目标，在全世界范围内，一方面需要促使各国将实现"双碳"目标纳入自主贡献目标，使尚未承诺实现"双碳"的国家积极加入全球性行动。此外，由于发展的

---

① 薄燕：《全球气候治理机制适用"共区原则"方式的变化》，《复旦国际关系评论》2021年第 2 期。

先后问题以及实现"双碳"并不是全球同时同步，发达国家应当率先实现碳中和，为发展中国家实现可持续发展留下一定的时间和空间弹性。另一方面，由于分阶段分行业的目标可以更好量化目标和实现目标，对"双碳"的实现具有良好的促进和监督作用，而当前广大发展中国家不仅尚未完全作出自主贡献的积极承诺，而且也尚未对分阶段、分行业作出进一步细分，这将是后期在实现全球"双碳"目标的过程中需要进一步具体细化和努力的方向。

（三）强化南南与南北低碳技术和经贸的交流与合作

要实现绿色低碳转型和减排目标，不仅需要在发展理念和对外承诺上下功夫，而且还需各国付出具体行动，在技术交流和经贸合作等领域强强联手或强弱联手，共同合作推进绿色要素、减碳资金的南南和南北自由流动。首先，在技术上，要实现长期深度脱碳或碳中和目标，没有技术支撑将难以完成。实现碳中和的技术路径，包含碳封存技术的应用、基于自然的负排放技术、能源清洁低碳转型技术、生活方式低碳转型、国际交通运输减排等。[1] 为此，必须加强对这些低碳技术的合作研发与推广应用。同时，需要提高现有能源的使用效率，以减缓碳的排放量。但是，发展中国家的碳封存技术、提高能源使用效率的技术、其他低碳出行和交通的实践经验均较发达国家落后。鉴于此，可以通过倡议南北技术合作方式，促进发达国家的低碳绿色技术流向发展中国家，帮助发展中国家在低碳技术上取得进步，实现发展中国家碳减排技术瓶颈的突破。其次，在经贸合作上，除了南北合作，还需加强南南合作。中国应推动绿色"一带一路"建设，强化南南合作，支持最不发达国家应对气候变化。中国已原则上不再对外投资煤炭等高碳项目，并率先公布对外直接投资的节能减排清单，鼓励投资零碳、低碳产业项目，大力帮助发展中国家发展水电。对于在实现

---

[1] 张雅欣、罗荟霖、王灿：《碳中和行动的国际趋势分析》，《气候变化研究进展》2021年第1期。

"双碳"进程中的结构性失业问题等，可参考欧盟等国家的应对策略，例如建立公平转型机制，通过公平转型基金与各种补偿机制等应对结构性失业。① 最后，在强化南南与南北低碳技术流通与经贸合作过程中，我国应当统筹国内国际两个大局，用好"两种资源两个市场"，在将"能源的饭碗端在自己的手上"的同时，促进南南、南北国家的"双碳"全球化合作。

六、法治化

我国要在 2030 年前实现碳达峰，2060 年前实现碳中和，是党中央经过深思熟虑后作出的重大战略决策部署，属于党和国家的重大方针政策范畴，其实现必然需要在整体系统观下依赖社会主义法治体系的保障。换言之，实现"双碳"的技术化、市场化、行政化、绿色化、全球化等多元化路径最终均需依赖于法治化路径保障，而完备的法律规范体系、高效的法治实施体系、严密的法治监督体系、有力的法治保障体系，是法治化路径的理论和实践逻辑。②"双碳"法治化的实现，主要可通过以下一些途径来展开。

第一，协同各法律部门建立系统的"双碳"法治体系。系统地看，"双碳"法治体系所涉及的内容庞杂、体系复杂。从"双碳"的专门法律角度来看，需要确立专门的制度服务碳排放总量、碳排放强度与碳排放目标、碳排放交易、碳金融及其衍生的其他产品等。从"双碳"法治体系的具体构建视角来看，在纵向上须构建以符合绿色低碳发展的法律为重心，辅以行政法规、地方性法规、规章等形式，从而形成完善的纵向法律法规规章体系。例如有论者认为，可以先行研究制定"碳达峰碳中和促进法"，再

---

① 张雅欣、罗荟霖、王灿：《碳中和行动的国际趋势分析》，《气候变化研究进展》2021 年第 1 期。
② 杨解君：《实现碳中和的多元化路径》，《南京工业大学学报》（社会科学版）2021 年第 2 期。

在时机成熟之时推出"气候变化法"①。在横向上须以法律规范的协同为主旨。由于"双碳"领域是一个跨部门的综合法律规范体系，其规范性质庞杂多样，"双碳"法律关系也呈现出多元化、复杂化的法律关系特征，这就意味着我们无法仅凭某一个法律部门就能完美解决"双碳"法律关系中存在的问题，因此需要加强多个法律部门的协同，实现诸如公法与私法、环境法与能源法等不同部门法之间的系统性调整。

第二，协同法律规范体系与党内法规、社会规范体系、道德规范体系，实现"双碳"目标的法律规范体系与其他规范体系的共同推进。这其中，首先就应协同好国家法律规范体系与党内法规体系的关系。习近平总书记在论述法治与党的关系时强调，党和法治的关系是法治建设的核心议题，坚持党的领导是社会主义法治建设的根本要求，离开党的领导，中国特色社会主义法治国家就建立不起来。② 由于"双碳"方案的提出和绿色发展转型均须在党的领导下进行，而党内法规体系是管党治党的根本依据，因此，要在法治化的框架下实现"双碳"目标，就要重视党内法规与"双碳"法律等规范之间的衔接。目前，多部党内法规③ 建立了与"双碳"相关的制度，例如在生态文明建设目标评价考核、干部离任环境审计、中央环保督查、环保党政同责和终身责任制等均与"双碳"建设相关联，但这些制度与国家生态环境法律体系或者现在涉及"双碳"的规范之间并未形成良好的衔接机制，需要在未来的法治化进程中进一步强化它们彼此之间的协调和衔接关系，使"双碳"法律规范在体系中更和谐、更有效、更系统。④ 其次，法治的特定价值基础和价值目标对于法律秩序具有重要意

---

① 孙佑海、王甜甜：《推进碳达峰碳中和的立法策略研究》，《山东大学学报》（哲学社会科学版）2022 年第 1 期。

② 蒋传光：《习近平总书记关于全面依法治国的战略布局》，《法制与社会发展》2021 年第 2 期。

③ 例如《中央生态环境保护督察工作规定》《党政领导干部生态环境损害责任追究办法（试行）》《开展领导干部自然资源资产离任审计试点方案》等。

④ 相关分析可参见吕忠梅：《习近平法治思想的生态文明法治理论》，《中国法学》2021 年第 1 期。

义，即法治化可以通过有价值规定性的方式来形塑社会关系和人们的行为，从而形成某种达致其价值目标的社会生活方式。在这方面，既要重视法律规范的作用，也要重视其他社会规范的作用。全民参与，是体现一定价值的社会生活方式的重要表现，而社会规范对全民参与的调整具有重要的意义。社会规范在协调社会关系、规范社会行为、维护社会秩序等方面具有积极作用。为推动全社会参与"双碳"行动，推动社会全员形成自我约束、自我管理、自我规范等，加快形成绿色低碳的社会生活方式、生产方式及绿色低碳的行动氛围，在法治之下还有必要加强居民公约、村规民约、行业规章、社会组织章程等社会规范的建设和完善，使之与"双碳"法律规范形成互助联通效应。最后，除法律规范外，还须通过道德规范进一步滋养"双碳"践行的精神，从而在"双碳"领域实现法治与德治的结合。社会主义法治建设的重要内容包括了道德规范的建设。我们可将"双碳"法律规范与道德规范相结合，借助道德滋养法治精神、约束人的内心，以更好的姿态践行"双碳"精神，在社会公德、职业道德伦理建设、家庭美德和个人品德教育中融入"双碳"的绿色低碳理念与要求，从而使社会上上下下、里里外外均能够从精神上"绿化"社会与个人，进而以道德规范滋养绿色低碳发展的法律规范体系。

第三，"双碳"实现的法治化路径，需要高效的法治实施体系和党的领导。首先，无论是"双碳"的实施还是保障"双碳"实施的高效法治实施体系，都需要加强党的领导。党在执政过程中坚持把生态文明建设纳入"五位一体"总体布局中，指引着经济、政治、文化、社会各方面的建设。而"双碳"是党领导下的重大战略决策，党领导中国特色社会主义的法治建设，要求我们以抓铁有痕的决心去实施，这就意味着必须加强党的领导，以保障法治实施体系的高效性。其次，高效的法治实施体系离不开完善的执法体系，因而需要增强生态环境与"双碳"的执法能力和水平，严格执行生态环境执法与"双碳"执法体系中的责任制度，加大"双碳"违法行为查处和问责力度，加强行政执法机关与监察机关、司法机关的工作衔接配合。最后，高效的法治实施体系亦离不开完善的"双碳"司法体系。

作为法治化实现的重要手段，司法的运作理念、司法的协同等能为"双碳"目标的实现提供一定的理论和现实参照。① 在司法体系的保障上，需要加强检察机关提起涉及"双碳"的生态环境公益诉讼工作，推进人民法院贯彻"双碳"绿色司法理念，加强"双碳"与生态环境司法的专门化与专业化，进一步完善人民法院关于"双碳"与生态环境审判机构的设置及其审判监督职能的发挥。

第四，"双碳"目标实现的法治化路径，还需要严密的法治监督体系保驾护航。目前，党中央生态环境保护督察、国务院督察、人大督察（即由《中华人民共和国环境保护法》确立的国务院与地方各级政府定期向同级人民代表大会报告环境保护工作的督察制度）、领导干部自然资源离任审计监督、社会舆论监督等逐步形成了较为严密的法治监督体系。严密的监督体系需要在党的集中统一领导下，以系统观坚持全国统筹，强化顶层设计，发挥制度优势，落实和压实各方责任，并根据各地实际情况分类治理，协同各级党委与政府合力承担起"双碳"的法治责任，通过严密的法治监督体系落实治理目标、措施与督查。

第五，"双碳"目标实现的法治化路径，还需重视涉外法治建设。在"双碳"目标实现的法治化路途上，我们在重视纯国内法治建设的同时，亦不可忽略涉外法治建设。全球气候治理离不开全球的共同努力，涉外法治是联系全球的重要纽带，涉外法治与"双碳"技术和资金的流动具有重要关系。因而，在法治保障上强调涉外法治的重要性是法治系统观、全面性和实在性的要求。在"双碳"的涉外法治建设方面，我们可以借鉴欧盟等"双碳"行动较早的国家或地区的先进经验，量化并防范别国"双碳"方案可能对中国低碳发展构成的风险和影响，建立和健全适合本国的法律制度，确保"双碳"目标的落地与实现、"双碳"领域的对外合作与交流。同时，更要积极推进国际法治建设，注重通过国际法来协调

---

① 邓禾、李旭东：《论实现碳达峰、碳中和的司法保障》，《中国矿业大学学报》（社会科学版）2022 年第 2 期。

不同国家之间的"双碳"行动、加强国际合作。为实现全球"双碳"目标，中国必须要加强与世界各国之间的国际碳交易、低碳技术合作，参与并积极推进应对气候变化的国际规则标准制定，提高中国在全球低碳绿色治理领域的国际话语权，最终实现气候环境的全球合作治理和绿色低碳发展的全球共赢。

第二章 实现"双碳"目标的法治保障现实：政策与法律基础

实现"双碳"目标，在我国并不只是一个涉及气候环境治理领域的问题，而是一个将会触及政治、经济、社会、文化和生态等多领域的综合性重大问题。实现"双碳"目标，必将对多主体、多行业、多领域的利益造成新的调整与擘画，所引发的利益冲突和协调难度将是空前的。应对这种挑战，需要一场深刻的国家治理体系现代化的改革，提升国家治理能力的现代化程度。国家治理体系现代化的关键之一是，在现代国家制度的平台上整合各种制度资源，将制度资源的利用率最大化，以提升应对挑战的能力。

其中，政策与法律是现代国家治理中最主要的制度资源和有效工具，它们共同构成了我国给予实现"双碳"目标法治保障的两大现实基础。在新时代，我国实现"双碳"目标的提出与实施，主要是通过政策来推动，体现出"政策之治"的特色，政策在相当大的程度上起到了"过渡性""替代性"法律的作用。同时，既存的法律体系及法律制度对促进"双碳"目标实现具有一定的基础，直接或间接有利于"双碳"目标，而且正迈入"立改废"的立法推进与法律制度建立、健全与进一步完善的过程。基于此，本章从实现"双碳"目标的视角系统梳理现行政策与法律规定，从而为实现"双碳"目标法治保障的落实与发展提供原点和起点式的分析基础。

第一节 实现"双碳"目标的政策基础

公共政策的制定和实施，是现代国家重要的治理方式。由于政策具有较强的灵活性，所以在应对和处理社会中出现的新问题时，政策手段是必不可少的。这一点在"双碳"目标的提出与实现过程中表现得尤为突出。目前，党和政府的各类政策已成为实现"双碳"目标不可缺失的基础与有效工具，"双碳"政策体系及其政策工具箱正在发挥着重要的"碳治理"功能与作用。

一、政策的内涵及分类

"公共政策是公共权力机关选择和制定的为解决公共问题、达成公共目标、以实现公共利益的方案"①。在中国，政策是党和政府为了解决社会公共问题、实现公共目标和公共利益而制定的具有权威性、公共性的行动方案和准则。② 政策是决策或决定的一种特殊形态。在我国，政策的外在形式主要表现为党的政策、行政政策以及各种命令、"红头文件"和领导讲话指示等。虽然政策的主要形式一般都以"红头文件"的面目出现，但各自的适用性和权威性却千差万别，需要结合政策的基本类型进行具体分析。

按照公共政策学的基本理论，公共政策从所涉及的主要内容和权威性角度看，大致分为元政策、基本政策和具体政策三类。③

---

① 宁骚主编：《公共政策学》，高等教育出版社 2010 年版，第 109 页。

② 参见张树习：《公共政策制定的法律规制研究》，中央党校博士学位论文，2018 年，第 26 页。

③ 参见张树习：《公共政策制定的法律规制研究》，中央党校博士学位论文，2018 年，第 21 页。

1.元政策。元政策的主要功能是引导和规范公共政策及其活动的理论和方法，它在公共政策体系中具有统率或者统摄性，为基本政策的制定提供基本依据、理念方法和指导价值。具体而言，元政策可以分为价值性元政策（如民主、公正、自由等）和方向性元政策（如改革开放、"双碳"方案等）两类。

2.基本政策。基本政策处于元政策与具体政策之间，它是为实现元政策目标针对社会生活的某个领域（如教育政策、民政政策、卫生政策、计划生育政策等）而制定的行动准则。基本政策与立法有密切的关系：基本政策是立法的依据，法律是基本政策的具体化和条文化。① 虽然基本政策在效力层级上低于法律，但是在实践中其适用性和认可度往往会优于法律。

3.具体政策。具体政策是实现基本政策的主要手段，它在法律框架内以法律规范为基础，将基本政策的行动原则具体化为行动规则，具有较强的可操作性（如首犯不罚）。具体政策作为实现法律规范的手段，就其本质而言其实是一种事实上的法律规范。法律规范的用语往往具有高度的抽象性，如何将这种抽象性与生活中的现实性联系在一起，具体政策起到了重要的桥梁作用。具体政策充分尊重法律提供的权力边界并充分回应法律规定的具体化，因此又可以将此类政策称为"法政策"（如税收优惠政策）。具体政策与以"红头文件"的形式明晰了法律规则的适用原则（如行政裁量基准等），弥合法律的稳定性与世事无穷性之间的缝隙，与法律规则形成了良性的功能互补的关系。②

总而言之，元政策、基本政策和具体政策三者之间相互作用、相互依赖。需要指出的是，元政策、基本政策和具体政策这一分类是一种学理分类，现实中三者往往是交织在一起的，比较常见的是一些中央政策文件之中往往既有元政策内容也包括基本政策，其他一些政策文件中往往既有基本政策内容又有具体政策内容。

---

① 参见李伟民主编：《法学辞源》，中国工人出版社 1994 年版，第 843 页。
② 参见张树习：《公共政策制定的法律规制研究》，中央党校博士学位论文，2018 年，第341 页。

二、"双碳"政策基础的类型化分析

为了推进实现"双碳"目标，党和国家制定了一系列的政策，这些政策可以分为元政策、基本政策和具体政策三大类。

（一）实现"双碳"目标的元政策

元政策，可以分为价值性元政策和方向性元政策两类。其中，实现"双碳"目标的元政策属于方向性元政策。实现"双碳"目标的元政策内容具体表现为："把碳达峰、碳中和纳入经济社会发展全局，以经济社会发展全面绿色转型为引领，以能源绿色低碳发展为关键，加快形成节约资源和保护环境的产业结构、生产方式、生活方式、空间格局，坚定不移走生态优先、绿色低碳的高质量发展道路，在 2030 年实现碳达峰、在 2060 年达成碳中和"①。

回溯历史可以发现，这一元政策的提出经历了一个漫长的过程。实现"双碳"目标元政策的前身最早是"节能政策"。1979 年之前我国采取的是"补贴消费者"的能源低价战略。由于能源低价政策无法抑制能源消费，直接导致能源供给的紧缺。1979 年五届全国人大二次会议召开，政府工作报告用较大篇幅阐述了节能工作，提出，"各行各业都要努力降低消耗，节约使用能源，杜绝浪费"。20 世纪 80 年代初期，我国开始提出节能社会发展目标。1980 年召开的五届全国人大三次会议首次提出"实行能源的开发与节约并重，近期要把节约放在优先地位"的节能方针，明确了节能管理在能源消费中的战略地位，至此节能作为一项专门工作被纳入国家宏观管理的范畴。②

1995 年之后，"节能政策"升格为"产业结构和能源结构调整政策"。

① 《中共中央　国务院关于完整准确全面贯彻新发展理念做好碳达峰碳中和工作的意见》。

② 参见岳佩萱：《中国节能政策变迁研究》，山西大学硕士学位论文，2016 年，第 6 页。

经济高速背景下大量使用传统化石能源带来了高耗能高排放问题，在此背景下，1995 年国务院颁布的《中国新能源和可再生能源发展纲要（1996—2010)》和 1997 年的《中华人民共和国节约能源法》明确提出了合理调整产业结构和能源消费结构的政策目标。为贯彻这一政策，我国于 2005 年启动了以节能降耗为起点的产业新政策体系，明确下达了淘汰落后产能的任务，强制公布淘汰落后产能企业名单，严控高耗能高排放和产能过剩行业扩大产能项目。同时，加强对淘汰落后产能的核查，对未按期完成淘汰落后产能任务的企业，依法吊销排污许可证、生产许可证、安全生产许可证，不予审批和核准新的投资项目。

2009 年之后，"产业结构和能源结构调整政策"被总结提炼为"低碳"政策。2009 年哥本哈根世界气候大会上，中国政府承诺到 2020 年单位国内生产总值碳排放比 2005 年下降 40%—45%，标志着"低碳"政策正式出炉。2011 年"低碳"政策被正式写入《国民经济和社会发展第十二个五年规划纲要》，并上升到法律的高度。"十二五"规划的第十六编明文规定："本规划经过全国人民代表大会审议批准，具有法律效力。要聚全国之力，集全民之智，实现未来五年宏伟发展蓝图。"

2020 年之后，"低碳"政策升格为"双碳"政策。随着气候变化成为全人类共同的议题，碳排放的控制成为世界各国关注的焦点。在 2020 年的联合国气候峰会上，我国出于大国责任担当与国内包括绿色发展的新发展理念和新发展要求，正式提出了"30 / 60"双碳目标。同年，"双碳"元政策正式写入《"十四五"规划〈纲要〉》。

（二）实现"双碳"目标的基本政策

实现"双碳"目标的基本政策是为了实现"双碳"目标元政策目的而针对社会生活的某个领域制定的行动准则。这些基本政策的内容集中体现在《中共中央 国务院关于完整准确全面贯彻新发展理念做好碳达峰碳中和工作的意见》《2030 年前碳达峰行动方案》等政策文件中。具体而言，实现"双碳"目标的基本政策涉及五大领域，目前已形成了由产业结构调整政策、清洁能源政策、低碳交通政策、绿色建筑政策、低碳技术政策等五大基本政策构成的基本政策集群。

1.产业结构调整政策

产业结构调整政策确立了如下行动方案：① 推动产业结构优化升级。制定能源、钢铁、有色金属、石化化工、建材、交通、建筑等行业和领域碳达峰实施方案。② 以节能降碳为导向，修订产业结构调整指导目录。开展钢铁、煤炭去产能"回头看"，巩固去产能成果。③ 加快推进工业领域低碳工艺革新和数字化转型。开展碳达峰试点园区建设。④ 加快商贸流通、信息服务等绿色转型，提升服务业低碳发展水平。⑤ 坚决遏制高耗能高排放项目盲目发展。新建、扩建钢铁、水泥、平板玻璃、电解铝等高耗能高排放项目严格落实产能等量或减量置换。⑥ 出台煤电、石化、煤化工等产能控制政策。

2.清洁能源政策

清洁能源政策确立了如下行动方案：① 强化能源消费强度和总量双控。② 大幅提升能源利用效率。③ 严格控制化石能源消费。④ 积极发展非化石能源。⑤ 深化能源体制机制改革。

3.低碳交通政策

低碳交通政策确立了如下行动方案：① 优化交通运输结构，做到加快建设综合立体交通网，大力发展多式联运，提高铁路、水路在综合运输中的承运比重，持续降低运输能耗和二氧化碳排放强度。② 推广节能低碳型交通工具，加快发展新能源和清洁能源车船，推广智能交通，推进铁路电气化改造，推动加氢站建设，促进船舶靠港使用岸电常态化。③ 加快构建便利高效、适度超前的充换电网络体系，提高燃油车船能效标准，加快淘汰高耗能高排放老旧车船。④ 积极引导低碳出行，加快城市轨道交通、公交专用道、快速公交系统等大容量公共交通基础设施建设。

4.绿色建筑政策

绿色建筑政策确立了如下行动方案：① 持续提高新建建筑节能标准，加快推进超低能耗、近零能耗、低碳建筑规模化发展。② 大力推进城镇既有建筑和市政基础设施节能改造，提升建筑节能低碳水平。③ 逐步开展建筑能耗限额管理，推行建筑能效测评标识，开展建筑领域低碳发展绩效评估。④ 全面推广绿色低碳建材，推动建筑材料循环利用。发展绿色农房。

5.低碳技术政策

低碳技术政策确立了如下行动方案：① 制定科技支撑碳达峰、碳中和行动方案，编制碳中和技术发展路线图。② 开展低碳零碳负碳和储能新材料、新技术、新装备攻关；加强气候变化成因及影响、生态系统碳汇等基础理论和方法研究；推进高效率太阳能电池、可再生能源制氢、可控核聚变、零碳工业流程再造等低碳前沿技术攻关。③ 培育一批节能降碳和新能源技术产品研发国家重点实验室、国家技术创新中心、重大科技创新平台。④ 建设碳达峰、碳中和人才体系，鼓励高等学校增设碳达峰、碳中和相关学科专业。

（三）实现"双碳"目标的具体政策

实现"双碳"目标的具体政策是为了实现"双碳"基本政策目标，在法律框架内、以法律规范为基础制定的可操作性行为规范。这些具体政策的内容散见于国务院、中央部委和地方政府制定的各类政策文件中，这些具体政策以领域或内容为标准可以分为产业结构调整具体政策、清洁能源具体政策、低碳交通具体政策、绿色建筑具体政策、低碳技术具体政策等五大类。

1.产业结构调整具体政策

产业结构调整的具体政策主要规定在国务院《关于加快推进产能过剩行业结构调整的通知》（2006 年）、《关于化解产能严重过剩矛盾的指导意见》（2013 年）、《大气污染防治行动计划》（2013 年）、国务院办公厅《关于石化产业调结构促转型增效益的指导意见》（2016 年）、国务院《打赢蓝天保卫战三年行动计划》（2018 年）、工信部《关于利用综合标准依法依规推动落后产能退出的指导意见》（2017 年）等政策文件中。目前，产业结构调整领域的具体政策主要确立了如下一些具有可操作性的行为规范。

（1）依托《节约能源法》的可操作性行为规范：对达不到强制性能耗限额标准要求的产能，应在 6 个月内整改；确需延长整改期限的，可提出不超过 3 个月的延期申请；逾期未整改或经整改仍未达标的，依法关停退出。① 严控"两高"行业产能。重点区域严禁新增钢铁、焦化、电解铝、铸造、水泥和平板玻璃等产能；严格执行钢铁、水泥、平板玻璃等行业产能置换实施办法；新、改、扩建涉及大宗物料运输的建设项目，原则上不得采用公路运输。②

（2）依托《环境保护法》的可操作性行为规范：对超过大气和水等污染物排放标准排污、违反固体废物管理法律法规，以及超过重点污染物总量控制指标排污的企业，责令采取限制生产、停产整治等措施；情节严重的，报经有批准权的人民政府批准，责令停业、关闭；③ 各地完成生态保护红线、环境质量底线、资源利用上线、环境准入清单编制工作，明确禁止和限制发展的行业、生产工艺和产业目录；修订完善高耗能、高污染和资源型行业准入条件，环境空气质量未达标城市应制定更严格的产业准入门槛。积极推行区域、规划环境影响评价，新、改、扩建钢铁、石化、化工、焦化、建材、有色等项目的环境影响评价，应满足区域、规划环评要求；深化工业污染治理。持续推进工业污染源全面达标排放，将烟气在线监测数据作为执法依据，加大超标处罚和联合惩戒力度，未达标排放的企业一律依法停产整治。④

---

① 《关于利用综合标准依法依规推动落后产能退出的指导意见》（工信部联产业〔2017〕30 号），http://m.law-lib.com/law/law_view.asp?id=556724。

② 《国务院关于印发打赢蓝天保卫战三年行动计划的通知》（国发〔2018〕22 号），http://www.gov.cn/zhengce/content/2018-07/03/content_5303158.htm。

③ 《关于利用综合标准依法依规推动落后产能退出的指导意见》（工信部联产业〔2017〕30 号），http://m.law-lib.com/law/law_view.asp?id=556724。

④ 《国务院关于印发打赢蓝天保卫战三年行动计划的通知》（国发〔2018〕22 号），http://www.gov.cn/zhengce/content/2018-07/03/content_5303158.htm。

（3）依托《产品质量法》的可操作性行为规范：对相关产品质量达不到强制性标准要求的产能，依法查处并责令停产整改；在 6 个月内未整改或经整改仍未达标的，报经有批准权的人民政府依法关停退出。①

（4）依托《安全生产法》的可操作性行为规范：对安全生产条件达不到行业标准要求的产能，立即停产停业整顿；经停产停业整顿仍不具备安全生产条件的，予以关闭；有关部门应当吊销其相关证照。②

（5）依托公共服务供给的可操作性行为规范：对钢铁、水泥、电解铝等行业能耗、电耗达不到强制性标准的产能，以及属于《产业结构调整指导目录（2011 年本）（修正）》淘汰类的产能，执行差别电价、阶梯电价、惩罚性电价和超定额用水累进加价等差别化能源资源价格；对有效益、有前景，且主动退出低端低效产能、化解过剩产能、实施兼并重组的企业，按照风险可控、商业可持续原则，积极予以信贷支持。对未按期退出落后产能的企业，严控新增授信，压缩退出存量贷款。③

2. 清洁能源具体政策

清洁能源的具体政策主要规定在国务院《关于加快建立健全绿色低碳循环发展经济体系的指导意见》（2021 年），国家发展改革委《完善能源消费强度和总量双控制度方案》（2021 年），国家发展改革委和国家能源局《关于完善能源绿色低碳转型体制机制和政策措施的意见》（2022 年），国家能源局《2021 年能源工作指导意见》等政策文件中。目前，清洁能源领域的具体政策主要确立了如下一些具有可操作性的行为规范。

（1）依托《节约能源法》的可操作性行为规范：各地区按照国家能源

---

① 《关于利用综合标准依法依规推动落后产能退出的指导意见》（工信部联产业〔2017〕30 号），http://m.law-lib.com/law/law_view.asp?id=556724。

② 《关于利用综合标准依法依规推动落后产能退出的指导意见》（工信部联产业〔2017〕30 号），http://m.law-lib.com/law/law_view.asp?id=556724。

③ 《国务院关于印发打赢蓝天保卫战三年行动计划的通知》（国发〔2018〕22 号），http://www.gov.cn/zhengce/content/2018-07/03/content_5303158.htm。

战略和规划及分领域规划，统筹考虑本地区能源需求和清洁低碳能源资源等情况，在省级能源规划总体框架下，指导并组织制定市（县）级清洁低碳能源开发利用、区域能源供应相关实施方案。[①]完善能耗双控考核制度。增加能耗强度降低指标考核权重，合理设置能源消费总量指标考核权重，研究对化石能源消费进行控制的考核指标，并将各省（自治区、直辖市）能源要求限期整改；对进度严重滞后、工作不力的地区，有关方面按规定对其相关负责人实行问责处理。[②]各省（自治区、直辖市）要建立在建、拟建、存量高耗能高排放项目（以下简称"两高"项目）清单，明确处置意见，调整情况及时报送国家发展改革委。对新增能耗 5 万吨标准煤及以上的"两高"项目，国家发展改革委会同有关部门对照能效水平、环保要求、产业政策、相关规划等要求加强窗口指导；对新增能耗 5 万吨标准煤以下的"两高"项目，各地区根据能耗双控目标任务加强管理，严格把关。对不符合要求的"两高"项目，各地区要严把节能审查、环评审批等准入关，金融机构不得提供信贷支持。[③]

（2）依托《大气污染防治法》的可操作性行为规范：督促落实属地责任，制定关停整合方案，按照关停拆除、升级改造、应急备用等方式，对重点地区 30 万千瓦及以上热电联产供热半径 15 公里范围内的落后燃煤小热电完成关停整合。因地制宜做好煤电布局和结构优化，稳妥有序推动输电通道配套煤电项目建设投产，从严控制东部地区、大气污染防治重点地区新增煤电装机规模，适度合理布局支撑性煤电。[④]

---

① 《国家发展改革委、国家能源局关于完善能源绿色低碳转型体制机制和政策措施的意见》（发改能源〔2022〕206 号），https://www.ndrc.gov.cn/xxgk/zcfb/tz/202202/t20220210_1314511.html?code=&state=123。

② 《完善能源消费强度和总量双控制度方案》（发改环资〔2021〕1310 号），https://www.ndrc.gov.cn/xxgk/zcfb/tz/202109/t20210916_1296856.html?code=&state=123。

③ 《完善能源消费强度和总量双控制度方案》（发改环资〔2021〕1310 号），https://www.ndrc.gov.cn/xxgk/zcfb/tz/202109/t20210916_1296856.html?code=&state=123。

④ 《2021 年能源工作指导意见》，http://www.gov.cn/zhengce/zhengceku/2021-04/22/content_5601529.htm。

（3）依托《电力法》的可操作性行为规范：整体优化输电网络和电力系统运行，提升对可再生能源电力的输送和消纳能力。通过电源配置和运行优化调整尽可能增加存量输电通道输送可再生能源电量，明确最低比重指标并进行考核。①

（4）依托《固体废物污染环境防治法》的可操作性行为规范：建设资源综合利用基地，促进工业固体废物综合利用。全面推行清洁生产，依法在"双超双有高耗能"行业实施强制性清洁生产审核。完善"散乱污"企业认定办法，分类实施关停取缔、整合搬迁、整改提升等措施。加快实施排污许可制度。加强工业生产过程中危险废物管理。②

3.低碳交通具体政策

低碳交通的具体政策主要规定在国务院办公厅《2014—2015年节能减排低碳发展行动方案》（2014年），国务院《打赢蓝天保卫战三年行动计划》（2018年）、《"十四五"现代综合交通运输体系发展规划》（2021年），交通运输部《加快推进绿色循环低碳交通运输发展指导意见》（2013年）、《关于全面深入推进绿色交通发展的意见》（2017年），交通运输部、科学技术部《交通领域科技创新中长期发展规划纲要（2021—2035年）》（2022年），国家发展改革委、国家能源局《关于完善能源绿色低碳转型体制机制和政策措施的意见》（2022年）等政策文件中。当前，低碳交通领域的具体政策主要确立了如下一些具有可操作性的行为规范。

（1）依托《循环经济促进法》的可操作性行为规范：重点区域采取经济补偿、限制使用、严格超标排放监管等方式，大力推进国三及以下排放标准营运柴油货车提前淘汰更新，加快淘汰采用稀薄燃烧技术和"油改

① 《国家发展改革委、国家能源局关于完善能源绿色低碳转型体制机制和政策措施的意见》（发改能源〔2022〕206号），https://www.ndrc.gov.cn/xxgk/zcfb/tz/202202/t20220210_1314511.html?code=&state=123。

② 《国务院关于加快建立健全绿色低碳循环发展经济体系的指导意见》(国发〔2021〕4号），http://www.gov.cn/zhengce/content/2021-02/22/content_5588274.htm?pc。

气"的老旧燃气车辆。各地制定营运柴油货车和燃气车辆提前淘汰更新目标及实施计划。2020 年底前，京津冀及周边地区、汾渭平原淘汰国三及以下排放标准营运中型和重型柴油货车 100 万辆以上。2019 年 7 月 1 日起，重点区域、珠三角地区、成渝地区提前实施国六排放标准。[1]

（2）依托《节约能源法》的可操作性行为规范：推行大容量电气化公共交通和电动、氢能、先进生物液体燃料、天然气等清洁能源交通工具，完善充换电、加氢、加气（LNG）站点布局及服务设施，降低交通运输领域清洁能源用能成本。[2] 加快推进综合交通运输体系建设，开展绿色循环低碳交通运输体系建设试点，深化"车船路港"千家企业低碳交通运输专项行动。实施高速公路不停车自动交费系统全国联网工程。加大新能源汽车推广应用力度。继续推行甩挂运输，开展城市绿色货运配送示范行动。积极发展现代物流业，加快物流公共信息平台建设。大力发展公共交通，推进"公交都市"创建活动。公路、水路运输和港口形成节能能力 1400 万吨标准煤以上，到 2015 年，营运货车单位运输周转量能耗比 2013 年降低 4%以上。[3] 完善城乡公共充换电网络布局，积极建设城际充电网络和高速公路服务区快充站配套设施，实现国家生态文明试验区、大气污染防治重点区域的高速公路服务区快充站覆盖率不低于 80%、其他地区不低于 60%。大力推进停车场与充电设施一体化建设，实现停车和充电数据信息互联互通。推动城市公共服务车辆和港口、机场场内车辆电动化替代，百万人口以上城市（严寒地区除外）新增或更新地面公交、城市物流配送、邮政快递、出租、公务、环卫等车辆中电动车辆比例不低于 80%。在长江干线、京杭运河和西江航运干线等开展液化天然气加注站

---

① 《国务院关于印发打赢蓝天保卫战三年行动计划的通知》（国发〔2018〕22 号），http://www.gov.cn/zhengce/content/2018-07/03/content_5303158.htm。

② 《国家发展改革委、国家能源局关于完善能源绿色低碳转型体制机制和政策措施的意见》（发改能源〔2022〕206 号），https://www.ndrc.gov.cn/xxgk/zcfb/tz/202202/t20220210_1314511.html?code=&state=123。

③ 《国务院办公厅关于印发 2014—2015 年节能减排低碳发展行动方案的通知》（国办发〔2014〕23 号），http://www.gov.cn/zhengce/content/2014-05/26/content_8824.htm。

建设。① 大幅提升铁路货运比例：到 2020 年，全国铁路货运量比 2017 年增长 30%，京津冀及周边地区增长 40%、长三角地区增长 10%、汾渭平原增长 25%。大力推进海铁联运，全国重点港口集装箱铁水联运量年均增长 10% 以上。制定实施运输结构调整行动计划。② 交通运输行业新能源和清洁能源车辆数量达到 60 万辆，内河船舶船型标准化率达到 70%，公路货运车型标准化率达到 80%。内河运输船舶能源消耗中液化天然气（LNG）比例在 2015 年基础上增长 200%。铁路单位运输工作量综合能耗比 2015 年降低 5%，营运货车、营运船舶和民航业单位运输周转量能耗比 2015 年分别降低 6.8%、6% 和 7%，港口生产单位吞吐量综合能耗比 2015 年降低 2%。③

（3）依托《长江保护法》的可操作性行为规范：2018 年 7 月 1 日起，全面实施新生产船舶发动机第一阶段排放标准。推广使用电、天然气等新能源或清洁能源船舶。长三角地区等重点区域内河应采取禁限行等措施，限制高排放船舶使用，鼓励淘汰使用 20 年以上的内河航运船舶。④

（4）依托《大气污染防治法》的可操作性行为规范：2019 年 1 月 1 日起，全国全面供应符合国六标准的车用汽柴油，停止销售低于国六标准的汽柴油，实现车用柴油、普通柴油、部分船舶用油"三油并轨"，取消普通柴油标准，重点区域、珠三角地区、成渝地区等提前实施。研究销售前在车用汽柴油中加入符合环保要求的燃油清净增效剂。严厉打击新生产销售机动车环保不达标等违法行为。严格新车环保装置检验，在新车销售、

---

① 《国务院关于印发"十四五"现代综合交通运输体系发展规划的通知》（国发〔2021〕27 号），http://www.gov.cn/zhengce/content/2022-01/18/content_5669049.htm。

② 《国务院关于印发打赢蓝天保卫战三年行动计划的通知》（国发〔2018〕22 号），http://www.gov.cn/zhengce/content/2018-07/03/content_5303158.htm。

③ 《交通运输部关于全面深入推进绿色交通发展的意见》（交政研发〔2017〕186 号），https://www.mot.gov.cn/zhengcejiedu/quanmiansrtjlsjtfz/xiangguanzhengce/201712/t20171206_2945939.html。

④ 《国务院关于印发打赢蓝天保卫战三年行动计划的通知》（国发〔2018〕22 号），http://www.gov.cn/zhengce/content/2018-07/03/content_5303158.htm。

检验、登记等场所开展环保装置抽查，保证新车环保装置生产一致性。取消地方环保达标公告和目录审批。构建全国机动车超标排放信息数据库，追溯超标排放机动车生产和进口企业、注册登记地、排放检验机构、维修单位、运输企业等，实现全链条监管。推进老旧柴油车深度治理，具备条件的安装污染控制装置、配备实时排放监控终端，并与生态环境等有关部门联网，协同控制颗粒物和氮氧化物排放，稳定达标的可免于上线排放检验。有条件的城市定期更换出租车三元催化装置。开展非道路移动机械摸底调查，划定非道路移动机械低排放控制区，严格管控高排放非道路移动机械，重点区域 2019 年底前完成。推进排放不达标工程机械、港作机械清洁化改造和淘汰，重点区域港口、机场新增和更换的作业机械主要采用清洁能源或新能源。[①] 船舶水污染物全部接收或按规定处置，环渤海（京津冀）、长三角、珠三角水域船舶硫氧化物、氮氧化物和颗粒物排放与2015 年相比分别下降 65%、20% 和 30%。交通运输二氧化碳排放强度比2015 年下降 7%。[②]

4.绿色建筑具体政策

绿色建筑的具体政策，主要规定在国务院办公厅《绿色建筑行动方案》（2013 年），住建部《建筑节能与绿色建筑发展"十三五"规划》（2017年），《中共中央　国务院关于完整准确全面贯彻新发展理念做好碳达峰碳中和工作的意见》（2021 年），国务院《2030 年前碳达峰行动方案》（2021年），国家发展改革委、国管局《"十四五"公共机构节约能源资源工作规划》（2021 年），中共中央办公厅、国务院办公厅《关于推动城乡建设绿色发展的意见》（2021 年），《住房和城乡建设部等 15 部门关于加强县城绿色低碳建设的意见》（2021 年）和《住房和城乡建设部关于印发"十四五"

---

① 《国务院关于印发打赢蓝天保卫战三年行动计划的通知》（国发〔2018〕22 号），http://www.gov.cn/zhengce/content/2018-07/03/content_5303158.htm。

② 《交通运输部关于全面深入推进绿色交通发展的意见》（交政研发〔2017〕186 号），https://www.mot.gov.cn/zhengcejiedu/quanmiansrtjlsjtfz/xiangguanzhengce/201712/t20171206_2945939.html。

建筑业发展规划的通知》（2022 年）等政策文件中。目前，有关绿色建筑领域的具体政策主要确立了如下一些具有可操作性的行为规范。

（1）依托《建筑法》的可操作性行为规范：实现工程建设全过程绿色建造。开展绿色建造示范工程创建行动，推广绿色化、工业化、信息化、集约化、产业化建造方式，加强技术创新和集成，利用新技术实现精细化设计和施工。完善绿色建材产品认证制度，开展绿色建材应用示范工程建设，鼓励使用综合利用产品实施绿色建筑统一标识制度。建立城市建筑数据共享机制，提升建筑能耗监测能力。推动区域建筑能效提升，降低建筑运行能耗、水耗，大力推动可再生能源应用，鼓励智能光伏与绿色建筑融合创新发展。[①]

（2）依托《清洁生产促进法》的可操作性行为规范，要求建筑工程应当采用节能、节水等有利于环境与资源保护的建筑设计方案、建筑和装修材料、建筑构配件及设备。建设高品质绿色建筑。实施建筑领域碳达峰、碳中和行动。规范绿色建筑设计、施工、运行、管理，鼓励建设绿色农房。推进既有建筑绿色化改造，鼓励与城镇老旧小区改造、农村危房改造、抗震加固等同步实施。开展绿色建筑、节约型机关、绿色学校、绿色医院创建行动。[②]

（3）依托《可再生能源法》和《民用建筑节能条例》的可操作性行为规范，国家鼓励和扶持在新建建筑和既有建筑节能改造中采用太阳能、地热能等可再生能源。既有建筑节能改造有序推进，可再生能源建筑应用规模逐步扩大，农村建筑节能实现新突破，使我国建筑总体能耗强度持续下降，建筑能源消费结构逐步改善，建筑领域绿色发展水平明显提高。深化可再生能源建筑应用，推广光伏发电与建筑一体化应用。积极推动严寒、寒冷地区清洁取暖，推进热电联产集中供暖，加快工业

[①] 《关于推动城乡建设绿色发展的意见》（国办发〔2021〕31 号），http://www.gov.cn/xin-wen/2021-10/21/content_5644083.htm。

[②] 《关于推动城乡建设绿色发展的意见》（国办发〔2021〕31 号），http://www.gov.cn/xin-wen/2021-10/21/content_5644083.htm。

余热供暖规模化应用，积极稳妥开展核能供热示范，因地制宜推行热泵、生物质能、地热能、太阳能等清洁低碳供暖。引导夏热冬冷地区科学取暖，因地制宜采用清洁高效取暖方式。提高建筑终端电气化水平，建设集光伏发电、储能、直流配电、柔性用电于一体的"光储直柔"建筑。到 2025 年，城镇建筑可再生能源替代率达到 8%，新建公共机构建筑、新建厂房屋顶光伏覆盖率力争达到 50%。① 提升县城能源使用效率，大力发展可再生能源，因地制宜开发利用新能源，推动区域清洁供热和北方县城清洁取暖，通过提升新建厂房、公共建筑等屋顶光伏比例和实施光伏建筑一体化开发等方式，降低传统化石能源在建筑用能中的比例。②

（4）依托《循环经济促进法》的可操作性行为规范，大力促进城镇绿色建筑发展，各级住房城乡建设、农业等部门要加强农村村庄建设整体规划管理，制定村镇绿色生态发展指导意见，编制农村住宅绿色建设和改造推广图集、村镇绿色建筑技术指南，免费提供技术服务。对建筑物及构筑物采用节能的技术工艺和再生产品。有条件的地区，应当充分利用可再生能源。大力推广太阳能热利用、围护结构保温隔热、省柴节煤灶、节能炕等农房节能技术；切实推进生物质能利用，发展大中型沼气，加强运行管理和维护服务。科学引导农房执行建筑节能标准。③

（5）依托《公共机构节能条例》的可操作性行为规范，要加快提高建筑节能标准及执行质量，加快推进超低能耗、近零能耗、低碳建筑规模化发展。大力推进城镇既有建筑和市政基础设施节能改造，提升建筑节能低碳水平。逐步开展建筑能耗限额管理，推行建筑能效测评标识，开展建筑

---

① 《国务院关于印发 2030 年前碳达峰行动方案的通知》（国发〔2021〕23 号），http://www.gov.cn/zhengce/content/2021-10/26/content_5644984.htm。

② 《住房和城乡建设部等 15 部门关于加强县城绿色低碳建设的意见》（建村〔2021〕45 号），http://www.gov.cn/zhengce/zhengceku/2021-06/08/content_5616290.htm。

③ 《国务院办公厅关于转发发展改革委住房城乡建设部绿色建筑行动方案的通知》（国办发〔2013〕1 号），http://www.gov.cn/zhengce/content/2013-01/06/content_4572.htm 。

领域低碳发展绩效评估。① 到 2025 年，城镇新建建筑全面执行绿色建筑标准。② 全面推广绿色低碳建材，推动建筑材料循环利用。发展改革委、财政、住房城乡建设等部门要修订工程预算和建设标准，各省级人民政府要制定绿色建筑工程定额和造价标准。政府投资的国家机关、学校、医院、博物馆、科技馆、体育馆等建筑，直辖市、计划单列市及省会城市的保障性住房，以及单体建筑面积超过 2 万平方米的机场、车站、宾馆、饭店、商场、写字楼等大型公共建筑，自 2014 年起全面执行绿色建筑标准。严格落实固定资产投资项目节能评估审查制度，强化对大型公共建筑项目执行绿色建筑标准情况的审查。强化绿色建筑评价标识管理，加强对规划、设计、施工和运行的监管。③

5. 低碳技术具体政策

低碳技术的具体政策主要规定在国务院《国家中长期科学和技术发展规划纲要（2006—2020 年）》，工信部《"十四五"工业绿色发展规划》（2021年），国新办《中国应对气候变化的政策与行动》白皮书（2021 年）和国家发展改革委等 4 部门联合发布的《高耗能行业重点领域节能降碳改造升级实施指南》（2022 年版）等政策文件中。目前，低碳技术领域的具体政策主要确立了如下具有可操作性的行为规范。

（1）依托《节约能源法》的可操作性行为规范：定期编制发布低碳、节能、节水、清洁生产和资源综合利用等绿色技术、装备、产品目录，组织制定重大技术推广方案和供需对接指南。④ 鼓励地方财政加大对绿色低碳产业发展、技术研发等的支持力度，创新支持方式，引导更多社会资源

---

① 《中共中央　国务院关于完整准确全面贯彻新发展理念做好碳达峰碳中和工作的意见》（中发〔2021〕36 号），http://www.gov.cn/zhengce/2021-10/24/content_5644613.htm。

② 《2030 年前碳达峰行动方案》（国发〔2021〕23 号），http://www.gov.cn/zhengce/content/2021-10/26/content_5644984.htm。

③ 《国务院办公厅关于转发发展改革委住房城乡建设部绿色建筑行动方案的通知》（国办发〔2013〕1 号），http://www.gov.cn/zhengce/content/2013-01/06/content_4572.htm。

④ 《"十四五"工业绿色发展规划》（工信部规〔2021〕178 号），www.miit.gov.cn/jgsj/ghs/zlygh/art/2022/art_dd7cf9f916174a8bbb7839ad654a84ce.html。

投入工业绿色发展项目，扩大环境保护、节能节水等企业所得税优惠目录范围。① 鼓励企业牵头绿色技术研发项目，建立综合性国家级绿色技术交易市场，成立二氧化碳捕集、利用与封存（以下简称CCUS）创业技术创新战略联盟、CCUS专委会等专门机构，持续推动CCUS领域技术进步、成果转化。②

（2）依托《清洁生产法》的可操作性行为规范：严格执行节能、环保、质量、安全技术等相关法律法规和《产业结构调整指导目录》等政策，依法依规淘汰不符合绿色低碳转型发展要求的落后工艺技术和生产装置。③

（3）依托《可再生能源法》的可操作性行为规范：能源开发、节能技术和清洁能源技术取得突破，促进能源结构优化，主要工业产品单位能耗指标达到或接近世界先进水平。④ 完善绿色产品、绿色工厂、绿色工业园区和绿色供应链评价标准体系，制定修订一批低碳、节能、节水、资源综合利用等重点领域标准及关键工艺技术装备标准，鼓励制定高于现行标准的地方标准、团体标准和企业标准。⑤

（4）依托《科学技术进步法》的可操作性行为规范：构筑集聚国内外科技领军人才和创新团队的绿色低碳科研创新高地，建立多元化人才评价和激励机制。⑥

---

① 《"十四五"工业绿色发展规划》（工信部规〔2021〕178号），www.miit.gov.cn/jgsj/ghs/zlygh/art/2022/art_dd7cf9f916174a8bbb7839ad654a84ce.html。

② 《中国应对气候变化的政策与行动》白皮书（2021年），http://www.gov.cn/zhengce/2021-10/27/content_5646697.htm。

③ 《高耗能行业重点领域节能降碳改造升级实施指南（2022年版）》（发改产业〔2022〕200号），www.ndrc.gov.cn/xwdt/ztzl/ghnhyjnjdgzsj/zcwj/202202/t20220217_1315689_ext.html。

④ 《国家中长期科学和技术发展规划纲要（2006—2020年）》，http://www.gov.cn/gongbao/content/2006/content_240244.htm。

⑤ 《"十四五"工业绿色发展规划》（工信部规〔2021〕178号），www.miit.gov.cn/jgsj/ghs/zlygh/art/2022/art_dd7cf9f916174a8bbb7839ad654a84ce.html。

⑥ 《"十四五"工业绿色发展规划》（工信部规〔2021〕178号），www.miit.gov.cn/jgsj/ghs/zlygh/art/2022/art_dd7cf9f916174a8bbb7839ad654a84ce.html。

三、"双碳"政策基础所存在的欠缺及其弥补

二十多年来，在"双碳"领域中国已经构建起由元政策、基本政策和具体政策组成的政策结构体系，呈现出政策内容逐渐细化、政策工具逐渐多元化以及政策层次不断提升的特征，但是也存在一些不足之处，有待进一步完善。

（一）政策体系的协调性问题

实现"双碳"目标是一个系统工程，其政策也是一个复杂的体系，只有将多层次多领域的政策整合为纵横交织的协调而统一的体系，才能充分发挥政策合力。然而，现实中的一些政策却存在相互冲突的现象，这种体系性瑕疵集中体现在具体政策层面。例如，发改委、能源局所发布的《关于做好风电、光伏发电全额保障性收购管理工作的通知》中详细规定了风力、光伏发电重点地区的最低保障收购小时数。但是，甘肃省工业和信息化委员会下发的《甘肃省工业和信息化委员会关于下达 2016 年优先发电计划的通知》中所规定的保障水平与上述文件相悖，严重背离中央低碳绿色发展、深化电力体制改革和推动能源战略转型的政策要求。① 再如，国务院 2020 年 10 月发布的《新能源汽车产业发展规划（2021—2035 年）》提出："2021 年起，国家生态文明试验区、大气污染防治重点区域的公共领域新增或更新公交、出租、物流配送等车辆中新能源汽车比例不低于 80%"。此目标在交通部于 2021 年 10 月发布的《绿色交通"十四五"发展规划》中再次提及，同样要求"国家生态文明试验区、大气污染防治重点区域新增或更新的公交、出租、物流配送等车辆中新能源汽车比例不低于 80%"。但是到 2021 年 12 月，国

---

① 参见肖蔷：《地方政策与国家法规"冲突"甘肃新能源发展政策引质疑》，资料来源：中国能源报，网址：http://www.chinasmartgrid.com.cn/news/20160826/618251.shtml，2022 年 4 月 14 日访问。

务院发布的《"十四五"现代综合交通运输体系发展规划》又提出新的目标，即"百万人口以上城市（严寒地区除外）新增或更新地面公交、城市物流配送、邮政快递、出租、公务、环卫等车辆中电动车辆比例不低于80%"。在《绿色交通"十四五"发展规划》尚未修改的背景下，《"十四五"现代综合交通运输体系发展规划》在适用范围和内容上提出了更高的标准，前后政策不一致，一定程度上可能会导致地方政府无所适从。

（二）政策与现行法的冲突问题

依法执政、依法行政，是新时期党和政府应遵循的基本治理方式。政策，无论是党的政策还是行政政策，都必须在法律的框架下运行，不得与法律冲突，这是建设法治国家的基本理念和基本要求。如果各级党委关于"双碳"政策不受法律拘束，就意味着党委在"法外决策"；如果政府推行"双碳"政策的行为不受法治约束，就会变成行政专权。然而，现实中的一些政策却直接与法律相冲突，这种合法性瑕疵集中体现在具体政策中。例如，工信部《关于利用综合标准依法依规推动落后产能退出的指导意见》（2017年）要求对落后产能企业"通过依法关停、停业、关闭、取缔整个企业，或采取断电、断水，拆除动力装置，封存主体设备等措施淘汰相关主体设备（生产线），使相应产能不再投入生产"。这一规定中就有两处涉嫌违法：第一，政策无权设定行政处罚，而此处的关停、停业、关闭、取缔四种行政处罚缺少明确的法律依据，故涉嫌违反《行政处罚法》；第二，政策无权设定行政强制措施，而此处采取的"断电、断水，拆除动力装置，封存主体设备等措施"缺少法律依据，故涉嫌违反《行政强制法》。不仅一些中央的具体政策涉嫌违法，地方为完成上级政府指标而制定的具体政策的违法现象则更为普遍。例如，《常州市政府办公室关于利用综合标准依法依规推动落后产能退出的实施意见》要求依法查处无证生产和产品质量达不到《钢筋混凝土用钢第1部分：热轧光圆钢筋》（GB1499.1—2008）、《钢筋混凝土用钢第2部分：热轧带肋钢筋》（GB1499.2—2007）、

《通用硅酸盐水泥》（GB175—2007）、《平板玻璃》（GB11614—2009）等强制性标准要求的企业，并责令停产整改 6 个月；对在 6 个月整改期内未整改或经整改仍未达标的企业，报经有批准权（管辖权）的人民政府依法关停退出，同时通报有关部门依法吊销证照。① 但是，根据国家质监总局、国家标准化管理委员会发布的《关于〈水泥包装袋〉等 1077 项强制性国家标准转化为推荐性国家标准的公告》已将这两项标准由强制性标准变更为推荐性标准。再如，《南通市政府关于加快淘汰落后产能工作的实施意见》规定：对未按期完成淘汰落后产能任务的地区，严格控制国家、省、市安排的投资项目，实行项目"区域限批"，暂停对该地区项目的环评、核准和审批。对未按规定期限淘汰落后产能的企业吊销排污许可证，银行业金融机构不得提供任何形式的新增授信支持，投资管理部门不予审批和核准新的投资项目，国土资源部门不予批准新增用地，相关部门不予办理生产许可，已颁发生产许可证、安全生产许可证的要依法撤回。对未按规定淘汰落后产能、被政府责令关闭或撤销的企业，限期办理工商注销登记，或者依法吊销工商营业执照。必要时，电力供应企业要按照有关法规要求，根据政府及相关部门的指令，对落后产能企业停止供电。② 在这一规定中，对未按期淘汰落后产能的企业实行吊销排污许可证、不予核准新的投资项目、不予办理生产许可、停止供电等处罚或限制措施，是与《节约能源法》的有关规定相违背的（《节约能源法》第七十一条、第七十二条规定，节能管理部门可责令未按要求淘汰国家要求淘汰的用能设备、生产工艺的企业停止使用，情节严重的由本级政府责令停业整顿或者关闭，企业超过单位产品能耗限额标准用能的，未按期、按要求由本级政府责令停业整顿或者关闭，不包括不予核准新项目、停止供电的处罚措施）。由此可知，该政策涉嫌违反《行政处

---

① 《常州市政府办公室关于利用综合标准依法依规推动落后产能退出的实施意见》（常政办发〔2017〕171 号），http://www.changzhou.gov.cn/ns_news/834151366715250。

② 《南通市政府关于加快淘汰落后产能工作的实施意见》（通政发〔2010〕82 号），https://wenku.baidu.com/view/1e014d5e5aeef8c75fbfc77da26925c52cc591f4.html。

罚法》而为企业设定处罚。① 依法治国的基本国策决定了实现"双碳"目标必须在法治的轨道上运行，倘若任由各地在中央政策调整后擅自变通执法，则势必带来"良性违法"的混乱后果，甚至可能引发用不适当的政策举措代替法律的不良示范效应。

（三）政策的内容合理性问题

政策不是法律，人们遵守政策的主要动力是基于对政策的权威性和合理性的认同，可以说政策合理性的程度会直接影响政策的执行成效。然而，现实中的一些政策可能因考虑不周而导致合理性有所欠缺。造成合理性瑕疵的原因主要有：第一，政策制定主要靠"拍脑袋"，缺少科学精神。例如2022年海南省人民政府出台的《海南省清洁能源汽车发展规划》，明确规定，为了推进"双碳"行动，2030年海南将会全域禁止销售燃油汽车。② 这一政策虽然出发点是好的，但是由于没有从全生命周期的角度考虑碳排放问题，所以其合理性有待商榷。全生命周期的低碳要求在获取最初的资源、能源，经过开采、原材料加工、产品生产、包装运输、产品销售、产品使用、再使用及产品废弃处置等过程中保持整体的低碳。③ 虽然新能源汽车的使用环节是低碳的，但是其核心部件——电池的生产制造及报废过程中会导致远超燃油车的碳排放及环境污染等问题。另外，为了支持新能源汽车发展，需要建设的基础设施及一系列的资源配置，也将增加碳排放量。所以在新能源汽车电池低碳生产技术尚未成熟之前，"一刀切"式的禁止燃油汽车销售的做法值得商榷。④ 第二，政策制定环节公众参与不足，脱离实际。例如，我国低碳技术标准的制定由于市场主体参与不足直

---

① 曹璇：《过剩产能退出法治化研究》，南京工业大学硕士学位论文，2020年，第29、30页。

② 海南省人民政府：《海南省清洁能源汽车发展规划》（琼府〔2019〕11号）。

③ 尹靖宇：《减碳应从全生命周期碳足迹考虑》，资料来源：中国建材报，网址：https://m.thepaper.cn/baijiahao_16254806，2022年4月14日访问。

④ 尹靖宇：《减碳应从全生命周期碳足迹考虑》，资料来源：中国建材报，网址：https://m.thepaper.cn/baijiahao_16254806，2022年4月14日访问。

接导致相关标准脱离实际。众所周知，技术标准的制定必须遵循市场需求原则，准确反映行业的实际需求。目前，我国各项具体的低碳技术以及低碳产品的标准都是由国家和政府主导制定的，无法真实反映出市场和产业的需求。研究表明，在我国现行的 2952 项强制性国家标准中，超出 TBT 协定规定的五个正当目的范围的有 1612 项，占总数的 54.61%，这严重阻碍了企业的低碳技术的创新和应用的动力，也对我国履行《技术贸易壁垒协议》造成困难。[①] 第三，政策制定过程中权利保障思维欠缺，引发矛盾。例如很多地方为了"双碳"目标，采用行政许可不予批准、行政许可不予续期等方式进行产能控制。这一做法侵害了行政相对人的信赖保护利益，理应给予合理的补偿，然而现行的政策中并无关于补偿问题的规定。由于我们的一些政策制定者义务思维过强，权利保障思维欠缺，导致实现"双碳"目标过程中公民利益保护机制薄弱，其结果是政策实施阻力不断加大。

综上所述，一方面，实现"双碳"目标已有良好和有力的政策基础，而且"双碳"目标的推进目前主要是依靠政策在进行；但另一方面，"双碳"政策尚存在一些局限和问题，这些局限和问题有待在未来的发展中加以克服和解决。可见，"碳治理"的政策自身还需要进一步提升质量。当下，应基于《中共中央　国务院关于完整准确全面贯彻新发展理念做好碳达峰碳中和工作的意见》，重点清理过去或近期颁布的一系列政策文件，使之体系化、协调化、合法化和合理化。

第二节　实现"双碳"目标的法律基础

法治，是治国之重器，也是解决气候变化问题、达成碳中和目标的有

---

① 庄汉、马栋：《低碳技术法律治理机制中的利益表达与程序选择——以低碳技术标准的制订为视角》，《江汉大学学报》（社会科学版）2012 年第 2 期。

力措施和必要手段。运用法治手段推进碳中和目标，是实现"双碳"目标的必由之路，而"双碳"法律体系及其法律制度则是这一必由之路的基础所在。整体而言，中国社会主义法律体系和法律制度皆为实现"双碳"目标的法律基础；具体而言，"双碳"法律基础则主要是指现行直接关于"双碳"或者间接与"双碳"相关的法律规范体系和法律制度。

一、法的分类与位阶

法是以国家强制力为后盾的行为规范。中国实行的是多元立法体制。根据《宪法》《立法法》的规定，除宪法、民族自治地方的自治条例和单行条例外，我国的法大致可以分为五类，即法律、行政法规、地方性法规、部门规章、地方政府规章。

法律的制定主体，是全国人民代表大会及其常委会，其中全国人民代表大会制定和修改刑事、民事、国家机构的和其他基本法律，全国人民代表大会常务委员会制定和修改除应当由全国人民代表大会制定的法律以外的其他法律。目前与"双碳"领域相关（并非直接关于"双碳"的规定①）的法律，主要有《循环经济促进法》《节约能源法》《可再生能源法》《环境影响评价法》《清洁生产促进法》《大气污染防治法》《煤炭法》《电力法》《环境保护法》等。

行政法规的制定主体，是国务院。行政法规可以就下列事项作出规定：一是为执行法律的规定需要制定行政法规的事项；二是宪法第八十九条规定的国务院行政管理职权的事项。行政法规有权设定行政许可、除限制人身以外的行政处罚以及除限制公民人身自由、冻结存款汇款以外的行政强制措施。目前，涉及"双碳"领域的行政法规主要有《民用建筑节能

---

① 如，《中华人民共和国节约能源法》关于节能的规定，虽并非直接对于减碳作出规定，但节能即减少了能源使用与消耗，客观上也导致了碳排放量的减少。故可将这类法律纳入与"双碳"相关的法律范畴。

条例》《公共机构节能条例》等。

地方性法规的制定主体，是省、自治区、直辖市的人民代表大会及其常务委员会与设区的市的人民代表大会及其常务委员会。其中，省、自治区、直辖市的人民代表大会及其常务委员会根据本行政区域的具体情况和实际需要，在不同宪法、法律、行政法规相抵触的前提下，可以制定地方性法规；设区的市的人民代表大会及其常务委员会根据本市的具体情况和实际需要，在不同宪法、法律、行政法规和本省、自治区的地方性法规相抵触的前提下，可以对城乡建设与管理、环境保护、历史文化保护等方面的事项制定地方性法规。设区的市的地方性法规须报省、自治区的人民代表大会常务委员会批准后施行。地方性法规有权设定行政许可、除限制人身和吊销企业营业执照以外的行政处罚，查封和扣押两种行政强制措施。随着"双碳"行动的不断深入推进，一些地方陆续出台、修订了一些地方性法规，例如《天津市碳达峰碳中和促进条例》《广东省循环经济促进条例》《山西省循环经济促进条例》《青海省循环经济促进条例》《通辽市大气污染防治条例》《山东省供热条例》《厦门经济特区生态文明建设条例》等。

部门规章的制定主体，是国务院各部、委员会、中国人民银行、审计署等其他具有行政管理职能的直属机构。部门规章规定的事项应当属于执行法律或者国务院的行政法规、决定、命令的事项。部门规章有权设定警告和一定数量的罚款，无权设定行政许可和行政强制措施。[①] 没有法律或者国务院的行政法规、决定、命令的依据，部门规章不得设定减损公民、法人和其他组织权利或者增加其义务的规范，不得增加本部门的权力或者减少本部门的法定职责。随着"双碳"行动的不断深入推进，国务院各部、委员会陆续出台了一些部门规章，例如《节能低碳产品认证管理办法》《碳排放权交易管理办法（试行）》等。

地方政府规章的制定主体，是省、自治区、直辖市和设区的市、自治州的人民政府。地方政府有权设定警告和一定数量的罚款，无权设定行政

---

① 参见《行政处罚法》《行政许可法》和《行政强制法》的相关规定。

强制措施，省、自治区、直辖市人民政府规章可以设定临时性的行政许可。① 没有法律、行政法规、地方性法规的依据，地方政府规章不得设定减损公民、法人和其他组织权利或者增加其义务的规范。地方政府规章拥有部门规章不具有的行政立法权。《立法法》第八十二条第五款规定"应当制定地方性法规但条件尚不成熟的，因行政管理迫切需要，可以先制定地方政府规章"。② 随着"双碳"行动的不断深入推进，一些地方陆续出台一些地方政府规章，例如《广东省碳排放管理试行办法》《江西省林业碳汇开发及交易管理办法（试行)》等。

多元立法体制的国家必须要解决的一个现实问题，就是法的位阶及效力。根据《立法法》的规定，我国法律规范体系中各种法律形式的位阶大致如下：① 法律的效力高于行政法规、地方性法规、部门规章、地方政府规章。② 行政法规的效力高于地方性法规、部门规章、地方政府规章。③ 地方性法规的效力高于本级和下级地方政府规章。④ 部门规章之间、部门规章与地方政府规章之间具有同等效力（它们在各自的权限范围内施行），部门规章之间、部门规章与地方政府规章之间对同一事项的规定不一致时，由国务院裁决。⑤ 地方性法规与部门规章之间，则因情况而异。地方性法规与部门规章之间对同一事项的规定不一致，不能确定如何适用时，由国务院提出意见，国务院认为应当适用地方性法规的，应当决定在该地方适用地方性法规的规定；认为应当适用部门规章的，应当提请全国人民代表大会常务委员会裁决。

二、"双碳"法律基础的类型化分析

为了实现"2030 年前实现碳达峰、2060 年前达成碳中和"目标，在

---

① 参见《行政处罚法》《行政许可法》和《行政强制法》的相关规定。

② 参见《中华人民共和国立法法》第八十二条。

法治层面需要围绕这一基本政策目标或者在现行系列政策的基础上，制定或修改相关法律法规和完善相关法律制度。"双碳"政策主要涉及产业结构调整、清洁能源、低碳交通、绿色建筑、低碳技术等五大领域，与之相关联的法律法规或规章的出台以及法律制度的建立、健全和完善，也须围绕这五大领域而展开。有鉴于此，本部分以上述五大领域为主线梳理相关的现行法律及其规定，这既是类型化研究的基本思路，也是提出相应法律对策建议的基础。

（一）产业结构调整法律规范

目前，我国并无直接调整低碳（"双碳"）产业结构或产能控制的专门法律，但是诸多法律、法规或规章中却存在与之高度相关的条款，其中较为重要的相关法律条款主要有以下几条。

（1）《循环经济促进法》第十八条：国务院循环经济发展综合管理部门会同国务院生态环境等有关主管部门，定期发布鼓励、限制和淘汰的技术、工艺、设备、材料和产品名录。禁止生产、进口、销售列入淘汰名录的设备、材料和产品，禁止使用列入淘汰名录的技术、工艺、设备和材料。

（2）《产品质量法》第五十一条：生产国家明令淘汰的产品的，销售国家明令淘汰并停止销售的产品的，责令停止生产、销售，没收违法生产、销售的产品，并处违法生产、销售产品货值金额等值以下的罚款；有违法所得的，并处没收违法所得；情节严重的，吊销营业执照。

（3）《节约能源法》第十三条：国务院标准化主管部门和国务院有关部门依法组织制定并适时修订有关节能的国家标准、行业标准，建立健全节能标准体系。国务院标准化主管部门会同国务院管理节能工作的部门和国务院有关部门制定强制性的用能产品、设备能源效率标准和生产过程中耗能高的产品的单位产品能耗限额标准。国家鼓励企业制定严于国家标准、行业标准的企业节能标准。省、自治区、直辖市制定严于强制性国家标准、行业标准的地方节能标准，由省、自治区、直辖市人民政府报经国务院批准；本法另有规定的除外。

（4）《节约能源法》第七十九条：建设单位违反建筑节能标准的，由建设主管部门责令改正，处二十万元以上五十万元以下罚款。设计单位、施工单位、监理单位违反建筑节能标准的，由建设主管部门责令改正，处十万元以上五十万元以下罚款；情节严重的，由颁发资质证书的部门降低资质等级或者吊销资质证书；造成损失的，依法承担赔偿责任。

（5）《环境保护法》第十六条：国务院环境保护主管部门根据国家环境质量标准和国家经济、技术条件，制定国家污染物排放标准。省、自治区、直辖市人民政府对国家污染物排放标准中未作规定的项目，可以制定地方污染物排放标准；对国家污染物排放标准中已作规定的项目，可以制定严于国家污染物排放标准的地方污染物排放标准。地方污染物排放标准应当报国务院环境保护主管部门备案。

（6）《水污染防治法》第十二条：国务院环境保护主管部门制定国家水环境质量标准。省、自治区、直辖市人民政府可以对国家水环境质量标准中未作规定的项目，制定地方标准，并报国务院环境保护主管部门备案。

（7）《大气污染防治法》第九条：国务院生态环境主管部门或者省、自治区、直辖市人民政府制定大气污染物排放标准，应当以大气环境质量标准和国家经济、技术条件为依据。

（8）《大气污染防治法》第十三条：制定燃煤、石油焦、生物质燃料、涂料等含挥发性有机物的产品、烟花爆竹以及锅炉等产品的质量标准，应当明确大气环境保护要求。制定燃油质量标准，应当符合国家大气污染物控制要求，并与国家机动车船、非道路移动机械大气污染物排放标准相互衔接，同步实施。前款所称非道路移动机械，是指装配有发动机的移动机械和可运输工业设备。

（9）《安全生产法》第二十条：生产经营单位应当具备本法和有关法律、行政法规和国家标准或者行业标准规定的安全生产条件；不具备安全生产条件的，不得从事生产经营活动。

（10）《固体废物污染环境防治法》第十八条：产品和包装物的设计、制造，应当遵守国家有关清洁生产的规定。国务院标准化行政主管部门应当根据国家经济和技术条件、固体废物污染环境防治状况以及产品的技术要求，组织制定有关标准，防止过度包装造成环境污染。生产、销售、进口依法被列入强制回收目录的产品和包装物的企业，必须按照国家有关规定对该产品和包装物进行回收。

除法律外，目前我国并无专门的行政法规、部门规章直接涉及产业结构调整、产能控制行为。直接关于产业结构调整、产能控制行为的规定多见于一些政策或规范性文件，如《促进产业结构调整暂行规定》《水泥玻璃行业产能置换实施办法》《钢铁行业产能置换实施办法》《关于建立健全煤炭最低库存和最高库存制度的指导意见（试行）》《重点燃煤电厂煤炭最低库存和最高库存规定》《煤炭最低库存和最高库存制度考核办法（试行）》等。同时，为配合《循环经济促进法》《产品质量法》等法律的准用性规则，国家制定相关标准，以此使产业结构调整、产能控制有法可依，如《石油化工设计能耗计算标准》《煤炭井工开采单位产品能源消耗限额》《煤炭露天开采单位产品能源消耗限额》《煤炭工业污染物排放标准》《石油化学工业污染物排放标准》等。

（二）清洁能源法律规范

我国的清洁能源法律规范相对完善，且已形成了较为有效的法律分工，并确立了一系列相应的法律制度。

1.法律制度

这些规定所体现的法律制度主要表现为以下四点。

其一，在强化能源消费强度和总量控制方面，《节约能源法》规定了重点用能单位的指标，如年综合能源消费总量一万吨标准煤以上的用能单位，国务院有关部门或者省、自治区、直辖市人民政府管理节能工作的部门指定的年综合能源消费总量五千吨以上不满一万吨标准煤的用能单位。[1]《大气污染防治法》要求国家采取各项措施推广应用节能环保型

---

① 参见《中华人民共和国节约能源法》第五十二条。

和新能源机动车船、非道路移动机械，限制高油耗、高排放机动车船、非道路移动机械的发展，减少化石能源的消耗。①

其二，在提升能源利用效率方面，《节约能源法》和《清洁生产促进法》的出台正是为了推动全社会节约能源，提高能源利用效率；《科学技术进步法》也要求政府发挥作用以提高资源利用效率；②国家质量监督检验检疫总局、国家发改委出台的部门规章《节能低碳产品认证管理办法》旨在提高产品的利用效率并给予节能产品认证和低碳产品认证；③国家发改委、科技部、外交部和财政部共同出台的部门规章《清洁发展机制项目运行管理办法》规定，在中国开展清洁发展机制项目的重点领域是提高能源效率。④

其三，在促进能源高质量发展方面，《大气污染防治法》明文规定"禁止新建、扩建燃用高污染燃料的设施，已建成的，应当在城市人民政府规定的期限内改用天然气、页岩气、液化石油气、电或者其他清洁能源"。⑤该法以一种强硬的姿态推动非常规油气资源的规模开发，以及能源替代行动的落实。《可再生能源法》中将可再生能源定义为非化石能源，⑥此法的目的也正是促进非化石能源的发展。与此同时，地方上也在不断地完善相应立法，例如《天津市碳达峰碳中和促进条例》支持风能、太阳能、地热能、生物质能等非化石能源发展，逐步扩大非化石能源消费，统筹推进氢能利用，推动低碳能源替代高碳能源⑦。

其四，在深化能源体制机制改革方面，《可再生能源法》提出了通过制定可再生能源开发利用总量目标和采取相应措施，推动可再生能源市场的建立和发展。⑧

---

① 参见《中华人民共和国大气污染防治法》第五十条。

② 参见《中华人民共和国科学技术进步法》第四条。

③ 参见《节能低碳产品认证管理办法》第二条。

④ 参见《清洁发展机制项目运行管理办法》第四条。

⑤ 参见《中华人民共和国大气污染防治法》第三十八条。

⑥ 参见《中华人民共和国可再生能源法》第二条。

⑦ 参见《天津市碳达峰碳中和促进条例》第二十五条。

⑧ 参见《中华人民共和国可再生能源法》第四条。

2. 相关法律规定

除上述法律规定所确立的制度外，其他单行法中还有一些与清洁能源高度相关的法律条款，其中较为重要的规定主要有以下十条。

其一，《乡村振兴促进法》第三十七条：各级人民政府应当建立政府、村级组织、企业、农民等各方面参与的共建共管共享机制，综合整治农村水系，因地制宜推广卫生厕所和简便易行的垃圾分类，治理农村垃圾和污水，加强乡村无障碍设施建设，鼓励和支持使用清洁能源、可再生能源，持续改善农村人居环境。

其二，《长江保护法》第七十二条：长江流域县级以上地方人民政府应当统筹建设船舶污染物接收转运处置设施、船舶液化天然气加注站，制定港口岸电设施、船舶受电设施建设和改造计划，并组织实施。具备岸电使用条件的船舶靠港应当按照国家有关规定使用岸电，但使用清洁能源的除外。

其三，《长江保护法》第七十三条：国务院和长江流域县级以上地方人民政府对长江流域港口、航道和船舶升级改造，液化天然气动力船舶等清洁能源或者新能源动力船舶建造，港口绿色设计等按照规定给予资金支持或者政策扶持。

其四，《固体废物污染环境防治法》第四十四条：县级以上地方人民政府应当有计划地改进燃料结构，发展清洁能源，减少燃料废渣等固体废物的产生量。

其五，《电力法》第五条：电力建设、生产、供应和使用应当依法保护环境，采用新技术，减少有害物质排放，防治污染和其他公害。国家鼓励和支持利用可再生能源和清洁能源发电。

其六，《循环经济促进法》第二十一条：国家鼓励和支持企业使用高效节油产品。电力、石油加工、化工、钢铁、有色金属和建材等企业，必须在国家规定的范围和期限内，以洁净煤、石油焦、天然气等清洁能源替代燃料油，停止使用不符合国家规定的燃油发电机组和燃油锅炉。内燃机和机动车制造企业应当按照国家规定的内燃机和机动车燃油经济性标准，采用节油技术，减少石油产品消耗量。

其七，《海洋环境保护法》第十三条：国家加强防治海洋环境污染损害的科学技术的研究和开发，对严重污染海洋环境的落后生产工艺和落后设备，实行淘汰制度。企业应当优先使用清洁能源，采用资源利用率高、污染物排放量少的清洁生产工艺，防止对海洋环境的污染。

其八，《环境保护法》第四十条：国家促进清洁生产和资源循环利用。国务院有关部门和地方各级人民政府应当采取措施，推广清洁能源的生产和使用。企业应当优先使用清洁能源，采用资源利用率高、污染物排放量少的工艺、设备以及废弃物综合利用技术和污染物无害化处理技术，减少污染物的产生。

其九，《农业法》第五十七条：发展农业和农村经济必须合理利用和保护土地、水、森林、草原、野生动植物等自然资源，合理开发和利用水能、沼气、太阳能、风能等可再生能源和清洁能源，发展生态农业，保护和改善生态环境。

其十，《公共机构节能条例》第三十四条：公共机构的公务用车应当按照标准配备，优先选用低能耗、低污染、使用清洁能源的车辆，并严格执行车辆报废制度。

（三）低碳交通法律规范

交通行业向来是高碳排放的领域之一。我国法律对低碳交通领域也作出了相关规定。在交通领域，关于低碳的规定广泛分布在各种法律、法规或规章之中，如：

（1）2009年修订的《可再生能源法》，该法对各个行业关于新能源替代和减少温室气体减排都作出了宏观的规定，低碳交通也在该法的调整范围之内。

（2）2014年修订的《环境保护法》也有着针对低碳交通的规定。《环境保护法》第四条规定："各级公安、交通、铁道、渔业管理部门根据各自的职责，对机动车船污染大气实施监督管理。"同时该法第四章对防治机动车船污染还作出专章规定。

（3）2018 年修订的《循环经济促进法》中有关机动车节油、报废机动车船及其部件再利用等规定直接适用于交通运输业。

（4）2018 年修订的《节约能源法》对有关优先发展公共交通、鼓励使用非机动交通工具出行、提高运输组织化程度和集约化水平及能源利用效率、鼓励开发使用节能环保型交通运输工具及清洁燃料和石油替代燃料、加强燃料消耗监督管理等问题作出了规定。[①]

（5）2019 年修订的《道路运输条例》针对交通运输工具的节能减排，各项法律也作出了细致具体的规定。《道路运输条例》第三十条规定，"客运经营者、货运经营者应当使用符合国家规定标准的车辆从事道路运输经营"。同时第三十一条规定，"客运经营者、货运经营者应当加强对车辆的维护和检测，确保车辆符合国家规定的技术标准；不得使用报废的、擅自改装的和其他不符合国家规定的车辆从事道路运输经营"。与之相配套的部门规章《道路运输车辆燃料消耗量检测和监督管理办法》则作出了有针对性的操作性规定。

（6）2021 年修订的部门规章《公路、水路交通实施〈中华人民共和国节约能源法〉办法》中，也对交通运输车辆的能耗检测和监督管理作出了具体规定。2021 年修改发布的《乘用车燃料消耗量限值》、2015 年发布的《轻型商用车辆燃料消耗量限值》、2016 年发布的《营运货车燃料消耗量限值及测量方法》以及 2018 年发布的《重型商用车辆燃料消耗量限值》等国家强制标准，是上述法律实施的配套规定。

（7）针对绿色交通运输的扶持补贴，2019 年修订的《车船税法》第四条也作出了明确规定："对节约能源、使用新能源的车船可以减征或者免征车船税；对受严重自然灾害影响纳税困难以及有其他特殊原因确需减税、免税的，可以减征或者免征车船税。具体办法由国务院规定，并报全国人民代表大会常务委员会备案。"

[①] 参见《中华人民共和国节约能源法》第四节。

（四）绿色建筑法律规范

建设行业也是我国高碳排放的领域。我国法律对绿色建筑也作出了相关规定。目前，我国尚没有关于绿色建筑的综合性立法，关于绿色建筑的规定广泛分布在各类单行法律、法规中。

（1）2019年修订的《建筑法》对绿色建筑方向作出了原则性规定，该法第四条规定："国家扶持建筑业的发展，支持建筑科学技术研究，提高房屋建筑设计水平，鼓励节约能源和保护环境，提倡采用先进技术、先进设备、先进工艺、新型建筑材料和现代管理方式。"

（2）2012年修订的《清洁生产促进法》对绿色建筑的全要素作出了原则性规定，该法第二十四条规定了建筑工程应当采用节能、节水等有利于环境与资源保护的建筑设计方案、建筑和装修材料、建筑构配件及设备。建筑和装修材料必须符合国家标准。禁止生产、销售和使用有毒、有害物质超过国家标准的建筑和装修材料。

（3）2009年修订的《可再生能源法》明确将太阳能利用作为绿色建筑的一项内容，该法第十七条规定由国务院建设行政主管部门会同国务院有关部门来制定太阳能利用系统与建筑结合的技术经济政策和技术规范。

（4）2018年修订的《节约能源法》将节能属性明确为绿色建筑的一项内容，该法将建筑业确定为重点节能领域，从建筑节能标准的制定到建筑节能的具体实施以及法律责任都作了详细规定，并且将建筑节能列为单独的一节予以规定。①

（5）2018年修订的《循环经济促进法》将能耗、水耗明确为绿色建筑的一项内容，该法明确规定：国家对建材、建筑等行业年综合能源消费量、用水量超过国家规定总量的重点企业，实行能耗、水耗的重点监督管理制度；建筑设计、建设、施工等单位应当按照国家有关规定和标准，对其设计、建设、施工的建筑物及构筑物采用节能、节水、节地、节材的技

---

① 参见《中华人民共和国节约能源法》第三节。

术工艺和小型、轻型、再生产品。①

（6）《民用建筑节能条例》和《公共机构节能条例》两部行政法规完善了规范绿色建筑的具体操作性规范，增强了法律的针对性和可操作性。《民用建筑节能条例》突出了建筑节能在我国经济社会发展中的战略地位，明确了法律调整范围，健全了管理制度，完善了激励机制，确立了民用建筑节能的管理和监督主体，强化了有关各方的法律责任。《公共机构节能条例》则对公共机构的既有建筑和新建建筑从节能管理、节能措施和监督管理方面都作出了具体规定。

（五）低碳技术法律规范

法律是低碳技术创新发展的重要保障。具体而言，低碳技术的法律规范可以分为低碳技术创新研发法律规范与低碳技术推广应用法律规范两大类。

（1）在低碳技术创新研发方面，《科学技术进步法》《可再生能源法》《清洁生产促进法》都明确表明支持低碳技术的创新发展。《科学技术进步法》总则部分强调国家鼓励科学技术开发，推动应用科学技术改造提升传统产业、发展高新技术产业和社会事业，支撑实现碳达峰碳中和目标，催生新发展动能，促进经济社会可持续发展。国家鼓励技术研究创新和开发，坚持人才培养，注重高等学校在科学技术研究中的重要作用。②《可再生能源法》第十二条表明，国家将可再生能源开发利用的科学技术研究和产业化发展列为科技发展与高技术产业发展的优先领域，纳入国家科技发展规划和高技术产业发展规划，并安排资金支持可再生能源开发利用的科学技术研究、应用示范和产业化发展，促进可再生能源开发利用的技术进步，降低可再生能源产品的生产成本，提高产品质量。《清洁生产促进法》第六条强调国家鼓励开展有关清洁生产的科学研究、技术开发和国际合作，组

---

① 参见《中华人民共和国循环经济促进法》第十六条、第二十三条。
② 参见《中华人民共和国科学技术进步法》第三条。

织宣传、普及清洁生产知识，推广清洁生产技术。科技部、财政部、国家税务总局发布的规范性文件《高新技术企业认定管理办法》鼓励新能源与节能、资源和环境等方面的企业进行技术创新，扶持高新技术企业发展。

（2）在低碳技术推广应用方面，《可再生能源法》第四章规定，国家鼓励单位和个人使用可再生能源系统和技术，县级以上地方人民政府管理能源工作的部门会同有关部门可以因地制宜根据实际情况，推广应用太阳能、小型风能、小型水能等低碳技术。《清洁生产促进法》第十四条规定，县级以上人民政府科学技术部门和其他有关部门，应当指导和支持清洁生产技术和有利于环境与资源保护的产品的研究、开发以及清洁生产技术的示范和推广工作。《节能低碳产品认证管理办法》第六条规定，国家发展改革委、国务院其他有关部门以及地方政府主管部门依据相关产业政策，推动节能低碳产品认证活动，鼓励使用获得节能低碳认证的产品。

三、"双碳"法律基础的进一步夯实

二十多年来，在相关"双碳"领域我国已经构建起由法律、行政法规、地方性法规、部门规章和地方政府规章构成的法律体系，实现"双碳"目标已具备了一定的法律基础，基本为"双碳"的法治化运行铺设了轨道，但是也存在诸多的不足之处亟待完善。

（一）法律的结构平衡性有待提高

总体来看，中国已初步搭建起由法律、行政法规、地方性法规、部门规章、地方政府规章五类法律规范形式组成的"双碳"法律体系雏形。目前来看，这个雏形存在较为严重的结构不平衡问题。理想的"双碳"法律结构应该具有两个特征：第一，物理结构的平衡。应该具有一部综合性法律作为法律体系的"拱顶石"统辖"双碳"基本法律问题。第二，数量结构的平衡。规定原则性问题的法律的数量应该较少，作为法律配套规则的解决具体操作性问题的行政法规和规章的数量应该较多。反观我国"双碳"法律结构现状，可以发现其最为突出的问题有二：第一，物理结构的失衡。缺少"双碳"综合立法的引领，而现有法律、法规都不是专门从应对气候变化或"双碳"的视角制定的，导致整个法律体系在横向上难以形成合力。第二，数量结构的失衡。现有的"双碳"法律体系中，规定原则性的法律数量比重较大，确立具体制度的行政法规比重过小，解决具体操作性问题的规章数量严重不足，导致整个法律体系在纵向上难以形成合力。

（二）法律的体系性制度有待完善

实现"双碳"目标是一个系统工程，其法律体系构成也是一个复杂的体系。只有将多层次涉及"双碳"领域的法律整合为纵横交织的统一体系，才能充分发挥其制度合力。然而，现实中我国的"双碳"法律制度却存在两个方面的体系性瑕疵：第一，法律制度覆盖不周延，在一些重要领域存在法律空白。例如，我国现行对建筑业低碳化的发展侧重于发展太阳能，对其他可再生能源的利用则不够充分，从而限制了建筑业低碳化发展的资源利用。相关法律对低碳建筑的推广多在公共建筑上，对于一般性的建筑则缺少相应的法律调整，远达不到实现"双碳"目标的要求。[1] 再如，产能控制政策要求严格落实去产能、产能等量置换等制度，现行法律对去产能有相关规定，但是对于产能等量置换却存在法律空白。第二，法律制度存在内部冲突问题，一些下位法存在合法性瑕疵，这方面的例子俯拾即是。例如，《武汉市机动车和非道路移动机械排气污染防治条例》中对于交通领域排放问题，作出了比其上位法《中华人民共和国大气污染防治法》以及《湖北省大气污染防治条例》更严格的规定，处罚力度也相对较重，存在着违反上位法的嫌疑；《潍坊市大气污染防治条例》中要求城市新增

---

[1] 胡陈丽：《我国建筑业低碳化发展的法律促进机制研究》，西南政法大学硕士学位论文，2014年，第18页。

公共交通车辆必须为新能源或清洁能源车辆，其上位法《中华人民共和国环境保护法》《中华人民共和国大气污染防治法》以及《山东省大气污染防治条例》中并无该要求，只提出了"推广使用节能环保型和新能源机动车；逐步淘汰高油耗、高排放机动车"[①] 的要求，可见其突破了上位法的规定；《泰州市绿化条例》中对城市新建区域的绿地占比提出了相对其他城市占比较高的要求，但国务院发布的《城市绿化条例》当中对此比例并无要求，涉嫌增加相对人义务；《徐州市建筑装饰装修条例》中对不符合环境质量要求的建筑作出了非常严格的处罚，但其上位法《中华人民共和国建筑法》和国务院发布的《建设工程质量管理条例》中均无相应的规定，也存在违反上位法的嫌疑。

（三）法律的稳定性有待增强

法的稳定性是法的核心价值目标之一。只有当法律不会朝令夕改，市场主体形成了稳定的预期，才能形成稳定的"双碳"法律秩序。由于"碳治理"的专业性和复杂性，关于"双碳"法律制度的大量条款是以准用性条款存在的，这容易造成法律的稳定性欠缺问题。所谓准用性规范，是指必须参照其他规定才能实施的法律规范。例如，《水土保持法实施条例》第六条规定："水土流失重点防治区按国家、省、县三级划分，具体范围由县级以上人民政府水行政主管部门提出，报同级人民政府批准并公告。"这是一条典型的准用性规定，其准用对象是县政府发布的关于水土流失重点防治区的决定。由于我国行政规划的参照依据多为地方政府的行政规范性文件，这就造成我国"双碳"法律制度往往处于一种高度不稳定的状态。2019 年爆发的生猪供应危机就是一个典型的例子。《畜牧法》和《环境保护法》规定了"禁养区"制度，但是禁养区的范围涉及水源保护区、风景名胜区、自然保护区、人口集中区域等大量准用性概念，依据现行相关法律，这些概念主要都是由行政规范性文件来予以明确的。一些地方

---

① 参见《山东省大气污染防治条例》。

政府过度追求环保达标，通过规范性文件将非饮用水水源保护区、城镇居民规划区、公路两侧等超范围划入禁养区，要求饮用水水源二级保护区和风景名胜区二级、三级保护区的规模养殖场全部关闭或搬迁，直接侵害了生猪养殖户的创设营业权，导致全国范围内生猪供应的紧张。再如，淘汰落后产能是产能控制的主要方式，但是淘汰落后产能的法律依据皆是《循环经济促进法》《产品质量法》中的准用性条款。这些准用性条款，实际上将产品的"生杀大权"交给了相关的行政部门，事实上是以相关部门制定的目录、标准等作为处罚的依据。法律虽然稳定，但是这些目录、标准却存在变动的空间，长此以往难免会产生损害法律安定性的风险。

（四）法律与政策的协同性有待加强

我国"双碳"领域的很多相关法律规定都过于原则，操作性不强，造成这一现象的根本原因可以归于"双碳"法的技术法属性。由于法律要保持基本的稳定性，为避免过大的修法压力，一些具有高度技术性的内容不宜过多地纳入到规定之中。兼顾"双碳"法律制度的操作性和稳定性的关键在于构建法律与具体政策良性协同格局。法律与具体政策的良性协同，一方面可以提高"双碳"法律制度的现实回应力。由于具体政策是为了实现"双碳"基本政策目标，在法律框架内、以法律规范为基础制定的操作性的行为规范，所以它作为一种事实上的法律规范，能将抽象的法律概念与生活中的现实联系在一起，最终提升政策与法律的现实回应力。法律与具体政策的良性协同，另一方面可以分担立法机关的工作与负担。法律是解决社会问题的首选方案，但是也要客观地承认和接受立法的局限性。"双碳"领域的技术性和复杂性决定了其规则的制定很可能已超出了立法机关的能力，交由专业的政策制定部门来完成是一种更为合理的选择。虽然兼顾"双碳"法律制度的操作性和稳定性的关键是构建法律与具体政策良性协同的格局，但是，如果"双碳"的法律制定者和政策制定者各自为政，缺少制度性的沟通、交流和协作集中，就很可能造成一些政策缺少法律支撑甚至与法律相互冲突的局面。同时，如果法律缺少具体政策工具的支撑也会难以实施。对此，我们需要在体制和观念上实行转变，大力提升法律与政策的协同性，使"双碳"推进工作进入政策与法律一体交融而呈现出一种交互作用、相互支撑的完美境界。

第三章　实现"双碳"目标的法治保障：原理与理念

如何加强实现"双碳"目标的法治保障，首先须清楚实现"双碳"目标法治保障的原理。所谓原理，即揭示客观事物之间的规律性联系的知识，实现"双碳"目标法治保障的原理，就是从理论上厘清"双碳"目标实现与法治之间的关系。推进实现"双碳"目标的法治保障，还应确立与实现"双碳"目标相一致的法治保障理念。所谓理念，通过对原理的把握而形成的对客观事物的理性认识。实现"双碳"目标的法治保障理念，就是指导实现"双碳"目标法治保障的观念本质、精神和意志，是支持行动准则的背后价值。原理源自现实，理念支持行动并指向未来，原理与理念共同支撑起了实现"双碳"目标法治保障的理论与观念基础。

第一节　实现"双碳"目标法治保障的原理

在 2021 年 4 月 22 日至 23 日举行的领导人气候峰会上，习近平总书记明确提出在构建人与自然生命共同体历程中需要"坚持人与自然和谐共生，坚持绿色发展，坚持系统治理，坚持以人为本，坚持多边主义，坚持共同但有区别的责任原则"[1]。这意味着"双碳"目标是一种生态文明导向

---

[1]　新华社评论员：《构建人与自然生命共同体——论习近平主席在领导人气候峰会重要讲话》，《新华社每日电讯》2021 年 4 月 24 日。

的整体性社会变迁，其路径主要是一种具有强制性的制度变迁，所以必须依托法治来保障。

一、"双碳"目标：生态文明导向的社会变迁

"双碳"目标将引领中国实施低碳转型，以低碳创新推动可持续发展，实现社会文明形态逐步由工业文明步入生态文明。文明，是指反映物质生产成果和精神生产成果的总和，是人类社会开化状态与进步状态的标志。文明随着人类的产生而产生，并随着人类的发展而进步。"生态文明是工业文明发展到一定阶段的产物，是实现人与自然和谐发展的新要求。"① 联合国环境与发展会议确定的可持续发展的五大内容中，无论是环境保护、提高可再生资源的利用比例、节约用水，还是对发展中国家的援助、开展绿色贸易，每一条款都体现着生态文明的建设目标。"生态文明是指人们在改造客观物质世界的同时，不断克服改造过程中的负面效应，积极改善和优化人与自然的关系，建设有序的生态运行机制和良好的生态环境所取得的物质、精神、制度方面成果的总和。"② 这一工业文明向生态文明的转型，无疑意味着意义深远的社会变迁。

"社会变迁是一个涵盖一切社会现象特别是社会结构变化的动态过程及结果。从广义上来看，一切社会制度、社会结构、社会组织、人口、人的环境以及道德、法律、宗教、风俗习惯等社会现象的突发的、急剧的变化或是演进的、缓慢的变化都属于社会变迁的研究范畴。从变迁的范围来看，社会变迁可分为局部变迁和整体变迁。局部变迁就是某个方面或某个层次的制度独立于其他制度而变革，整体变迁就是特定社会范围内各种

① 中共中央文献研究室编：《习近平关于全面建成小康社会论述摘编》，中央文献出版社2016年版，第164页。

② 参见姬振海：《要在全社会大力倡导生态文明》，资料来源：中国共产党新闻网，网址：http://cpc.people.com.cn/GB/34727/48856/48868/3441034.html，2022年4月23日访问。

制度相互配合、协调一致的变迁。"①实现"双碳"目标指向的社会变迁主要表现为，社会观念、制度和行为将以尊重和维护生态环境为主旨、以可持续发展为依据、以人类的可持续发展为着眼点，在开发利用自然的过程中，从维护社会、经济、自然系统的整体利益出发，尊重自然、保护自然，注重生态环境建设，致力于提高生态环境质量，使现代经济社会发展建立在生态系统良性循环的基础之上，以有效地解决人类经济社会活动的需求同自然生态环境系统供给之间的矛盾，实现人与自然的协同进化，促进经济社会、自然生态环境的可持续发展。这就意味着实现"双碳"目标所指向的社会变迁是一种整体变迁而非某一层面的社会变迁，分析这样一种社会变迁必须深入社会构成的基本要素层面进行整体性分析。

整体社会变迁的动力，既可以来自经济基础，也可以是文化观念方面的原因，还可以因为社会制度而变迁，因为正是经济基础、文化观念和社会制度三者构成了社会。社会构成由三大部分组成：文化观念、社会制度和经济基础，这三大部分通过个人或群众的行为而产生变化，正所谓"牵一发而动全身"。社会构成三大部分中无论哪一部分发生变化，最后都会促使其他部分也发生变化。与之相对应，当三大部分形成一个稳定状态，即表明社会变迁基本完成。宏观上来看，文化观念、社会制度和经济基础三者并不是同步变化的，它们的变化或先或后，相互排斥，相互整合，它们之间的冲突性，推动着社会的变迁。在我国，"双碳"行动引发的社会变迁的主要动力是社会制度，而非文化观念或经济基础。气候变化危机使全球经济社会发展有了紧迫的低碳排放要求，就这种客观的气候环境治理的诉求而言，它是促成社会变迁的重要外部因素。可是，仅有这种外部因素并不足以实现文明的转型和社会变迁，真正决定这场变迁的动力因素是社会制度，其主要原因有二：第一，在实现"双碳"目标过程中，虽然广大生产企业和消费群体因其生产过程或消费商

---

① 参见姚何煜、黄建：《社会学概论》，电子科技大学出版社 2019 年版，第 194—196 页。

品的高耗能、高排放必须成为节能减排的主要对象，但也必须认识到，节能减排以应对气候变化是一项对人类未来造福的长期事业，它需要巨大的投入和牺牲一些中、短期利益或个体利益作为代价，需要有强烈的公益意识，而这些与作为市场主体的经济组织的逐利性以及消费者的自主性是有矛盾的。长期以来，正是经济组织为谋取自身最大经济利益对大自然能源资源的过度索取，以及人类不断超越生态平衡机制的物质享受，对今天和未来"有组织的不负责任"，才积累了越来越迫近、越来越严重的生态危机。由此，期待经济组织和高碳消费人群自主、自觉地进行低碳社会建设是不切实际的。同时，现实中存在的"吉登斯悖论"①，使得任何社会个体都难以主导低碳社会的构建。而只有社会制度才具有全局性宏观视野、战略调控能力和强大的公共资源而成为实现"双碳"目标的旗手。第二，在现代国家，文化观念和经济基础虽决定着社会制度，但社会制度却对经济基础和文化观念具有重要的反作用。社会制度有能力自上而下地以公共政策来统领、规范甚至强制实施低碳经济活动和低碳物质文化生活。没有积极推行低碳的社会制度，就不可能有持续、有序推进的低碳化经济活动和低碳化生活消费，也就不可能形成有计划、有步骤、全方位的低碳社会建设。可以说，实现"双碳"目标是社会制度才能引领的社会变迁，而且这样一种社会变迁必然是一种强制性制度变迁。

二、实现"双碳"目标的方式：强制性制度变迁

任何社会经济制度都有一个发展过程，并且在一定条件下会最终归入

---

① 所谓吉登斯悖论，是指英国社会学家安东尼·吉登斯在其著作《气候变化的政治》中提出的一个悖论：大家都在关注气候问题，但真正愿意做出牺牲的人少之又少，这是阻碍气候问题解决的重要原因。

消亡。"制度创立、变更及随着时间变化而被打破的方式就是制度变迁。"①
也就是说，一种效益更高的制度对另一种制度的替代过程，表现为制度由
非均衡到新的均衡的变化。制度变迁的方式不是单一而是多样的。对多样
的制度变迁方式，可以从多个角度进行划分。从变迁的速度上看，制度变
迁的方式可分为渐进式变迁和突进式变迁。"所谓渐进式变迁就是变迁过
程相对平稳、没有引起较大的社会震荡、新旧制度之间的轨迹平滑、衔接
较好的变迁方式。突进式变迁，是相对渐进式变迁而言的，即短时间内，
不顾及各种关系的协调，采取果断措施进行制度创新或变革的方式。从变
迁的动力上看，制度变迁可分为强制性制度变迁和诱致性制度变迁。诱致
性变迁是指一群（个）人在响应由制度不均衡引致的获利机会时所进行的
自发性变迁，而强制性变迁指的是由政府通过强制性的国家制度引起的社
会变迁。"②强制性变迁强调国家意志的主导性，强调在短期内集中利用垄
断性的政府权力资源和正式的组织构架由上至下地传递改革思想和改革方
案，以迅速实现改革目标。在社会生活的很多领域，诸如教育、种族关
系、住房、交通、能源利用以及环境保护等方面，国家强制性制度已经成
为变迁所依赖的重要工具。日益增多地使用国家制度作为一种有组织的社
会行动的工具来指导社会变迁的实现，已是现代社会的基本特征之一。

实现"双碳"目标的本质，是对气候资源的合理分配和使用，涉及社
会民生各个领域，涵盖个人利益、公共利益、社会利益的分配正义。其中，
个人利益往往具有自我扩张性的特点，有时为了满足自身需求会以不惜牺
牲他人利益为代价，其本质是一种出于人类本能的谋求得到满足的欲望或
要求。特别是在科技迅速发展和经济规模化的年代，个人利益需求的不断
扩张成为人类忽视环境容量和自然生态承载能力，大肆破坏地球气候环境

---

① ［美］道格拉斯·C.诺思：《经济史中的结构与变迁》，陈郁、罗华平等译，上海三联
  书店、上海人民出版社 1994 年版，第 225 页。

② 参见张卫国：《西部少数民族地区乡镇企业产权制度变迁：以延边自治州为例——兼对
  "政府以行政手段推进市场化进程"理论假说的再验证》，载《中国制度经济学年会论
  文集》，2006 年，第 1440—1451 页。

与气候资源的主要动因之一；社会利益是全体社会成员的整体利益，亦被称作"社会整体利益"或"公众利益"，相对于个人利益而言，社会利益是为满足社会整体生存和发展的需要，其需求范围也更加广泛。碳达峰、碳中和与经济社会发展和人民健康幸福生活密切相关，属于典型的社会利益。因此，"双碳"目标作为一项符合个人利益、社会利益、公共利益需求的美好愿景，需要通过立法确保各类社会主体合理利用气候资源，对于滥用气候资源对他人利益带来损害的要及时给予补偿，必要时要求责任人承担相应法律责任，以此在"双碳"行动中形成合理的利益分配格局，保障经济快速发展、社会和谐稳定，最终实现气候治理、社会治理的公平正义。

因此，作为一种制度变迁方式的"双碳"目标实现，与自发秩序相比，其作为强制性制度变迁的优势主要体现在两个方面：第一，保障生态环境利益这一公共产品的有效供给；第二，有效克服有害生态环境正义的"搭便车"现象。为了全面形成上述两个优势，实现"双碳"目标过程中的强制性制度变迁必须满足三个条件。

第一，"双碳"目标的预期制度基本建立。强制性制度安排主要有两种方式，一是适应需求诱导性制度的要求，对已经摸清了发展方向的制度进行主动安排；二是超前进行制度安排，没有需求诱导性制度的经验积累。不管采用哪一种方式，其目的只有一个，就是为经济的快速和高质量发展提供一个良好的制度环境。只要预期制度基本建立，就应该适时转换制度变迁方式，由市场微观主体依需求而进行诱导性制度探索和印证。

第二，市场主体已经初步认可并基本接受"双碳"目标的预期制度。强制性制度变迁能否成功，关键在于市场经济主体的认可和接受的程度。一般而言，接受和认可新制度需要一定的时间，在这段时间内，必须保持强制性制度变迁的势头，不能因具体的市场主体不理解或者反对就立即更改。一旦市场经济主体初步认可并接受新制度，此时就必须及时将强制性制度变迁方式向需求诱导性方式转变，政府从具有主导地位的主体位置上退下来，让位于市场经济主体，由市场经济来具体适应新制度，检验新制度，并进行新制度的诱导性探索，为下一轮强制性制度安排积累经验，寻找创新方向。

第三,"双碳"目标的预期制度实施的主要障碍已经基本清除。强制性制度变迁,一般是对制度结构中的核心制度进行主动性的超前安排,即存量革命。核心制度的创新为该制度系列的制度安排提供了发展方向。这就为新制度的进一步配套和完善,扫清了制度上的障碍。

而要想确保"双碳"目标实现过程中发生强制性制度变迁能够符合上述三个条件,就必须依托法治,需要有强而有效的法治推进、法治引导和法治保障。

三、实现"双碳"目标的保障:法治思维和法治方式下的制度变迁

所谓法治,是以制约权力、保障自由和权利为核心价值取向,以法律制度为主导调控形式,以普遍的法律规则为根本行为尺度及生活准则的国家—社会治理方式、运行机制和秩序形态。法治,不仅指一种治国方略,也表征为一种治理方式,还蕴含着一种治理秩序。秩序是人类追求的永恒的价值目标,乃是由于它能够为人类生活和行为提供一种可预见性,使人们能够预见到自己的行为会产生什么后果,以便合理地安排自己的各种活动和行为,防止由于不可预见性而引起的人们心理上以及行为上的不安、恐慌和混乱,乃至来自各方面的随意侵犯。为了确保秩序的稳定性,法治要求将社会秩序转化为法律秩序。法律秩序是法的实践,即在社会关系中执行和实现了的法。所有社会规范都无一例外地将秩序作为自己的目标,法律之外的其他社会规范不可能实现长期稳定的社会有序化,只有法律,因源于其自身所具有的确定性、普遍性、稳定性、强制性而成为人类实现秩序理想的最佳选择。法律秩序的实现在宏观上指一个国家法律体系的总体性、计划性的落实,各种法律规范都能在社会生活中得到贯彻,从而建立起法律秩序;而且只有法律得到贯彻落实才能形成有利于国家治理和社

会治理的法律秩序。

法治塑造法律秩序的工具有二：一是权利，二是义务。法律是通过对人们的行为提出要求而作用于社会的。在逻辑结构上，法律规范由行为模式和法律后果两部分组成。法律对人们行为的要求集中体现在行为模式有关权利和义务的规定之中，违法行使权利或者不履行法定义务则会承担相应的法律后果和责任。实现"双碳"目标的法治化要求"双碳"领域中的若干法律关系主体遵循法律规范设定的行为模式，在其自身意志的支配下，按照行为模式的要求作出合法行为，正确地行使权利、履行义务，将行为模式中规定的权利和义务转化为现实生活中的权利和义务，由此法律的功能才能得以发挥和实现，法律目标才能得到实现。

所谓权利，就是法律规范所规定的，法律关系主体所享有的作出某种行为的可能性；或者说，就是法律对法律关系主体作出一定行为的许可和保障。英文中的"权利"和"正确"是一个词，也就是说，在一定程度上法律上的正确性、正当性就是权利。① 就实现"双碳"目标的法治化而言，"双碳"领域中法律关系主体所享有的作出某种行为的可能性包括三个方面：第一，"双碳"领域中法律关系主体自己实施某种行为的可能性，即积极行为的权利；第二，"双碳"领域中法律关系主体请求他人履行义务的可能性，即要求他人作为或不作为的权利；第三，在义务人不履行其义务时，"双碳"领域中法律关系主体诉诸法律，要求保护的可能性，即要求保护的权利。

所谓义务，即以社会生活共同需要为依据的，应当做或不做的行为；法律义务，是指法律为满足社会共同生活需要和某些具体情况下的个体的正当利益需要而规定的，法律主体应当或必须作出的做或不做的行为。因此，就实现"双碳"目标的法治化而言，义务的履行又分为两种情况：积极义务的履行和对禁令的遵守。积极义务的履行是命令性法律规范即规定积极作为义务的义务性法律规范的实现方式。命令性规范要求"双碳"法

---

① 中文的"权利"与"正确"在英文中同为"right"。

律关系主体在法律上主动承担一定的积极义务，必须作出某种行为，它的实现是通过义务人履行积极义务的合法行为来完成的。这种行为在性质上表现为积极作为，不可放弃。禁令的遵守是禁止性法律规范的实现形式。禁止性规范要求“双碳”法律关系主体在法律上承担一定的义务，这种义务是消极的，即不得作出某种行为。它是通过义务人遵守禁令的合法行为来实现的。这种行为在性质上表现为消极的不作为。积极义务的履行和禁令的遵守是把法律规范中规定的义务转化为现实生活中的义务，以满足“双碳”与社会整体生态利益的要求。

“在一个急剧变革的社会里，法律必然要发生变化，并且成为促进和支持新的政治、社会与经济现实的重要手段。如果法律传统不能依靠自身来支持这一新的现实，那么新的法律就必须被创制出来，或者必须由外部世界引进。在这种情况下，对待法律的新的态度与价值观念，常常成为社会变革的推进力量。”[①] 可以说，实现“双碳”目标，既需要经济调节、技术改进、政策引导，也离不开法治固根本、稳预期、利长远的保障作用。总而言之，实现“双碳”目标法治化中法律功能的实现，就是在法律的社会化以及外在维持力量的保证下，通过法律实施活动，把法律规范中体现立法者有关权利、义务的要求和意图转化成社会现实生活中的权利和义务，其具体的表现方式就是权利的行使和义务的履行，从而建立起稳定而有效的“双碳”法律秩序。

第二节 实现“双碳”目标法治保障的理念

“法律的目的是为了在资源稀缺的情况下，通过合理分配能够最大限

[①]　[美] 弗里德曼：《法律制度——从社会科学角度观察》，李琼英、林欣译，中国政法大学出版社 1994 年版，第 8 页。

度满足人类生存发展的基本利益需求。"①"双碳"目标的实现，是一种生态文明导向的整体性社会变迁，这意味着社会利益的巨大调整和变化。如果忽视了这种利益调整和变化，一些低收入者可能会面临无法应对能源价格上涨、无法支付高价的新能源产品等问题，这显然不利于"双碳"行动的扎实推进。为了确保"双碳"行动的可持续性，这种利益调整的变化必须统筹考虑公共利益和个人利益，平衡不同的个人利益，兼顾效率与公平。一言以蔽之，实现"双碳"目标的法治保障必须坚持公平正义。这一坚持具体表现为安全发展理念、法治系统实施理念、治理全球化推进理念、行政化与市场化深度融合理念、"软法"和"硬法"高度协同理念等五大理念。

一、安全发展理念

党的十九大报告提出："坚持总体国家安全观。统筹发展和安全，增强忧患意识，做到居安思危，是我们党治国理政的一个重大原则。必须坚持国家利益至上，以人民安全为宗旨，以政治安全为根本，统筹外部安全和内部安全、国土安全和国民安全、传统安全和非传统安全、自身安全和共同安全，完善国家安全制度体系，加强国家安全能力建设，坚决维护国家主权、安全、发展利益。"安全发展是新时代中国特色社会主义建设的基本方略之一，是习近平新时代中国特色社会主义思想的重要内涵，更是指导实现"双碳"目标行动的核心理念所在。

（一）安全发展理念的内涵

安全，长期以来被视为法学特别是公法学的重要理论范畴。保障安全一直是国家存在的核心目的之一，在理论上，将国家目的作为最高指导，

---

① 参见［美］罗斯科·庞德：《通过法律的社会控制》，沈宗灵译，商务印书馆2010年版，第73页。

将安全作为国家保护义务的对象。① 就法律层面而言，所谓"安全"是指个人生命、健康、财产等基本权利不受威胁的状态。就实现"双碳"目标而言，其背后所蕴含的安全主要是指国家层面的安全。《国家安全法》对国家安全作出了明确的界定，即"国家安全是指国家政权、主权、统一和领土完整、人民福祉、经济社会可持续发展和国家其他重大利益相对处于没有危险和不受内外威胁的状态，以及保障持续安全状态的能力"。② 该法第三条同时还明确指出，"国家安全工作应当坚持总体国家安全观，以人民安全为宗旨，以政治安全为根本，以经济安全为基础，以军事、文化、社会安全为保障，以促进国际安全为依托，维护各领域国家安全，构建国家安全体系，走中国特色国家安全道路"。保障安全是现代国家的基本义务，政府必须建立起安全保障的制度，从具体手段上积极采取种种保障措施，预防危险或风险的发生，减少其损害影响，实现"双碳"目标也不例外。实现"双碳"目标视野下，安全发展理念的主旨是在总体国家安全观指导下合理平衡生态安全与其他安全价值之间的关系，从而整体性保障经济、社会的可持续发展。

生态安全是"双碳"目标所直接指向的安全价值。所谓生态安全是指生态系统自身是安全地处于平衡、协调、可持续的良好的发展状况。③ 现代生产力的高速发展，使人类对自然环境的影响和干预能力显著增强，足以对整个生态系统构成威胁，生态危机成为威胁人类生存的巨大潜在危险。生态安全的价值理念正是以此为背景而得以显现的。安全不再仅限于人域之内，而是被扩大到整个自然领域，成为一种特有的价值理念即生态安全。④ 目前生态安全理念已正式写入了法律，《国家安全法》第三十条明确规定：国家完善生态环境保护制度体系，加大生态建设和环境保护力

---

① 王贵松：《论法治国家的安全观》，《清华法学》2021 年第 2 期。
② 参见《中华人民共和国国家安全法》第二条。
③ 张福德：《略论法律的生态安全价值》，《黑龙江社会科学》2009 年第 4 期。
④ 王世柱、申振东：《论生态文明城市法律价值冲突及解决原则》，《贵州师范学院学报》
2011 年第 11 期。

度，划定生态保护红线，强化生态风险的预警和防控，妥善处置突发环境事件，保障人民赖以生存发展的大气、水、土壤等自然环境和条件不受威胁和破坏，促进人与自然和谐发展。

生态安全构成了国家总体安全观的重要内容，但它并非国家总体安全观的唯一内容。总体国家安全观，涵盖了包括维护政治、军事、国土、经济、文化、社会、科技、网络、生态、资源、核、海外利益、太空、深海、极地、生物等诸多领域的国家安全。[①] 经济安全、社会安全，是生态安全的基础和条件，只有社会和经济安全了，实现"双碳"目标行动才可能有序推进。因此，在实现"双碳"目标行动中，安全发展理念的要义在于：必须兼顾生态环境安全与经济、能源、产业和社会安全等发展要素，其中经济、产业和社会层面的安全价值在当前具有决定性的意义。贯彻安全发展理念，意味着贯彻"双碳"目标要坚定不移，但不可能毕其功于一役。减排不是减生产力，也不是不排放，更不意味着要"一刀切"，要把握好降碳的节奏和力度，使降碳与经济发展和绿色转型实现良性互促、协同并进。

（二）安全发展理念的要求

在实现"双碳"目标过程中，要坚持贯彻安全发展理念，将保障国家安全发展与实现碳中和碳达峰的目标有机统一起来，其具体要求主要体现在三个方面。

1. 在确保能源安全的前提下实施"双碳"行动

习近平总书记强调："能源安全是关系国家经济社会发展的全局性、战略性问题，对国家繁荣发展、人民生活改善、社会长治久安至关重要。"[②] 能源安全既是国家安全的重要基石，也是碳排放的主阵地。《国家安全法》第二章维护国家安全的任务中明确提及国家合理利用和保护资源

---

①　蔡宝刚：《论习近平法治思想中的国家安全法治理论》，《法学》2022 年第 1 期。

②　《习近平经济思想学习纲要》，人民出版社、学习出版社 2022 年版，第 144 页。

能源，完善资源能源运输战略通道建设和安全保护措施，全面提升应急保障能力，保障经济社会发展所需的资源能源持续、可靠和有效供给。①《可再生能源法》在开篇第一条就强调促进可再生能源开发利用的同时，也要保障能源安全，保护环境。② 国家能源局发布的《2021 年能源工作指导意见》也强调要增强能源安全的保障能力，落实碳达峰碳中和目标不能忽视能源安全风险。③"双碳"战略提出以来，为了快速实现节能减排目标，实践中也出现了一些忽略能源安全发展的问题。一些地方和行业采取"运动式减碳"的方案，"一刀切"式地控制能源消费，严控新增煤炭产能，不切实际压减煤炭生产和消费。这种在短期内采取极端行为的后果就是煤炭供应不足、煤炭价格飙升、火电企业亏损、多地拉闸限电，能源电力系统面临前所未有的危机问题。针对此类在推进实现"双碳"目标过程中出现的弊病问题，中央政治局会议就指出，要坚持全国一盘棋，纠正运动式"减碳"，先立后破。④

"先立后破"、安全"降碳"，应是当前推进实现"双碳"目标过程中坚守的底线。所谓先立后破，即"传统能源逐步退出要建立在新能源安全可靠的替代基础上"，能源结构调整优化要稳妥有序，实现能源低碳转型平稳过渡，确保能源电力安全保供，⑤ 这种强调契合了《国家安全法》所强调的保障能源有效持续供给的理念。

新能源的开发利用也是保障能源安全的重要手段之一，但新能源开发利用也存着诸多的安全隐患，因此对新能源领域实施市场准入制度有利于实现在节能减排的同时保障能源安全。统筹能源发展和能源安全，经济社会低碳转型应建立在技术可行、经济合理、社会可承受、安全有保障的基础上，建议以先控碳排放强度后控碳排放总量的思路有序推进低碳转型，

---

① 参见《中华人民共和国国家安全法》第二十一条。
② 参见《中华人民共和国可再生能源法》第一条。
③ 参见《2021 年能源工作指导意见》。
④ 王秀强：《"双碳"战略纠偏：坚守能源安全底线，先立后破》，《能源》2022 年第 1 期。
⑤ 王秀强：《"双碳"战略纠偏：坚守能源安全底线，先立后破》，《能源》2022 年第 1 期。

这也是当前将"双碳"分为"碳达峰"与"碳中和"两步走所遵循的基本思路。构建安全可靠的能源储备系统，坚持"立足国内、补齐短板、多元保障、强化储备"，增强能源安全保障能力。加快建立战略性矿产资源"产、供、储、循、替"新体系，提升调控市场供应、应对突发事件和保证资源供应安全能力。①

2. 在确保粮食安全的前提下实施"双碳"行动

粮食安全是国家安全的基石，而粮食等重要农产品的生产主要靠国内农业。我国已经是碳排放大国，而农业也是碳排放源之一。因此，在确保国家粮食安全的前提下，农业领域尽早实现碳达峰与碳中和可谓意义重大。②《国家安全法》第二十二条强调，国家健全粮食安全保障体系，保护和提高粮食综合生产能力，完善粮食储备制度、流通体系和市场调控机制，健全粮食安全预警制度，保障粮食供给和质量安全。保障粮食安全是我国国家安全的永恒主题。近年来，由碳排放导致的全球气候变化问题不断加剧，极端天气事件频发，对粮食生产造成了深刻影响，其中负面影响更为突出。例如，2020 年，因洪涝、旱灾、低温冷冻、雪灾等自然灾害，中国全年农作物受灾面积 1996 万公顷，绝收面积 271 万公顷。③

进入新时代，国家提出绿色高质量发展新理念，开创了农业农村发展的新局面。在新发展理念和战略下，涉农行业都把粮食安全和乡村振兴放在首位，并兼顾环境保护，这为粮食安全和"双碳"目标双赢提供了坚实的政策基础。④ 在国家政策层面，《中共中央　国务院关于全面推进乡村振兴加快农业农村现代化的意见》将粮食安全问题置于突出位置，

---

① 王秀强：《"双碳"战略纠偏：坚守能源安全底线，先立后破》，《能源》2022 年第 1 期。

② 张卫健、严圣吉、张俊等：《国家粮食安全与农业双碳目标的双赢策略》，《中国农业科学》2021 年第 3 期。

③ 何可、宋洪远：《"双碳"目标下的粮食安全问题》，《人民周刊》2021 年第 11 期。

④ 张福锁：《加强农业面源污染防治　推进农业绿色发展》，《中国环境报》2021 年 3 月31 日。

《中华人民共和国国民经济和社会发展第十四个五年规划和二〇三五年远景目标纲要》进一步明确提出了提升粮食安全发展能力、实施粮食安全战略的重要规划与远景目标。在立法层面，应当尽快完善保障粮食安全相关的法律法规，并同时推动粮食生产减少碳排放，实现节能减排、科学绿色可持续发展。农业主管部门增设了生态、环境、能源相关机构，生态环境保护系统也建立了农业农村相关机构，科技创新主管部门设有生态环境和农业农村相关机构。这些机构的成立，可以协调粮食安全与"双碳"目标的关系，减少部门和机构在职能上的不必要的冲突。在农业生产实践方面，我国在农作物生产农业生产应对气候变化方面开展了许多科技创新和生产实践，取得了不少成功经验。[1] 许多生产技术可以同时实现粮食增产和固碳减排的目标，从而促进粮食安全与双碳目标的平衡发展。

3. 在确保产业安全的前提下实施"双碳"行动

低碳经济视角下的产业安全内涵可以理解为：产业安全是在经济安全性和社会安全性的基础下，产业在发展的过程中能够通过抵御外部不利因素等影响。[2] 资源环境对产业安全的直接影响体现在其直接制约了产业的持续发展，国家的资源环境问题直接影响着产业发展进而对一国经济产生影响。[3]"双碳"是当前经济社会发展和生态环境保护中的热议话题，各行各业都在切实贯彻节能减排的政策，降低碳排放量，但也不可忽视产业安全这一经济发展中的重要问题。当代中国正处于经济转型的重要时期，高能耗高污染粗放型经济发展模式已经难以为继，为平衡经济发展与环境保护之间的关系，中国政府高度注重加强发展低碳绿色经济。在发展低碳

---

① 张福锁：《加强农业面源污染防治 推进农业绿色发展》，《中国环境报》2021 年 3 月 31 日。

② 谭飞燕、张力、李孟刚：《低碳经济视角下我国产业安全指标体系构建》，《统计与决策》2016 年第 8 期。

③ 赵菲菲：《基于低碳经济视角的资源环境约束下产业安全问题研究》，《伊犁师范学院学报》2016 年第 2 期。

绿色经济的过程中，也应重视产业安全，在产业安全与低碳环保要求之间寻求一条合理而平衡的解决之道。[①] 例如，过去的钢铁产业为了快速发展造成了环境污染、大气污染等问题，目前解决钢铁产业安全的关键在于发展低碳经济，加快技术创新，推广清洁能源，保障产业安全，实现产业安全和"双碳"目标的双赢。[②]

从 2020 年开始，美国对包括中国在内的不履行碳减排义务的国家的进口商品征收碳关税。随后发达国家相继效仿。发达国家企图通过碳关税等绿色贸易壁垒实现对发展中国家贸易的限制。碳关税，从本质上看是一种新型的贸易规制，是一种典型的绿色贸易壁垒，也是发达国家对我国部分商品实施反倾销的一种有效借口，严重危害我国部分高碳产业的国际竞争力，造成产业控制力的降低，对我国的产业安全构成严重威胁。近年来，欧盟、美国等西方发达经济体对我国的反倾销案件不断增加，绿色贸易壁垒对我国贸易的约束性不断增强，同时碳交易市场体系不断完善增加了产业生产成本，降低了我国产业的国际竞争力与控制力。因此，我国应继续加强科技创新，努力提升自主研发能力，以技术创新作为维护我国产业安全的主要手段。同时，应调整三大产业结构，优化产业空间布局，逐步淘汰落后产能，提高节能减排能力。国家应积极参与国际贸易规则、标准的制定，不断完善碳交易市场体系，以维护国家产业安全。[③] 在实现"双碳"目标的过程中，各领域在节能减排中都会面临诸多新型挑战，将安全理念放在首位，更能促进可持续发展。可见，推进低碳绿色发展，必须要坚持始终贯彻安全发展理念。

---

① 赵玉婷：《环保背景下低碳经济与产业安全研究与探索》，《中国安全科学学报》2020年第 8 期。

② 赵玉婷：《环保背景下低碳经济与产业安全研究与探索》，《中国安全科学学报》2020年第 8 期。

③ 赵玉婷：《环保背景下低碳经济与产业安全研究与探索》，《中国安全科学学报》2020年第 8 期。

二、法治系统实施理念

我国向世界宣布实现碳达峰、碳中和的目标，彰显了一个负责任大国应对气候变化的积极态度，对内它将引领我国实现低碳转型，从工业文明转向生态文明。同时，我们也应意识到，通过法治实现"双碳"目标是一项复杂的系统工程，需要运用系统方法对这一目标的实现过程做系统分析，在推进实现"双碳"目标的法治实践中贯彻系统实施的理念。

（一）法治系统实施理念的内涵

"系统"是许多组成要素保持有机的秩序，向同一目标行动的集合体。法律系统（Legal System）则是指一国或一地区的法律上层建筑中，处于有机联系、相互依赖和相互作用之中的全部法律现象的总和。就法的形式而言，法律系统表现为由概念、原则、规则组成的集合体；就法的内容而言，法律系统表现为由公法和私法组成的集合体。公私法作为法律系统乃至社会系统中的子系统，任意单独一支都不足以应对"双碳"领域纷繁复杂的现实问题。这本质上归结于碳排放及其所导致的损害问题具有高度的复杂性，因此，解决诸如此类问题的路径和方法就必须多元化。在此背景下，法治系统实施理念的内涵要求，在实现"双碳"目标过程中，必须贯彻公私法协力的精神，以确保"双碳"法律体系的形式整体性、效力的整体性和功能的整体性。

保障"双碳"法律体系的形式整体性的关键，是确保公私法领域有关"双碳"的法律概念的一致性和关联性以形成有机整体。法律乃是通过形式符号而对应于实存的社会关系的，所以法律要能通过形式符号而组织、缔造社会秩序，就必须强调形式符号之间的关联性和整体性。公私法的协力，从形式上看是一种法律符号之间的协作关系。然而，当前在公私法两大领域关于"低碳"没有统一的法律概念，这种法律形式之间的不和谐往往会造成法律秩序的混乱不堪。一国法治的基本前提，就是形成法律在形式上的整体性，"双碳"法律制度也不例外。虽然，形式整体性的法律未必一定会导致和谐的社会秩序，但形式紊乱的法律是万万不能导致和谐的社会秩序的。

保障"双碳"法律体系的效力整体性的关键，是指在法律体系内部，无论不同效力层级的法律，还是不同部门的法律，都应当围绕着"双碳"法律秩序的构造而发挥其效力。法律的制定，不是为了装点门面，也不是为了迎合某种口号，相反，作为"实践理性"范畴的法律，其根本目的是致用，即通过法律规范建构人类交往行为之秩序，法律体系在效力上的整合与整体效应足以使其成为人类实现有序交往和有价值生存的最重要的工具。

保障"双碳"法律体系的功能整体性的关键，是指通过公私两大部门法而构成的"双碳"法律体系，对于"双碳"目标的实现要能够发挥相互连接、相互支持、相互渗透和相互补充的功能。法律形式的整体性，只是一种外在的整体性，要使此种外在的整体性发挥出实际的、内在的价值，必须以其对社会关系的实际调整作用为标准来衡量，建立有机联系的法律体系，要通过它来实现对"低碳"社会秩序的整体性调控。

（二）法治系统实施理念的要求

在实施"双碳"行动的过程中，要坚持贯彻法治的系统实施理念，构建起公私法有机协同的良好态势，其具体要求主要体现在如下三个方面。

1.公私法在目标层面的协同

习近平总书记指出，要"把民法典作为行政决策、行政管理、行政监督的重要标尺"[①]。我国《民法典》共 7 编 1260 条，总则将节约资源、保护生态环境纳入基本规定，并在重要分编有多个条款规定了生态环境保护的内容。如民事主体从事民事活动，应当有利于节约资源、保护生态环境

[①] 习近平：《充分认识颁布实施民法典重大意义　依法更好保障人民合法权益》，《求是》2020 年第 12 期。

等。这使得我国《民法典》既具有古朴民法典的传统风貌，又呈现生态文化的现代生机，其展现的生态利益的公共性与"双碳"公法的立法目的可以兼容。公法需要正视《民法典》中有关"双碳"行动的赋权型规范和义务型规范。对于赋权型规范，行政主体要认真对待权利，通过行政权力的妥当运用为民事活动的安排和民事裁判提供前提性结论；对于义务型规范，行政主体均应将《民法典》所规定的义务作为行政管理的基本准则，正当化行政行为并为其划定边界和限度，以提升法治政府的治理水平。

2.公私法在功能层面的协同

《民法典》既能发挥民事单行法的基本规范功能，也能发挥其作为法典的附带功能。《民法典》作为传统私法规范高度体系化、科学化和现代化的产物与结晶，需要与宪法、行政法等公法规范进行统一的衔接和对话，在此过程中，《民法典》体系难免需要融入公法任务。与传统部门民法均有明确的调整对象不同，《民法典》除了需要调整前述法律所调整内容之外，还需要统一私法价值从而对外发生法律体系上的交互关系，并且肩负国家治理体系和治理能力现代化的政治使命。例如，《民法典》的公法规范可以为构成完整的"双碳"法律救济体系提供规范基础。《民法典》规范主要是裁判规范，为民事主体提供司法救济，而《民法典》通过吸收公法规范可以补充缺失的行政救济，从而构建完整的救济体系。这主要表现在《民法典》中的主体转介条款。按照转介类型转介条款可以分为规范转介条款和主体转介条款，《民法典》第二百八十六条第三款、第九百四十二条第二款均属于主体转介条款。此处对行政主体依法处理行为人侵害他人合法权益的行为作出规定，不仅仅是在《民法典》中重申行政机关的职责，更为重要的是，形成了行政救济与司法救济相衔接的救济体系。

3.公私法在制度层面的协同

《民法典》规定污染环境和破坏生态的侵权责任，明确对生态环境赔偿的形式和范围作出规定，这是立法的一大创新。这一私法赔偿制度需要与公法上的行政执法制度深度协同，才能展示出生态安全共治的综合治理力。在民事索赔机制建立之前，我国碳排放相关的环境保护工作开展主要仰赖行政执法机制，行政处罚、行政命令及行政强制三者共同构成了我国环境行政执法机制。[①] 相关研究表明，我国环境行政执法过程中存在着财产罚额度过低、行为罚适用极少以及声誉罚不具备实质拘束力等缺陷，这导致我国生态环境法治时常呈现出一副疲弱之态。[②] 单一的行政执法机制，既无法解决损害难以修复的情形，也难以应付执法过程中产生的各项费用，以及生态系统服务功能所遭受的期间损害、永久性损害等问题。为解决这些问题，就必须结合系统实施理念，将公私法作为法律系统之下的一个完整的、协调配合的整体功能系统，加快构建生态文明体系的法治底线力度。

三、治理全球化推进理念

环境问题是生死攸关的问题，不仅关系到人类的可持续发展，还影响着地球的未来。全球环境治理是一个过程、一种状态，更是一份责任。当前，可持续发展已经成为全球共识，[③] 碳排放问题的最终解决或者说碳中和目标的全面实现，依赖于世界各国的共同行动，任何一个国家都不可能独善其身，因而必须加强全球化的合作，积极敦促一些碳排放大国加入全球碳中和目标愿景，并提出其国家自主贡献方案。[④]

（一）治理全球化推进理念的意义与内涵

"众力并，则万钧不足举也。"应对气候变化或推动碳中和（净零排放）

---

① 彭中遥：《生态环境损害救济机制的体系化构建——以公私法协动为视角》，《北京社会科学》2021 年第 9 期。

② 汪劲：《环保法治三十年：我们成功了吗——中国环保法治蓝皮书（1979—2010）》，法律出版社 2011 年版，第 178—191 页。

③ 李淑云：《全球环境治理中的制度建设与中国角色》，《当代世界》2021 年第 5 期。

④ 杨解君：《实现碳中和的多元化路径》，《南京工业大学学报》（社会科学版）2021 年第 2 期。

目标的实现是各国的共同责任，需要各国人民的共同努力。当前，"双碳"已经成为世界发展的潮流和趋势，各国都在积极追求绿色、智能、可持续的发展，绿色经济、循环经济、低碳经济等概念纷纷提出并付诸实践。[①]不过，由于各国发展方式和国情不同，各国对解决环境问题有着不同的出发点、态度和方式。全球环境治理转型亟须克服领导力赤字、公共产品赤字和集体行动逻辑困境。当下，美国等国家的绿色领导力已不能满足新时代全球环境治理的需求。2008 年国际金融危机爆发以来，一些西方国家提供全球环境公共产品的意愿不断下降，开始质疑"共同但有区别的责任原则"并减少对发展中国家环境技术和资金支持，特别是美国多次"退约"和某些西方国家环境民粹主义上升等已经导致全球环境治理出现停滞，[②]进而使得全球生态环境治理难以为继。在此背景下，彰显环境治理全球化推进理念就显得意义尤为重大。

"双碳"领域的全球化推进理念的内涵是指，"双碳"行动的实施从国内法与国外法的协同、国内法与国际法的协力两个方面同时发力，团结各国为实现全球碳减排、建设清洁美好的全人类生态环境作出不懈努力。

贯彻全球化推进理念，首先要坚持国内法与国外法的协同道路。为应对气候变化，全球开始推动绿色低碳转型，碳中和概念应运而生。为缩短各国减排目标与全球温控 1.5℃目标之间的排放差距，各国不断开展碳中和行动，根据联合国环境规划署最新发布的报告，目前已有 127个国家和地区对碳中和目标做出承诺，其中许多国家和地区已经将达标时间和措施具体化，如欧盟、德国、法国、英国和瑞典。大多数碳中和目标承诺国已通过了政策宣示，少部分国家和地区也采用立法方式，[③]

---

① 中国特色社会主义理论研究会、石河子大学、李君如：《新时代中国特色社会主义理论与实践》，高等教育出版社 2021 年版，第 221 页。

② 于宏源：《全球环境治理转型下的中国环境外交：理念、实践与领导力》，《当代世界》2021 年第 5 期。

③ 参见杜群、李子擎：《国外碳中和的法律政策和实施行动》，资料来源：中国水网，网址：http://wx.h2o-china.com/news/322784.html，2022 年 2 月 23 日访问。

彰显对实现碳中和目标的关注和重视。2020 年 9 月，我国明确提出"力争于 2030 年前达到峰值，努力争取 2060 年前实现碳中和"①，并以此为目标大力推进制定促进碳中和目标的相关政策和法律。其他各国所做出的努力，为我国提供了宝贵的参考意见，同时也不断激励着我国承担责任，克服困难，作出在国表率。当前，我国已经将"双碳"目标开始提升到法律制度建设层面，加强推进"双碳"行动目标的法治化建设，虽尚存在法律架构层面的缺失，但也正以达成目标方向而不断细化、深化和发展。

贯彻全球化推进理念，其次要坚持国内法与国际法的协同道路。为应对全球气候变化，关注和研究全球性环境问题，自 1992 年伊始，世界各国签订了多份国际公约，共同为控制温室气体排放，积极应对气候变化危害。1992 年《联合国气候变化框架公约》指出，各缔约方应当根据它们共同但有区别的责任和各自的能力，为人类当代和后代的利益保护气候系统，预测、防止或尽量减少引起气候变化的原因并缓解其不利影响。②1989 年生效的《保护臭氧层维也纳公约》提出，人们需要关注气候的变化所带来的不利影响，主动采用可能可以减轻或有效消除会对臭氧层造成不利影响的排放物质的各种技术或设备。③1991 年《关于环境保护的南极条约议定书》也将大气环境保护纳入南极环境保护的原则之中。1997 年《京都议定书》再次对《联合国气候变化框架公约》和《关于消耗臭氧层物质的蒙特利尔议定书》进行了延伸，其中细化了应对气候变化的实际举措，即要在提升各国能源效率、促进森林可持续发展、促进农业可持续发展、开发新能源和可再生能源、发展先进创新技术、消除不必要的财税举措、改革管制政策、限制不当运输、减少甲烷排放等领域促成各缔约国

---

① 参见《习近平在第七十五届联合国大会一般性辩论上的讲话》，资料来源：新华网，网址：https://baijiahao.baidu.com/s?id=1678546728556033497&wfr=spider&for=pc，2022 年 2 月 23 日访问。

② 参见《联合国气候变化框架公约》第 3 条。

③ 参见《保护臭氧层维也纳公约》。

量化的限制和减少排放的承诺。①2016 年签署生效的《巴黎协定》是应对气候变化的第三个里程碑式的国际法律文本,形成了 2020 年后的全球气候治理格局。《联合国人类环境会议宣言》指出,"依照联合国宪章和国际法原则,各国具有按照其环境政策开发其资源的主权权利,同时亦负有责任,确保在它管辖或控制范围内的活动,不致对其他国家的环境或其本国管辖范围以外地区的环境引起损害"②。我国应该依托这些国际法原则,顺势而为加强国际协调合作,不断实现国内生态文明建设与国际环境保护趋势的融合。

(二)治理全球化推进理念的要求

贯彻治理全球化推进理念,需要紧扣国内法与国外法协同、国内法与国际法协力两条主线,其具体要求主要体现在四个方面。

1.树立"双碳"全球共治的核心理念,坚持推进国际的协调与合作

当今世界,人类社会正以前所未有的紧密方式联系在一起,越来越成为"你中有我、我中有你"的命运共同体。我国应当秉持人类命运共同体理念,积极参与全球生态治理,为全球提供更多公共产品,展现我国负责任大国形象。③ 同时,还要坚持共同但有区别的责任原则、公平原则和各自能力原则,坚定维护多边主义,坚决维护我国发展利益。中国作为最大的发展中国家,实现"双碳"目标难度更大,需要付出的努力更多,但这一承诺为全球生态治理、国际合作指明了新的方向,彰显了中国的世界情怀和天下担当。④

2.明确"双碳"目标内容,加强国际低碳技术的交流与合作,助推"双

---

① 参见《联合国气候变化框架公约》及其《京都议定书》。

② 参见《联合国人类环境会议宣言》第 21 项。

③ 中国特色社会主义理论研究会、石河子大学、李君如:《新时代中国特色社会主义理论与实践》,高等教育出版社 2021 年版,第 220 页。

④ 杨解君:《实现碳中和的多元化路径》,《南京工业大学学报》(社会科学版)2021 年第2 期。

碳"目标达成

当前，因各国发展水平良莠不齐，因而国际订立的"双碳"行动计划不尽相同，甚至还有部分国家因受自身发展限制，而暂未融入实现"双碳"的全球化趋势之中。因此，使"双碳"目标成为全球各国的普遍共识，实现国家间的协同共进，应当建议国际社会将"双碳"目标纳入全球气候变化谈判议题，明确"双碳"具体目标内容。[1] 同时，经过对相关国际公约的梳理和研究，当前在《保护臭氧层维也纳公约》《关于消耗臭氧层物质的蒙特利尔议定书》《联合国气候变化框架公约》及其补充协议《京都议定书》等多个国际公约中均提出，各缔约国要主动研究和采用有益于环境的先进的创新技术，以此减轻或消除会造成不利影响的排放物质。[2] 发达国家因自身低碳技术的先进性和完备性，从而更容易实现碳中和的战略目标，这就为发展中国家实现可持续发展提供了一定的参考和引导。例如，我国可以通过气候行动等与发达国家加强经验交流，强化"双碳"行动技术、政策路径设计，为我国实现目标寻找技术支撑；此外，也可通过学习其他国家的经验办法，努力在可再生能源的发展等成本较低的方法上实现节能减排目标。[3]

3. 要加强南南合作及同周边国家的合作，提升"双碳"目标的国际效能，共同打造绿色"一带一路"

中国要始终坚持开展南南合作以及同周边国家的合作，帮助发展中国家应对生态环境危机。[4] 在 2015 年"气候变化巴黎大会"上，习近平提出要在发展中国家开展 10 个低碳示范区、100 个减缓和适应气候变化项目

---

[1]　杨解君：《实现碳中和的多元化路径》，《南京工业大学学报》（社会科学版）2021 年第 2 期。

[2]　参见《保护臭氧层维也纳公约》《关于消耗臭氧层物质的蒙特利尔议定书》《联合国气候变化框架公约》及其《京都议定书》。

[3]　杨解君：《实现碳中和的多元化路径》，《南京工业大学学报》（社会科学版）2021 年第 2 期。

[4]　杨解君：《实现碳中和的多元化路径》，《南京工业大学学报》（社会科学版）2021 年第 2 期。

以及 1000 个应对气候变化培训名额的合作项目。[①] 中国原则上不再投资煤炭等高碳项目，并率先公布对外直接投资的节能减排清单，鼓励投资零碳、低碳产业项目，大力帮助发展中国家发展水电。[②]

同时，打造绿色"一带一路"，也要契合"双碳"战略中绿色贸易政策的实施导向。《中共中央　国务院关于完整准确全面贯彻新发展理念做好碳达峰碳中和工作的意见》提出，当前我国要加快"一带一路"投资合作绿色转型，支持共建"一带一路"国家开展清洁能源开发利用，深化与各国在绿色技术、绿色装备、绿色服务、绿色基础设施建设等方面的交流与合作，积极推动我国新能源等绿色低碳技术和产品"走出去"，让绿色成为共建"一带一路"的底色。[③]

4. 要及时跟进"双碳"国际形势，加速推进国内现行"双碳"法律体系及制度构建，实现国内法与国际法的深度融合

当前，我国积极响应国际号召，多次参加缔约方会议和工作组会议，主动迎合当前纷繁变化的国际形势，始终作为全球生态治理多边主义的坚定捍卫者、积极践行者，为全球环境治理作出努力。但目前，我国并未详细制定政策规范或法律规范串联起这些国际协定与我国法律、政策之间的联系，尽管现在尚有一些政策文件、法律、法规和其他规范性文件可以串联起国际法与国内法之间的关系，但其中相关的规定内容仍较为含糊笼统，多为倡议性字眼，或出现有义务无罚则的情形，难以起到实际管控效果。例如，《远洋渔业管理规定（2020）》第三十二条明令禁止我国渔船在通过南海他国海域时进行损坏海洋生态环境的行为，但是在配套的第三十九条罚则中，却并未将损坏海洋生态环境的行为纳入应被处罚的范

---

① 中国特色社会主义理论研究会、石河子大学、李君如：《新时代中国特色社会主义理论与实践》，高等教育出版社 2021 年版，第 220 页。

② 张雅欣、罗荟霖、王灿：《碳中和行动的国际趋势分析》，《气候变化研究进展》2021年第 1 期。

③ 参见《中共中央　国务院关于完整准确全面贯彻新发展理念做好碳达峰碳中和工作的意见》第二十五项。

畴，因此极易导致第三十二条的禁止性义务变成一纸空谈。同时，没有制定全球低碳时代促进"双碳"目标达成的专门法律或制度，[①] 也可能会导致我国政策导向与实际运作现状之间的严重分离。

四、行政化与市场化深度融合理念

"双碳"目标要想得到实现，需要有与之相适应的行政体制来落实和执行。中国是一个政府主导型的后发型国家，运用组织和制度资源去推动国家战略是中国模式的核心特征之一。因而必须重视政府行政职能的发挥，以政府的力量推进"双碳"目标的实现。不过，仅有来自政府的行政力量支持是不够的。如果缺少了市场化机制，实现"双碳"目标就可能会陷入短期化和运动化的困境。从近期一些地方或部门行业所采取的强制"拉闸限电"等措施来看，即可窥知这种可能性随时会转化为现实性。因而，在"双碳"目标实现的进程中，必须贯彻行政化与市场化深度融合理念，宏观指导上依托行政化机制，微观运作层面上则依靠市场化机制，从而探索一条具有中国特色的实现"双碳"目标的道路。

（一）行政化与市场化深度融合理念的内涵

行政化多指政府对市场的规制作用，是指"国家、政府为维护市场竞争秩序、保护消费者利益、国家整体利益和社会公共利益，根据相应法律和政策，通过许可、认可、处罚、激励等各种手段，对微观市场主体的市场进入和退出、价格、数量、质量等活动予以控制、监督、制约和引导"[②]。"双碳"目标的实现，特别是起步阶段，行政化手段不可或缺。以

---

① 杨解君：《中国迈向低碳未来的环境法律治理之路》，《江海学刊》2013 年第 4 期。

② 孙晋：《公平竞争原则与政府规制变革》，《中国法学》2021 年第 3 期。

行政化的手段引导经济社会发展与社会生产、生活方式的变迁，将碳排放、用能权等与"双碳"行动密切相关的领域由无序化转为有序化，行政化手段能够发挥重要作用。

市场化，主要有如下七个方面的含义："（1）总的理念认同：相信市场的优越性；（2）市场价值的肯定：竞争、成本、顾客、收益等价值取向出现在公共部门的运行之中；（3）市场纪律及市场激励的建立与作用发挥：市场中风险与收益并存，参与者必须遵守其运行规则，并独自承受优胜劣汰的竞争结果；（4）市场机制的引入：竞争、多样化、用脚投票等机制在公共部门中的使用；（5）市场技能的借鉴：借鉴私人企业的管理方法来改造公共部门；（6）市场主体的介入：让私营企业、非营利组织、志愿者参与到公共服务中来，如合同外包等；（7）市场资源的利用：以特许经营等方式借助市场资本（包括人力资本）提供公共服务。"[1]"双碳"目标的实现市场化手段不可或缺。《中共中央 国务院关于完整准确全面贯彻新发展理念做好碳达峰碳中和工作的意见》指出，要"深化能源和相关领域改革，发挥市场机制作用，形成有效激励约束机制"，并特别提出要"完善全国碳排放交易市场"，"改革能源价格形成机制"。

市场与政府的最优关系，应是二者之间的优势互补关系。各国经济发展实践证明，良好的经济运行既要以市场作用的发挥为前提，又要以政府功能的体现为条件，这就要求将两者优势相结合，使彼此功能得到最大限度的发挥。所以，行政化与市场化深度融合理念的内涵，是指一方面应该通过行政手段为实现"双碳"目标提供制度保障，以稳定产业发展、协调区域发展、维持市场秩序与社会公平；另一方面应该通过市场机制来配置"碳资源"（或"碳资产"）、传递市场信号、驱动局部利益与创新科学技术，用行政弥补市场调节的缺点，以市场弥补行政干预的缺点，使市场调节和行政干预之间协调互补、同频共振。

---

① 周义程、李阳：《市场化、民营化、私有化的概念辨析》，《天府新论》2008 年第 3 期。

（二）行政化与市场化深度融合理念的要求

贯彻行政化与市场化深度融合理念，需要厘清行政与市场的关系，其具体要求主要体现在三个方面。

1. 明确行政与市场的角色定位

行政化与市场化手段的融合是有边界的融合，是充分发挥各自优势的融合。所以，明确行政与市场的角色定位是探索市场与行政深度融合的前提。当前我国实现"双碳"目标主要有行政化与市场化两种路径，但是二者存在角色定位不明的问题。一是我国从计划经济走来，行政管制的历史影响十分强大，市场机制仍在不断健全中，政府需要着眼于市场交易体系的建立和完善，政府会在实践中不自觉地介入市场具体运作。例如，对于项目的管制与运行，政府在微观层面很容易过多介入。二是政府在建立市场机制时把市场作为其获利的平台、寻租的空间，而没有把市场当成真正的公正、公平、公开的平台。三是碳交易市场刚刚起步，政府往往对其的管制会过严，监督过细也会扰乱市场机制，挫伤市场主体的积极性。四是市场活动也会存在一些欺诈、操纵市场的现象，市场自律意识薄弱，又因为碳交易市场中有利可图，便会衍生出内幕交易和操纵市场，使少数人获利，从而影响实现碳减排的实质目标。[1] 发挥行政主体、市场主体和社会主体等多主体的协同作用，既要利用市场在资源配置方面的优势，又要依靠政府的行政执行力，在实现绿色增长的目标下，使命令控制型环境政策和市场激励型环境政策实现优势互补，避免单一"市场论"或"政府论"导致的认知偏差与误识。同时，要正确处理政府与市场的角色定位，科学合理界定政府与市场的行为边界，最大限度发挥市场机制与行政干预的协同促进作用。在发挥政府和市场在环境治理活动中协同作用的同时，更要平衡二者的作用，避免过度市场化或过度行政化导致的政

---

[1]　李娉、马涵慧：《碳减排的路径选择——基于政府与市场关系冲突与整合的视角》，《华北电力大学学报》（社会科学版）2016 年第 1 期。

策无效率状况。[1]

2. 规范行政权的作用手段

"双碳"目标的实现，特别是起步阶段，行政化手段不可或缺。但是，行政手段不能越位。就目前我国"双碳"行动而言，应该重点规范行政规划、行政评价、行政扶持、行政规制等行政方式的运用。行政规划，是指政府通过制定全面、稳定、有效的长远计划来保障碳中和目标的逐步实现，引导各类市场主体、消费者、公民的经济活动、消费活动、生活方式；而行政评价则是指政府在建立一套具有科学的理论依据和实践效果的绿色低碳相关标准体系的基础上，对政府自身、市场、企业和公众等主体绿色低碳的举措、行为或产品进行评价，对整个社会形成引导；行政扶持则是指政府通过各类扶持措施，对市场、社会形成引导，使规划、设计、投资、建设、生产、流通、生活、消费往绿色低碳转型，推动经济发展建立在高效利用资源、严格保护生态环境、有效控制温室气体排放的基础上；至于行政规制，则主要是指政府通过制定硬性约束和惩罚机制，以实现其监督管理的作用。[2]

3. 发展市场机制的作用空间

《中共中央　国务院关于完整准确全面贯彻新发展理念做好碳达峰碳中和工作的意见》指出，要"深化能源和相关领域改革，发挥市场机制作用，形成有效激励约束机制"，就目前我国"双碳"行动而言，应该重点在六大领域发展市场机制的作用空间。

第一，规范碳排放权交易市场化。碳排放权交易市场是实现碳达峰与碳中和目标的核心政策工具之一。[3]2013 年，我国在北京、天津、上海、

① 参见王钰：《命令控制型与市场激励型环境政策对经济绿色发展的影响机制研究》，吉林大学博士学位论文，2021 年，第 105 页。

② 参见杨解君：《实现碳中和的多元化路径》，《南京工业大学学报》（社会科学版）2021 年第 2 期。

③ 参见《制度体系待完善 全国碳市场建设进入关键期》，资料来源：新华网，网址：http://www.xinhuanet.com/fortune/2021-03/09/c_1127187256.htm?baike，2022 年 4 月 12 日访问。

重庆、湖北、广东和深圳等 7 个省市设立碳排放权交易试点，目前全国碳排放权交易市场运行健康有序，交易价格稳中有升，作用初步显现，为未来进一步完善和发展奠定了基础①，但仍然存在一些问题：全国碳资产家底不清，很难对企业、区域、产品、项目进行合理设置；自愿碳排放市场买家稀缺，交易投资不活跃，不足以填补国际买家萎缩缺口；不能提供正确的碳价格信息，无法激发企业碳减排投资的信心。② 这些问题都亟待解决。

第二，推进与碳排放同源的排污权交易市场化。"排污权交易"制度，是指在实施排污许可证管理及污染物排放总量控制的前提下，激励企业通过技术进步和污染治理节约污染排放指标，这种指标作为"环境容量资源""有价资源"或"储存"起来以备企业扩大生产规模之需，或在企业之间进行有偿转让。而新建污染源或缺少污染排放指标的老污染源，则可以由排污权交易市场有偿向污染排放指标有结余的企业购买。③ 在 2007 年至 2017 年的 10 年时间里，我国先后批复了天津、江苏、浙江和重庆等十多个省市作为排污权交易市场化机制的试点地区，但是全国范围内的排污权交易市场化机制尚未构建。这种情况若得不到解决，最终将会影响在全国范围内推行排污权市场交易政策。④ 而且，在排污权交易中还可试点探索将碳排放权交易一并纳入其中的机制。

第三，推进用能权交易市场化。用能权交易是相关主体间依法进行的用能权指标市场化交易的行为。⑤ 根据我国《生态文明体制改革总体方案》的要求，国家发展和改革委员会自 2016 年 7 月起实施《用能权有偿使用和交易制度试点方案》，在浙江、福建、河南、四川四省设立用能权有偿

---

① 王震、李强、欧阳琰：《中国碳排放权交易市场正式运营 全球碳排放市场加速推进油气行业碳排放成本压力增大》，《国际石油经济》2022 年第 1 期。

② 李睿渊、李炯：《自愿碳排放市场困境与治理制度转型》，《经济论坛》2012 年第 6 期。

③ 曹明德：《排污权交易制度探析》，《法律科学（西北政法学院学报）》2002 年第 4 期。

④ 邓皓月：《当前排污权交易市场化机制的问题及对策研究》，《中国管理信息化》2018 年第 8 期。

⑤ 参见《浙江省用能权有偿使用和交易管理暂行办法》第二条。

使用和交易试点。2018 年，各试点省份在分步推进中基本形成了省级用能权交易配额及管理制度体系，并进入实施阶段。继排污权交易、碳排放权交易等制度之后，用能权交易制度的实施也是推进我国生态文明体制改革的重大制度创新。[1]

第四，促进森林碳汇市场化。森林碳汇，则是利用森林自身的光合作用，来降低大气中二氧化碳含量，并将其吸收、固定于植被中，最终达到净化空气的目的。[2] 自 2001 年国家启动了碳汇项目以来，我国的森林碳汇交易项目就日益活跃起来，连续几年里成功实施了六个省市的林业碳汇试点项目。其中，广西壮族自治区和内蒙古自治区的碳汇项目属于"京都市场"项目。在内蒙古，由国家林业局与意大利环境和国土资源部签署的合作造林项目成为我国首个森林碳汇项目。在广西，世行项目首次独立与省级单位合作，按照《京都议定书》的碳汇项目，将建造 4000 公顷防护林，用于碳吸收、测定和碳贸易。[3] 此外，从 2004 年我国林业局碳汇管理办公室在云南、山西、广西壮族自治区等地区启动林业碳汇以来，我国在联合国清洁发展机制执行理事会注册的项目已经突破 1000 个，包含了大量造林、森林管理相关项目，通过森林面积的扩展吸收了大量的二氧化碳，进而产生了一定的货币价值。[4] 这种经济价值的产生，势必将会继续推动森林碳汇市场的进一步发展。

第五，繁荣碳金融产品。所谓碳金融产品，即是依托"碳市场"而产生的各类金融服务。目前，我国境内碳金融产品交易主要在北京、天津、上海、重庆、湖北、广东和深圳以及福建、四川自发设立的碳排放权交易市场展开。据有关资料显示，截至 2020 年 8 月，全国 7 个试点碳市场累计成交量超过 4 亿吨，累计成交额超过 90 亿元，成交量可观。预计我国

---

① 王文熹、傅丽：《我国用能权交易市场法律制度之完善》，《理论月刊》2020 年第 11 期。

② 胡柳、黄万里：《森林碳汇市场的运行机制研究》，《低碳世界》2016 年第 16 期。

③ 高佳、马军：《森林碳汇市场发展对草原碳汇市场发展的借鉴研究》，《现代农业》2016 年第 3 期。

④ 黄良平：《试析碳汇市场对林业经济发展的影响》，《农家致富顾问》2020 年第 10 期。

碳市场在"十四五"时期内将逐渐扩大碳金融市场，范围覆盖至钢铁、建材、有色、化工等重点高碳排放产业领域，并将成为全球最大的碳排放权交易市场。我国现有具有代表性的碳金融产品有：（1）碳排放权（抵）质押融资。所谓碳排放权（抵）质押融资，指的是企业将其拥有的碳排放权作为抵押物或者质押物对外融资，目前质押方式融资比较常见。（2）金融结构性存款。碳金融结构性存款属于绿色结构性存款，是将产品的还本付息金额与碳排放权交易价格波动联系在一起的金融产品，这一产品在一定程度上可以保护投资者的本金并提供较高的投资报酬率。

第六，探索"碳中和"概念债。"碳中和"概念债是一种募集社会资金将其投入具有碳减排效益的绿色项目的债务融资工具，属于绿色债务融资工具的子工具。引入"碳中和"概念债将有利于将资金通过专项渠道和途径投资于绿色产业和项目，从而达到碳中和目标。2021年全国首笔"碳中和"概念债券由天津自贸试验区企业国网国际融资租赁有限公司发行，此次债券共融资金额17.5亿元。这些资金将投资于水电项目中，首单将投放于天津滨海新区，这不仅可以增加对天津环保项目的支持，对于京津冀协同发展也有重要意义。①

五、"软法"和"硬法"高度协同理念

伴随着公共治理的崛起，"软法"与"硬法"正在发展成为现代法的两种基本表现形式，法正在从传统的单一的"硬法"结构朝着软硬并重、刚柔相济的混合法模式转变。"双碳"行动的开展，使得传统国家主导的依靠"硬法"治理的模式难以应对复杂的环境治理问题。应对气候变化的法治变革理应贯彻"软法"和"硬法"高度协同理念，探索"软法""硬法"

---

① 吴月蕊、杜金向：《碳中和背景下碳金融产品创新研究》，《合作经济与科技》2021年第18期。

相结合的公共治理模式。

（一）"软法"和"硬法"高度协同理念的内涵

所谓"硬法"，是指能够依靠国家强制力保证实施的成文法规范，它是国家推进"双碳"行动的刚性法律依据。"硬法"的制定主体限于国家，根据《立法法》的规定，我国"双碳"领域的"硬法"在形式上可以分为法律、行政法规、地方性法规、部门规章和地方政府规章五大类，内容上表现为具有法律上的约束力和强制力。所谓"软法"，是指不以国家强制力为后盾但也具有社会约束力的行为规范。"软法"的制定主体具有多元性，不限于国家，国际组织、社会组织、行业协会等，都可以制定各种形态的"软法"，其内容表现为"软性"和具有弹性的自由空间而不具有国家强制性。目前在"双碳"领域，存在着大量的"软法"，这些"软法"大致可以分为四类：① 国家政策。国家政策作为一种"软法"主要是从宏观方面规范和引导各项工作，《关于完整准确全面贯彻新发展理念做好碳达峰碳中和工作的意见》和《国务院关于印发 2030 年前碳达峰行动方案的通知》可以说是目前指导我国"双碳"工作的最高"软法"。② 国际条约。国际条约不能直接在我国适用，不具有直接的约束力，所以也可以视为一种重要类型的"软法"。这类"软法"主要包括联合国决议以及政府间国际组织等制定的国际文件，参与缔约的国家主要受道德、舆论以及国际政治层面的约束，虽无直接强制执行效力，但是对缔约国间接影响十分深远。③ 行政规范性文件。行政规范性文件虽无法之名，但是具有事实上的约束力，是一种十分普遍的"软法"。由于我国低碳领域的"硬法"供给相应滞后，以致"双碳"行动高度依赖各级政府制定的行政规范性文件。④ 技术标准。技术标准也可作为一种"软法"来对待。技术标准是从事生产、建设工作以及商品流通的一种共同技术依据，是组织现代化生产的重要手段，也是国家治理所不可或缺的手段。技术标准本身不具有强制力，尤其是对于那些非强制性标准而言只具有自愿性。但是，其因为和法律规范的结合而具有了法之实。目前在"双碳"领域的技术标准从层级上可以分为国家标准、行业标准、地方标准三类，它们在引导行业节能减排方面正发挥着巨大的作用。

"软法"与"硬法"之间是一种相辅相成的关系，这种相辅相成关系具体体现在三个方面：第一，"软法"与"硬法"功能互补。法律有引导、指示、评价、禁止、制裁等基本功能，其中"硬法"在治理节能减排的过程中，主要发挥着禁止和制裁功能，而"软法"则是通过政策方针、技术标准等手段有效地发挥引导、指示、评价功能。第二，"软法"与"硬法"结构互补。就实现"双碳"目标而言，"硬法"的作用是纲举目张，而"软法"的作用则是丰富内涵，两者形成了一种结构上的互补关系：在"硬法"颁布生效之后，"软法"可通过后续立法与解释等方式来补充"硬法"；在"硬法"实施过程中，"软法"不仅能够通过量化与细化等方式以增强"硬法"的可操作性，还可以通过推动公共主体"内化""硬法"的方式来提高"硬法"的实效；在"硬法"的适用过程中，各种司法惯例、判例、流行的法律原则等，对"硬法"的适用产生深刻影响。第三，"软法"与"硬法"价值互补。"硬法"侧重于国家强制性，"软法"侧重于体现社会公共性，推崇认同、共识与合意。①"软法"与"硬法"的这种价值互补可以有效地提升"双碳"目标法治化的正当性。是故，应对气候变化的法治理应贯彻"软法"和"硬法"高度协同理念，其内涵是："双碳"行动既要重视"硬法"建设，也要重视"软法"建设，通过构建起功能互补、结构互补、价值互补的软法和硬法关系格局，全面提升"双碳"治理效能。

（二）"软法"和"硬法"高度协同理念的要求

贯彻"软法"和"硬法"高度协同理念，需要构建起"软法"和"硬法"良性互动的格局，其具体要求主要体现在三个方面。

---

① 罗豪才、宋功德：《认真对待软法——公域软法的一般理论及其中国实践》，《中国法学》2006 年第 2 期。

1. 厘清"软法"与"硬法"在调整方式上的分工与协同

为了推进"双碳"行动，作为"软法"的政策与作为"硬法"的国家法律规范可同时出台。为了实现"软法"与"硬法"的优势互补，同时又要避免二者作出重复甚至冲突的制度安排，"软法"与"硬法"就经常要在调整方式上加以分工与合作。构建这一分工格局的基本原则是依法行政原则和法律保留原则，它要求设定义务的行为规范只能由"硬法"规定，"软法"则可以在行政奖励、行政补贴等给付行政领域和行政指导方面发挥其作用。构建这一协同格局的基本原则是行政效能原则，它要求"硬法"的罚则与"软法"的激励、"硬法"的强制性与"软法"的非强制性之间能够形成遥相呼应的关系。

2. 理顺"软法"与"硬法"在功能上的互补关系

"硬法"规范的法律效力往往需要借助"软法"规范才能得以彰显。当前，"双碳"领域的大量的政策主要集中于言说目标、展现前景等方面，并未转化为可以实际操作的法定标准，导致原本为数不多的"硬法"条款在微观实施层面难以发挥碳减排的作用；同样，"软法"规范的事实效力需要借助"硬法"规范才能得以发挥。虽然《标准化法》明确规定"强制性标准必须执行"，但是某些法律中并未规定"双碳"领域需要遵循强制性标准，这也导致一些绿色技术标准缺少发挥作用的制度渠道。

3. 形成"软法"与"硬法"相互制衡关系

一方面，在"双碳"战略的宏大叙事背景下，各类"软法"往往表现出一种运动式的冲动，其内容往往会越出边界，此时需要通过"硬法"来约束"软法"，规范国家公权力的行使，保障依法治国。与之相应的是，在"双碳"考核的现实背景下，各类"硬法"（主要是地方立法）也会表现出非理性的冲动，以不惜一切代价的心态来推进"双碳"目标，其后果可能造成其他公共利益和个人权利的受损，此时需要通过"软法"来引导"硬法"，通过"软法"来协调部门立法、引导地方立法。

第四章　实现"双碳"目标的立法
保障：规范、制度与路径

　　碳达峰、碳中和立法对实现"双碳"目标和经济社会高质量发展至关重要。目前，全球已有 140 多个国家宣示或正在规划 2050 年前后实现碳中和。其中，不丹和苏里南已实现碳中和。各国的碳中和承诺，从法律视角来看具有多种不同的法律效力样态。截至 2021 年底，已有 14 个国家将碳中和目标纳入了法律规范体系，包括英国、瑞典、法国、丹麦、匈牙利、新西兰、加拿大、韩国等；另有 3 个国家已提出立法提案；中国、巴西、德国、美国等 45 个国家已将碳中和承诺写入官方政策文件，其他国家仍在讨论具体碳减排目标。可见，立法已经成为主要国家和地区应对气候变化的重要抓手。

　　从政策宣示走向立法保障，是各国实现碳中和目标的必由之路。2021 年 9 月 22 日，中共中央、国务院发布《关于完整准确全面贯彻新发展理念做好碳达峰碳中和工作的意见》（以下简称《意见》）；2021 年 10 月 26 日，国务院印发《2030 年前碳达峰行动方案》（以下简称《方案》）。这两项"双碳"目标政策文件相继出台，擘画了我国绿色低碳高质量发展蓝图，为推进"双碳"目标的实现提供了根本遵循和行动指南，同时也对立法确认和立法规范提出了明确要求。与之相伴随的是，需要以法律形式将实现"双碳"目标确立为国家战略，从国家立法层面整体推动"双碳"目标的实现，为矢志不移、科学有序推进"双碳"目标提供权威、全面、系统、科学的法治保障。

　　值此之际，法律人应当充分发挥"社会工程师"的角色作用，参与设计一套有力量、有效率、可执行的"双碳"法律法规体系，以促进我国经济、社会与生态环境的可持续发展。诚如有论者所言，实现"双碳"目标既有赖于政策引领和低碳技术的突破、创新和规模化应用，更需要通过制定（或修改）碳中和促进法或气候变化应对法、环境保护法、能源法、知识产权法等相关法律，对相关法律制度予以持续优化和不断变革。① 除了立法机关、政府、法律研究机构等主要参与者之外，社会组织、企业等社会力量的参与对于实现"双碳"目标也非常重要。公众参与，有助于在全社会范围内达成广泛的共识，有利于碳中和相关立法进程的推进和加快。科学完备的法律规范体系，将为碳中和愿景的如期实现提供规范依据和法律制度保障。

第一节 "双碳"法律规范体系

1992 年 5 月 9 日签订的《联合国气候变化框架公约》提出了发达国家应对气候变化的最终目标，但这只是"努力目标"，而不是强制性义务。1997 年通过的《京都议定书》以"共同但有区别的责任"为原则，赋予发达国家承担强制性减碳责任；2015 年通过的《巴黎协定》提出各国同意减少温室气体排放，将全球平均升温控制在2℃以内，并以限制升温1.5℃为预定目标，且规范所有国家每 5 年提出"国家自主贡献"（Nationally Determined Contributions, NDC）。基于此，我国"双碳"法律规范体系的构建，实质上是将国际法规范转化和细化为国内法规范，以期实现"国家自主贡献"。由此可见，我国"双碳"立法主要由三类不同的法律规范体系所组成，即：国际法规范、国内中央层级法律规范以及国内地方层级法律规范。

---

① 参见王江：《论碳达峰碳中和行动的法制框架》，《东方法学》2021 年第 5 期。

一、国际立法——国际法规范

《联合国气候变化框架公约》只是缔结包含整体目标和合作义务的一般框架，之后具体义务和公约解释在缔约方会议上以议定书的形式进行决定。缔约方会议（Conference of the Parties, COP）不断地提出将框架公约的努力目标转变为法律义务的具体减排目标，主要形成了《京都议定书》《巴黎协定》《格拉斯哥气候公约》等专门法律文件（见表 4-1）和其他相关法律文件（见表 4-2）。

表 4-1

公约名称	时间	缔约方	主要内容
《联合国气候变化框架公约》	1992 年通过，1994 年生效	已召开 26 次缔约方会议	未规范减碳责任
《京都议定书》	1997 年通过，2005 年生效	142 个缔约方参与，其中包括 30 个工业化国家	发达国家强制减碳责任
《巴黎协定》	2015 年通过，2016 年生效	所有缔约方参与	全球平均气温较工业化前水平升高控制在 2℃ 之内
《格拉斯哥气候公约》	2021 年通过	所有缔约方参与	贸易外交手段

（一）《联合国气候变化框架公约》（*United Nations Framework Convention on Climate Change*，UNFCCC）

1990 年，世界气象组织与联合国环境规划署创建的政府间气候变化专门委员会（*Intergovernmental Panel on Climate Change*, IPCC）第一次气候变化科学评估报告中提及全球气候变暖问题的科学依据，并促使联合国大会于 1992 年 5 月 9 日签订了《联合国气候变化框架公约》。我国于 1992 年 11 月 7 日经全国人大批准《联合国气候变化框架公约》，并于 1993 年 1 月 5 日将批准书交存联合国秘书长处，正式成为《公约》缔约方之一。

1994 年 3 月 21 日，该公约生效。该公约第 2 条规定，"本公约以及缔约方会议可能通过的任何相关法律文书的最终目标是：根据本公约的各项有关规定，将大气中温室气体的浓度稳定在防止气候系统受到危险的人为干扰的水平上。这一水平应当在足以使生态系统能够自然地适应气候变化、确保粮食生产免受威胁并使经济发展能够可持续地进行的时间范围内实现"。该公约确立了共同但有区别的责任和预防原则，第 3 条列举了各缔约方在为实现目标和履行公约各项规定而采取行动时的 5 款条文，其中第 1 款规定了"共同但有区别的责任"原则，第 3 款规定了"预防原则"。

《联合国气候变化框架公约》没有对个别缔约方规定具体须承担的义务，也未规定实施机制。从这个意义上说，该公约缺少法律上的约束力，具有"软法"性质。[①] 但是，该公约规定可在后续从属的议定书中设定强制排放限制。该公约缔约方自 1995 年起每年召开缔约方会议以评估应对气候变化的进展。

（二）《京都议定书》（*Kyoto Protocol*）

1997 年 12 月，作为《联合国气候变化框架公约》补充条款的《京都议定书》达成，其目标是"将大气中的温室气体含量稳定在一个适当的水平，以保证生态系统的平滑适应、食物的安全生产和经济的可持续发展"，该协议规定发达国家从 2005 年开始承担减少碳排放量的义务，而发展中国家则从 2012 年开始承担减排义务。为了促进各国完成温室气体减排目标，《京都议定书》允许采取以下四种减排方式。

1. 国际碳排放交易机制

根据《京都议定书》第 17 条规定，两个发达国家之间可以进行碳排放额度买卖的"排放权交易"，即难以完成削减任务的国家，可以花钱从

---

① 参见 ［日］兼平裕子：《日本低碳社会的政策与法律》，许顺福译，中国社会科学出版社 2021 年版，第 4—8 页。

超额完成任务的国家买进超出的额度。

2. 净排放量计算机制

即从本国实际碳排放量中扣除森林所吸收的二氧化碳的数量。

3. 清洁发展机制

即采用绿色开发机制，促使发达国家和发展中国家共同减排温室气体。该机制依据《京都议定书》第 12 条确立，即发达国家可以通过在发展中国家投资温室气体减排项目，从而获得该项目产生的核证减排量（Certified Emissions Reductions，CERs）并将其用于抵消本国超出额度的二氧化碳排放量。由于发展中国家的碳减排成本远低于发达国家，所以清洁发展机制一方面能为发达国家大大节省减排费用，另一方面也有利于发展中国家获得减少温室气体排放所必需的资金和技术，形成一种合作双赢的机制。

4. 联合履行机制

该机制依据《京都议定书》第 6 条设立。联合履行机制区别于清洁发展机制，它旨在促进发达国家之间的合作。即发达国家可以通过在其他发达国家投资温室气体减排项目，从而获得该项目产生的减排单位（Emission Reduction Units，ERUs），以抵消本国超出额度的二氧化碳排放量。与 CERs 不同的是，ERUs 并不会形成额外的二氧化碳排放权增量。由于联合履行机制属于发达国家之间的合作，因此当一方投资项目并获得 ERUs 时，被投资方的碳排放额度将相应减少，在总体上被认定为完成减排任务。

《京都议定书》需要得到占全球温室气体排放量 55% 以上的至少 55 个国家批准，才能成为具有法律约束力的国际公约。中国于 1998 年 5 月签署并于 2002 年 8 月核准了该议定书。欧盟及其成员国于 2002 年 5 月 31 日正式批准了《京都议定书》。2005 年 2 月 16 日，《京都议定书》正式生效。这是人类历史上首次以具有法律约束力的国际法律文件的形式限制温室气体排放。2011 年 12 月，加拿大宣布退出《京都议定书》，成为继美国之后第二个签署后但又退出的国家。《京都议定书》的承诺时限是 2008—2012 年的 5 年之间，2012 年 12 月 8 日，在卡塔尔召开的第 18

届联合国气候变化大会上，本应于 2012 年到期的《京都议定书》被同意延长至 2020 年。

（三）《哥本哈根协议》（Copenhagen Accord）

根据 2007 年第 13 次缔约方会议（COP13）通过的《巴黎行动计划》的规定，2009 年在哥本哈根召开的第 15 次缔约方会议（COP15）诞生了一份新的国际协议——《哥本哈根协议》。《哥本哈根协议》主要是就各国二氧化碳的排放量问题签署协议，即根据各国的 GDP 大小减少二氧化碳的排放量。《哥本哈根协议》的目的是商讨《京都议定书》一期承诺到期后的后续方案，就未来应对气候变化的全球行动签署新的协议。由于发达国家和发展中国家争议太大，结果哥本哈根会议没有达成有效决议，止步于备忘录阶段。

（四）《巴黎协定》（Paris Agreement）

2015 年 12 月 12 日，由 195 个缔约方在联合国气候峰会中通过的《巴黎协定》取代了《京都议定书》，期望能共同遏阻全球变暖趋势，它是为 2020 年后全球应对气候变化行动作出安排的国际法律文件。《巴黎协定》共 29 条，其中包括目标、减缓、适应、损失损害、资金、技术、能力建设、透明度、全球盘点等内容。《巴黎协定》第 2 条将通过以下内容强化《联合国气候变化框架公约》。①把全球平均气温升幅控制在工业革命前水平以上低于 2℃之内，并努力将气温升幅限制在工业化前水平以上 1.5℃之内，同时认识到这将大大减少气候变迁的风险和影响。②提高适应气候变化不利影响的能力并以不威胁粮食生产的方式增强气候抗御力和温室气体低排放发展。③使资金流动符合温室气体低排放和气候适应型发展的路径。

《巴黎协定》确定了明确目标，并针对可再生能源进行投资，同时将世界多数发展中国家（和地区）纳入其中，但该项协定对它们并未设定强制约束力，由发展中国家依照目前的框架自主推动，对于不遵守的情况只能通过每 5 年检视减排成绩，以及再谈判的方式施压，对于是否能够达到预期目标则充满未知数。中国于 2016 年 4 月 22 日签署了《巴黎协定》，同年 9 月 3 日，全国人大常委会批准中国加入《巴黎协定》，成为完成了批准该协定的缔约方之一。中国政府强调会坚定履行协议的相关承诺，致力于保护气候环境。2019 年 11 月 4 日，美国国务院发布声明，美国正式启动退出《巴黎协定》的程序。2020 年 11 月 4 日，美国正式退出《巴黎协定》。2021 年 1 月 20 日，美国总统拜登签署行政命令重返《巴黎协定》。2021 年 2 月 19 日，美国正式重返《巴黎协定》。

《巴黎协定》生效后，地球气温升高持续加速。2013 年以来，全球碳排放量保持持续增长，2019 年，全球碳排放量达 343.6 亿吨，创历史新高。2020 年，受全球新冠肺炎疫情影响，世界各地区碳排放量普遍减少，全球碳排放量下降至 322.8 亿吨，同比下降 6.05%。

（五）《格拉斯哥气候公约》（*Glasgow Climate Pact*）

2021 年 11 月 13 日，在英国格拉斯哥召开了《联合国气候变化框架公约》第 26 次缔约方会议（COP26），此次会议为缔约国国家自主贡献的全球盘点（Global Stock-take），该公约要求各国加紧努力，维持《巴黎协定》要求把全球气温升高幅度控制在 1.5℃ 以内的目标，逐步减少煤炭使用，并呼吁结束低效的化石燃料补贴，但没有具体说明取消这类补贴的时间表。该公约提出 2030 年前强化非二氧化碳温室气体（如甲烷）减量行动，制定国际碳市场规则，强化减碳的贸易外交手段。此次会议主要内容如下。

1. 全球各缔约国家应提出更新的自主贡献内容，以达成本世纪中期实现碳中和的目标；

2. 为了保护社区与自然栖地，相应所需的调适政策；

3. 达成净零排放与调适所需的财务来源；

4. 公民社会共同合作推动气候行动。①

---

① COP26（2021），COP26 Goals，网址：https://ukcop26.org/cop26-goals/，2022 年 3 月 19 日访问。

（六）其他相关国际法律文件

1.《国际能源署风能实施协议》

该协议成立于 1974 年，有 21 个国家及有关组织和机构加入，包括中国、澳大利亚、奥地利、加拿大、丹麦、芬兰、德国、希腊、爱尔兰、意大利、日本、韩国、墨西哥、荷兰、挪威、葡萄牙、西班牙、瑞典、瑞士、英国、美国、欧盟委员会和欧洲风能协会，主要负责主持合作科研项目，并组织国际性的论坛，讨论技术研发等问题，为参加者提供一个风能系统合作研发、示范和部署的平台。

2.《国际能源纲领协议》

1974 年 11 月国际能源署举行首次工作会议，签署了《国际能源机构协议》，并开始临时工作。1976 年 1 月 19 日该协议正式生效。其宗旨为各成员国在能源问题上开展合作，调整各成员国应对石油危机的政策，发展石油供应方面的自给能力，共同采取节约石油需求的措施等。

3.《保护臭氧层维也纳公约》

该公约于 1985 年 3 月在维也纳签署，明确指出大气臭氧层耗损对人类健康和环境可能造成的危害，呼吁各国政府采取合作行动，保护臭氧层，并首次提出氟氯烃类物质作为被监控的化学品。

4.《关于消耗臭氧层物质的蒙特利尔议定书》

该议定书于 1987 年 9 月在蒙特利尔签署，列举了受控物质和含受控物质的产品，规定了风险预防原则，并对受控物质的削减目标和时间表作了详细的规定。

5.《能源宪章条约》

该条约于 1991 年 12 月 17 日在荷兰海牙订立，包括了一系列国际能源贸易、投资的原则，提出提高能源利用效率。

6.《国际可再生能源机构规约》

国际可再生能源机构是一个于 2009 年 1 月 26 日在德国波恩成立的环

保组织，现有131个成员组织，和37个欲成为会员的签署国/申请国。《国际可再生能源机构规约》主要目标是在全球范围内积极推动太阳能、风能、水能及地热能等可再生能源向广泛普及和可持续利用的快速转变。2013年1月15日，中国已经宣布将加入国际可再生能源机构（IRENA），成为在2030年共同推动把全球可再生能源的份额增加一倍的国际努力中的一个里程碑事件。①

7.《关于森林和土地利用的格拉斯哥领导人宣言》

2021年11月2日，包括中国、俄罗斯、巴西、哥伦比亚、印度尼西亚和刚果民主共和国等在内的114个国家共同签署了《关于森林和土地利用的格拉斯哥领导人宣言》。该宣言致力于保护森林和陆地生态系统、减少脆弱性、建立复原力、实施可持续农业，并加速向可持续土地利用、维护生态多样性、增强森林碳汇等目标转型。②

其他相关国际法律文件见表4-2。

表4-2

协议名称 公约名称	时间	主要内容
《国际能源署风能实施协议》	1974年	提供一个风能系统合作研发、示范和部署的平台。
《国际能源纲领协议》	1976年	各成员国间在能源问题上开展合作，调整各成员国对石油危机的政策，发展石油供应方面的自给能力，共同采取节约石油需求的措施等。
《保护臭氧层维也纳公约》	1985年	明确指出大气臭氧层耗损对人类健康和环境可能造成的危害，呼吁各国政府采取合作行动，保护臭氧层，并首次提出氟氯烃类物质作为被监控的化学品。

① 刘琦副局长参加国际可再生能源署全体大会，网址：http://www.nea.gov.cn/2013-01/21/c_132116166.htm，2022年3月19日访问。

② 《第26届气候变化大会：各国领导人和企业采取重大措施恢复和保护森林》，网址：https://news.un.org/zh/story/2021/11/1093802，2022年3月18日访问。

续表

协议名称 公约名称	时间	主要内容
《关于消耗臭氧层物质的蒙特利尔议定书》	1987年	列举了受控物质和含受控物质的产品,规定了风险预防原则,并对受控物质的削减目标和时间表做了详细的规定。
《能源宪章条约》	1990年	提高能源效率。
《国际可再生能源机构规约》	2009年	专门为了积极推动可再生能源的广泛普及和可持续发展的共同选择。
《关于森林和土地利用的格拉斯哥领导人宣言》	2021年	承诺到2030年阻止和扭转毁林行为与土地退化,并实现可持续发展和促进农村包容性转型,增加森林碳汇。

《联合国气候变化框架公约》缔约方大会通过二十六次缔约方会议将全球应对气候变化和碳中和愿景不断向前推进,但该框架下的气候治理仍处于国际政治磋商层面,刚性法律机制尚未凸显。联合国秘书长安东尼奥·古特雷斯曾言:"我们必须将所有碳中和承诺转变为一场势不可挡的全球运动。"[①] 在这场全球运动中,将"承诺"转变为"义务",则有赖于夯实迈向碳中和目标的国际法基础。

二、各国国内立法

碳中和国际法律文件确立了"国家自主贡献"的减少碳排放目标,而将碳中和目标予以落实的政策法律之主要来源还是各国政府。为了实现碳中和目标,一方面,各国需要制定碳中和专门立法来确认碳减排的目标与举措、时间表和路线图;另一方面,各国也需要修订既有相关法律规范来应对和减缓气候变化。

---

① 《联合国秘书长古特雷斯:人类与自然必须实现"和解"》,资料来源:消息网,网址:https://baijiahao.baidu.com/s?id=1685407107252561498&wfr=spider&for=pc。

从比较的视角来看，各国或地区碳中和立法的帷幕已经拉开。英国众议院 2008 年 11 月 19 日批准《气候变化法案》，决定在 2050 年前将温室气体排放量减少 80%，这使得英国成为世界上第一个以立法框架确定减排目标的国家。英国修订的《气候变化法案》于 2019 年 6 月生效，正式确立英国到 2050 年实现温室气体"净零排放"的目标。在美国，2021 年美国总统拜登在气候峰会上公布应对气候变迁的新目标，宣布美国要在 2030 年以前让温室气体排放较 2005 年减少 50%—52%，并将推动国会批准法案，要求 2030 年美国 80% 的电力来自零碳能源。而美国的州立法机关已早于联邦开启了碳中和立法之旅（详见下文"各国地方立法"）。2020 年 11 月 19 日，加拿大国会下议院通过《加拿大碳中和问责法》，要求加拿大设定减少温室气体排放的国家目标。2021 年 4 月 8 日，西班牙众议院代表大会通过了《气候变化与能源过渡法》，该项立法承诺西班牙在 2050 年之前实现温室气体排放总量与吸收量达到平衡。[①]2021 年 5 月 4 日，法国国民议会通过《应对气候变化及增强应对气候变化后果能力法案》。该法案从消费、生产和工作、交通、居住、饮食等方面拟定了近 150 项举措，旨在通过改变经济发展模式促进全社会更好地应对气候变化。[②]2021 年 5 月 26 日，日本国会参议院通过《全球气候变暖对策促进法》的修正法案，将 2050 年实现碳中和的目标明确入法。韩国前总统文在寅于 2020 年 10 月提出 2050 年净零排放目标，2021 年 9 月，韩国国会通过碳中和法案。此外，《新西兰应对气候变化法》《菲律宾气候变化法》《南非国家气候变化法案》也相继出台。

在我国，自 2014 年 11 月 12 日《中美气候变化联合声明》发布以来，国家主席习近平多次在不同场合发表重要讲话，表明我国 2030 年前实现碳达峰、2060 年前实现碳中和的决心。同时，多次明确提出我国坚持"共同但有区别的责任原则"，"承担与自身发展水平相称的国际责任"，推动落实《联合国气候变化框架公约》及《巴黎协定》，积极开展气候变化国

---

① 《西班牙众议院代表大会批准气候变化与能源过渡法规》，《央视新闻》2021 年 4 月 8 日。

② 陈晓怡：《法国国民议会通过应对气候变化法案》，《科技政策与咨询快报》2021 年第 7 期。

际合作。2020 年 9 月 22 日，习近平总书记在联合国大会一般性辩论上向全世界宣布："中国将提高国家自主贡献力度，采取更加有力的政策和措施，二氧化碳排放力争于 2030 年前达到峰值，努力争取 2060 年前实现碳中和。"2021 年 9 月 21 日，习近平总书记在同样场合再次强调，"中国将力争 2030 年前实现碳达峰、2060 年前实现碳中和，这需要付出艰苦努力，但我们会全力以赴"，充分表达了中国实现这一战略目标的决心。2021 年 9 月 22 日颁发的《中共中央　国务院关于完整准确全面贯彻新发展理念做好碳达峰碳中和工作的意见》提出，实现"双碳"目标须健全法律法规。为此，需全面清理现行法律法规中与碳达峰、碳中和工作不相适应的内容，加强法律法规间的衔接协调；研究制定碳中和专项法律，抓紧修订节约能源法、电力法、煤炭法、可再生能源法、循环经济促进法等，增强相关法律法规的针对性和有效性。

三、各国地方立法

各国地方政府对于全球气候治理的参与由来已久，自《京都议定书》后，面对中央政府消极的减缓和调适政策，地方政府已开始扮演更为积极的角色。《巴黎协定》明文强调多元利害关系人之参与，当然涵盖了地方政府的积极行动。

地方政府实践"双碳"目标的重要性在于，能源使用、城市建筑、交通运输、商业运作等城市活动，产生了大量温室气体，而在运输与建筑部门中，地方政府具有规划因地制宜的政策以及贴近一般民众需求的优势，透过地方性法律法规、城市规划等多样性措施，可以有效改善公民的行为习惯，使之转型成低碳绿色循环的生活形态。此外，部分地方政府具有经费与技术优势，可作为绿色低碳创新研发基地，进行新型技术与环境治理模式的试验。

近年来，诸多国家的地方政府积极推动"双碳"的策略，其状已经从个别部门单兵突进转变为开始提倡通过整合的手段，结合各部门的共同需求，采取统一的行动和措施。地方政府更适宜采用激励性碳减排措施，比如为新能源企业提供政策激励，税收减免、行政奖励、行政补贴、土地使用便利，等等。以美国地方立法为例，在气候变化的应对过程中，在联邦气候变化立法毫无建树的情况下，地方政府却成为气候变化法的重要制定者。[①]2006 年，加利福尼亚州颁行《全球变暖解决方案法案》，建立碳排放总量控制与碳排放交易项目，呼吁相关机构落实低碳燃料标准以及具体到范围界定计划中的一些其他项目。2019 年 6 月，美国纽约州立法机构通过了《气候和社区保护法案》，要求到 2050 年实现"净零排放"——温室气体总排放量从 1990 年的水平削减 85%，剩下的 15% 由造林、恢复湿地、碳捕获或其他绿色项目抵消。《地区温室气体倡议》（*Regional Greenhouse Gas Initiative*, RGGI）之所以在美国妇孺皆知，就在于其建立了美国历史上第一个温室气体总量控制与排放权交易系统，由于时任总统布什当政后宣布退出《京都议定书》，并以经济负担等借口拒绝《京都议定书》的强制减排义务及其灵活机制安排（包括碳排放交易制度），在美国联邦政府对气候变化持"不合作"的背景下，美国一些州政府进行了强制性、以市场手段为基础的碳排放交易的大胆尝试，确立了市场准入、配额分配、价格、监管、市场退出等机制，更彰显地区行动对温室气体减排、应对气候变化的决心和魄力。[②]

　　在我国，地方政府已在碳中和立法领域先行先试。2021 年 9 月，天津市通过《天津市碳达峰碳中和促进条例》，此条例为全国首个专门关于碳达峰碳中和的地方性法规，对天津全市促进"双碳"目标实现的行为进行了明确规范，并制定了相应的配套奖励及惩处机制，为进一步立法打下了基础，同时也为全国性的专门立法积累了经验。

---

① 　王慧：《美国地方气候变化立法及其启示》，《中国地质大学学报》（社会科学版）2017 年第 1 期。

② 　参见魏旭：《美国应对气候变化地方行动疏议》，《环境资源法论丛》（辑刊）2010 年第 8 卷。

第二节　我国"双碳"法律规范体系与基本法律制度

　　低碳绿色发展，一直都是我国中央层面和地方层面立法中极为关注的领域，近年来越来越受到立法的重视。自从加入《联合国气候变化框架公约》时起，我国低碳绿色领域的立法就一直处于"进行时"，相关法律制度不断得到改进和完善。2009 年，全国人大常委会颁布的《全国人大常委会关于积极应对气候变化的决议》就明确提出要"加强应对气候变化的法治建设"，要把加强应对气候变化的相关立法作为形成和完善中国特色社会主义法律体系的一项重要任务，纳入立法工作议程；适时修改完善与应对气候变化、环境保护相关的法律，及时出台配套法规，并根据实际情况制定新的法律法规，为应对气候变化提供更加有力的法制保障；按照积极应对气候变化的总体要求，严格执行《节约能源法》《可再生能源法》《循环经济促进法》《清洁生产促进法》《森林法》《草原法》等相关法律法规，依法推进我国应对气候变化工作。目前，我国已形成了一系列应对气候变化和能源变革的基础性政策与法律规范体系。就应对气候变化的政策而言，如国务院于 2007 年印发了《中国应对气候变化国家方案》，2021 年 10 月国务院新闻办公室发表了《中国应对气候变化的政策与行动》白皮书等。就法律规范而言，目前我国虽尚无专门（或直接）关于应对气候变化或"双碳"的专门法律，但与之相关的法律规定或者法律制度则不在少数，主要散见于相关的法律法规之中。这些相关法律法规主要包括如下几类：一是与减碳相关的法律法规。如《节约能源法》《循环经济促进法》《清洁生产促进法》《可再生能源法》《煤炭法》等，规定了一系列抑制二氧化碳等温室气体排放相关的法律措施和法律责任条款。二是与碳汇相关的法律法规。所谓"碳汇"，一般是指通过植树造林、节能减排等途径，抵消自身所产生的二氧化碳等温室气体的排放量。碳汇是更加积极主动地应对气候变化的措施。如《森林法》《草原法》《防沙治沙法》《海洋环境保护法》等法律法规，规定了一系列与碳汇相关的法律措施和法律责任条款。三是与应对气候变化相关的法律法规。如环境影响评价法《气象法》《大气污染防治法》等法律法规中亦有与之相关的环境影响评价、污染防治与气候环境改良的协同性治理规定。

一、我国"双碳"政策与法律法规体系的发展历程与现状

（一）发展历程

我国"双碳"政策与法律法规体系的形成大致经历了萌芽期、发展期和深化期三个阶段，以节能减排和能源转型为方向，以碳排放交易制度为重要抓手，初步形成了应对气候变化的法治保障体系。[①]

1. 萌芽期（1997年至2009年）

我国低碳绿色循环发展相关政策与法律法规体系的构建发端于1997年通过的《节约能源法》，这是我国第一部节约能源方面的法律，该法于2008年修订后确立了节能目标责任制和节能考核评价制度、固定资产投资项目节能评估和审查制度、落后高耗能产品、设备和生产工艺淘汰制度、重点用能单位节能管理制度、能效标识管理制度和节能表彰奖励制度。之后，又陆续颁布了《清洁生产促进法》和《循环经济促进法》等产业减污降碳类法律。2007年，国务院颁布《中国应对气候变化国家方案》，该文件也是世界范围内第一份由发展中国家提出的应对气候变化的国家级方案。2009年，全国人大常委会发布《关于积极应对气候变化的决议》，把加强应对气候变化的相关立法作为形成和完善中国特色社会主义法律体系的一项重要任务，纳入立法工作议程。这一阶段的法律或政策法规文件，见表4-3。

---

① 下文关于低碳绿色发展相关政策与法律法规的整理，以赵海清律师梳理的图表为基础，进行了查漏补缺。参见赵海清：《我国碳中和、碳资产立法现状及未来展望》，网址：https://news.bjx.com.cn/html/20211026/1183804.shtml，2022年3月18日访问。

表4-3

时间	文件	发布机关	主要内容
1997 年	《节约能源法》	全国人民代表大会常务委员会	正式明确:"节能是国家发展经济的一项长远战略方针。"并且按照第七条规定的确立了"加强节能工作,合理调整产业结构、企业结构、产品结构和能源消费结构,推进节能技术进步,降低单位产值能耗和单位产品能耗,改善能源的开发、加工转换、输送和供应"基础工作方向。
2002 年	《清洁生产促进法》	全国人民代表大会常务委员会	促进清洁生产,提高资源利用效率,减少和避免污染物的产生,保护和改善环境,保障人体健康,促进经济与社会可持续发展。
2004 年	《清洁能源发展机制项目运行管理暂行办法》	国家发改委、科学技术部、外交部	根据《京都议定书》的规定以及缔约方会议的有关决定制定。加强了中国政府对清洁发展机制项目活动的有效管理,进一步维护了中国的权益,保证清洁发展机制项目的有序进行。
2005 年	《能源中长期发展规划纲要(2004—2020)》	国务院	首次系统完整地阐明了我国当时的能源利用状况、节能工作面临的形势和任务,并明确了节能工作的重点领域和重点工程。纲要还明确提出"推行以市场机制为基础的节能新机制",为未来发展碳交易市场预留了基础的空间。
2007 年	《中国应对气候变化国家方案》	国务院	中国应对气候变化的指导思想、原则与目标,以及中国应对气候变化的相关政策和措施提出整体性意见。
2008 年	《关于办理二氧化碳减排量交易有关外汇业务的批复》(汇批复〔2008〕27 号)	国家外汇管理局	规范了二氧化碳减排量等环境权益跨境交易所涉收付款业务,促进了贸易投资便利化。
2008 年	《循环经济促进法》	全国人民代表大会常务委员会	促进循环经济发展,提高资源利用效率,保护和改善环境,实现可持续发展。
2009 年	《关于积极应对气候变化的决议》	全国人民代表大会常务委员会	适时修改完善与应对气候变化、环境保护相关的法律,及时出台配套法规,并根据实际情况制定新的法律法规,为应对气候变化提供更加有力的法制保障。

2. 发展期（2010 年至 2019 年）

2010 年，《关于加快培育和发展战略性新兴产业的决定》正式提出将"建立和完善主要污染物和碳排放交易制度"作为我国深化重点领域改革的任务之一。此后，以增加温室气体排放者成本为特色的碳排放交易制度逐步推行。2011 年，北京市、天津市、上海市、重庆市、广东省、湖北省、深圳市七地作为试点地区开展碳排放权交易试点。发展期的显著特点是围绕碳排放交易制度出台了一系列政策法规，并为全国性碳排放交易市场的形成积累了探索性经验。这一阶段的政策法规文件，见表 4-4。

表 4-4

时间	文件	发布机关	主要内容
2010 年	《关于加快培育和发展战略性新兴产业的决定》（国发〔2010〕32 号）	国务院	正式提出将"建立和完善主要污染物和碳排放交易制度"作为我国深化重点领域改革的任务之一。
2011 年3 月 14 日	《国民经济和社会发展第十二个五年规划纲要》	全国人民代表大会	两项文件的发布，再次提及了"逐步建立碳排放交易市场，推进低碳试点示范""开展碳排放交易试点，建立自愿减排机制，推进碳排放权交易市场建设"的工作目标。
2011 年8 月 31 日	《"十二五"节能减排综合性工作方案》	国务院	
2011 年	《关于开展碳排放权交易试点工作的通知》（发改办气候〔2011〕2601 号）	发改委	正式明确北京市、天津市、上海市、重庆市、广东省、湖北省、深圳市七地作为试点地区开展碳排放权交易试点。
2011 年12 月 1 日	《"十二五"控制温室气体排放工作方案》	国务院	将"建立自愿减排交易机制""开展碳排放权交易试点""加强碳排放交易支撑体系建设"正式明确为探索建立碳排放交易市场的三项重点工作。
2012 年6 月 13 日	《温室气体自愿减排交易管理暂行办法》	发改委	明确了有关资源减排项目以及减排量的相关管理机制。

时间	文件	发布机关	主要内容
2014 年 （已失效）	《碳排放权交易管理暂行办法》	发改委	从"配额管理""排放交易""核查与配额清缴""监督管理"等多个维度为全国范围的碳交易市场设定了基础的框架和机制。
2014 年 5 月	《关于印发 2014—2015 年节能减排低碳发展行动方案的通知》	国务院办公厅	2014—2015 年，单位 GDP 能耗、化学需氧量、二氧化硫、氨氮、氮氧化物排放量分别逐年下降 3.9%、2%、2%、2%、5% 以上，单位 GDP 二氧化碳排放量两年分别下降 4%、3.5% 以上。
2015 年 9 月 15 日	《生态文明体制改革总体方案》	中共中央、国务院	再次明确提出了"深化碳排放权交易试点，逐步建立全国碳排放权交易市场"的工作要求。
2015 年 9 月 17 日	《节能低碳产品认证管理办法》	国家质量监督检验检疫总局、发改委	提高用能产品以及其他产品的能源利用效率，改进材料利用，控制温室气体排放，应对气候变化，规范和管理节能低碳产品认证活动。
2015 年 9 月 19 日	《中美元首气候变化联合声明》		中国正式向国际社会表达了"计划于 2017 年启动全国碳排放交易体系，并将覆盖钢铁、电力、化工、建材、造纸和有色金属等重点工业行业"的国内碳排放市场建设计划。
2016 年	《关于切实做好全国碳排放权交易市场启动重点工作的通知》（发改办气候〔2016〕57 号）	发改委	明确我国第一阶段的全国碳排放权市场将涵盖石化、化工、建材、钢铁、有色、造纸、电力、航空等重点排放行业，并要求各方做好组织保障、资金保障以及技术保障，确保全国碳排放权交易于 2017 年顺利启动。
2016 年 10 月 27 日	《"十三五"控制温室气体排放工作方案的通知》	国务院	再次重申和强调了这一时间安排，明确提出"推动区域性碳排放权交易体系向全国碳排放权交易市场顺利过渡，建立碳排放配额市场调节和抵消机制，建立严格的市场风险预警与防控机制，逐步健全交易规则，增加交易品种，探索多元化交易模式，完善企业上线交易条件，2017 年启动全国碳排放权交易市场。到 2020 年力争建成制度完善"。

续表

时间	文件	发布机关	主要内容
2017 年 12 月 18 日	《全国碳排放权交易市场建设方案（发电行业）》	发改委	进一步细化了全国碳排放权交易市场的后续建设思路。根据该方案，国家将秉持"先易后难、循序渐进"的思路推进全国碳排放权市场的建设，在发电行业率先启动全国碳排放交易体系，逐步扩大参与碳市场的行业范围。与此同时，方案还为全国碳排放权市场设定了包括"基础建设期"（1 年左右）、"模拟运行期"（1 年左右）、"深化完善期"在内的三阶段工作目标，一定程度上放缓了我国全国碳排放权市场建设的进度和步伐。
2018 年 2 月 28 日	《中共中央关于深化党和国家机构改革的决定》	中共中央	明确提出"改革自然资源和生态环境管理体制"的要求，并要求"设立国有自然资源资产管理和自然生态监管机构，统一行使监管城乡各类污染排放和行政执法职责"。
2018 年 2 月 28 日	《关于国务院机构改革方案的决定》	全国人民代表大会	明确设立生态环境部，并将原由发改委承担的应对气候变化和减排职责统一归口至生态环境部负责。
2019 年 5 月 29 日	《大型活动碳中和实施指南（试行）》	生态环境部	推动践行低碳理念，弘扬以低碳为荣的社会新风尚，规范大型活动碳中和实施。
2019 年 12 月 16 日	《碳排放权交易有关会计处理暂行规定》	财政部	明确对"政府免费分配"及"购入"等取得碳排放权的不同方式设定了对应的会计处理规则，为开展规范高效的碳排放权交易活动提供了进一步的会计支撑。

3. 深化期（2020 年至今）

2020 年 9 月 22 日，在第七十五届联合国大会一般性辩论上，我国国家主席习近平提及中国实现碳达峰碳中和目标和时间表。人类社会进入工业文明后，发展模式高度依赖化石能源和物质资源投入，因而产生大量碳排放、能源消耗和生态环境问题，导致全球气候变化和发展不可持续。我国提出的碳达峰碳中和目标，是为积极应对气候变化这个全球性重大挑战而提出的，它不仅是我国实现可持续发展的内在要求和加强生态文明建设、实现美丽中国目标的重要抓手,更展现了负责任大国的担当。2021年10月24日,中共中央、国务院发布《关于完整准确全面贯彻新发展理念做好碳达峰碳中和工作的意见》(以下简称《意见》);2021年10月26日,国务院印发《2030年前碳达峰行动方案》(以下简称《方案》),这两项碳达峰碳中和顶层设计政策文件相继出台,擘画了我国绿色低碳高质量发展蓝图,为我国推进"双碳"目标的实现提供了根本遵循和行动指南,标志着我国"双碳"政策法规体系的构建进入深化期。这一时期的政策法规文件及其所规定的主要内容,见表4-5。

表4-5

时间	文件	发布机关	主要内容
2020年10月	《关于促进应对气候变化投融资的指导意见》	生态环境部	气候投融资是绿色金融的重要组成部分、加强气候投融资与绿色金融的政策协调配合。
2020年12月31日	《碳排放权交易管理办法(试行)》	生态环境部	2021年2月1日起正式施行。取代了发改委于2014年颁布的《碳排放权交易管理暂行办法》,重塑了我国碳排放权市场的基础框架。
2021年1月11日	《关于统筹和加强应对气候变化与生态环境保护相关工作的指导意见》	生态环境部	主要是加快推进应对气候变化与生态环境保护相关职能协同、工作协同和机制协同,加强源头治理、系统治理、整体治理,以更大力度推进应对气候变化工作,实现减污降碳协同效应,为实现碳达峰目标与碳中和愿景提供支撑保障,助力美丽中国建设。
2021年2月2日	《关于加快建立健全绿色低碳循环发展经济体系的指导意见》	国务院	提出了建立健全绿色低碳循环发展经济体系,促进经济社会发展全面绿色转型,是解决我国资源环境生态问题的基础之策。明确了到2025年我国生态环境根本好转,美丽中国建设目标基本实现的目标。并从六个方面部署了重点工作任务。

续表

时间	文件	发布机关	主要内容
2021 年 3 月 30 日	《碳排放权交易管理暂行条例(草案修改稿)》	生态环境部	该条例普遍被行业理解为我国碳交易领域监管的核心上位法规，待文件正式出台后，我国碳交易法规体系的位阶将得以进一步提升和完善。
2021 年 4 月 26 日	《关于建立健全生态产品价值实现机制的意见》	中共中央办公厅、国务院办公厅	健全碳排放权交易机制，探索碳汇权益交易试点。
2021 年 5 月 14 日	《碳排放权登记管理规则（试行)》《碳排放权交易管理规则（试行)》《碳排放权结算管理规则（试行)》	生态环境部	确立了我国碳交易领域"1+3"的核心监管文件框架。
2021 年 9 月 12 日	《关于深化生态保护补偿制度改革的意见》	中共中央办公厅、国务院办公厅	加快建设全国用能权、碳排放权交易市场。健全以国家温室气体自愿减排交易机制为基础的碳排放权抵消机制，将具有生态、社会等多种效益的林业、可再生能源、甲烷利用等领域温室气体自愿减排项目纳入全国碳排放权交易市场。
2021 年 10 月 10 日	《国家标准化发展纲要》	中共中央、国务院	建立健全碳达峰、碳中和标准。
2021 年 10 月 21 日	《关于推动城乡建设绿色发展的意见》	中共中央办公厅、国务院办公厅	坚持生态优先、节约优先、保护优先，坚持系统观念，统筹发展和安全，同步推进物质文明建设与生态文明建设，落实碳达峰、碳中和目标任务，推进城市更新行动、乡村建设行动，加快转变城乡建设方式，促进经济社会发展全面绿色转型，为全面建设社会主义现代化国家奠定坚实基础。
2021 年 10 月 24 日	《关于完整准确全面贯彻新发展理念做好碳达峰碳中和工作的意见》	中共中央、国务院	意见坚持系统观念，提出 10 方面 31 项重点任务，明确了碳达峰碳中和工作的路线图、施工图。

时间	文件	发布机关	主要内容
2021 年 10 月 26 日	《国务院关于印发 2030 年前碳达峰行动方案的通知》	国务院	将碳达峰贯穿于经济社会发展全过程和各方面，重点实施能源绿色低碳转型行动、节能降碳增效行动、工业领域碳达峰行动、城乡建设碳达峰行动、交通运输绿色低碳行动、循环经济助力降碳行动、绿色低碳科技创新行动、碳汇能力巩固提升行动、绿色低碳全民行动、各地区梯次有序碳达峰行动等"碳达峰十大行动"。
2021 年 10 月 27 日	《中国应对气候变化的政策与行动》白皮书	国新办	作为世界上最大的发展中国家，中国克服自身经济、社会等方面困难，实施一系列应对气候变化战略、措施和行动，参与全球气候治理，应对气候变化取得了积极成效。
2022 年 4 月 10 日	《中共中央 国务院关于加快建设全国统一大市场的意见》	中共中央、国务院	依托公共资源交易平台，建设全国统一的碳排放权、用水权交易市场，实行统一规范的行业标准、交易监管机制。推进排污权、用能权市场化交易，探索建立初始分配、有偿使用、市场交易、纠纷解决、配套服务等制度。
2022 年 6 月 14 日	《关于审理森林资源民事纠纷案件适用法律若干问题的解释》	最高人民法院	服务碳达峰碳中和目标实现，规范林业碳汇交易规则。
2022 年 7 月 25 日	《关于为加快建设全国统一大市场提供司法服务和保障的意见》	最高人民法院	研究发布司法助力实现碳达峰碳中和目标的司法政策，妥善审理涉碳排放配额、核证自愿减排量交易、碳交易产品担保以及企业环境信息公开、涉碳绿色信贷、绿色金融等纠纷案件，助力完善碳排放权交易机制。全面准确适用民法典绿色原则、绿色条款，梳理碳排放领域出现的新业态、新权属、新问题，健全涉碳排放权、用水权、排污权、用能权交易纠纷裁判规则。研究适用碳汇认购、技改抵扣等替代性赔偿方式，引导企业对生产设备和生产技术进行绿色升级。

续表

时间	文件	发布机关	主要内容
2022 年 8 月 9 日	《关于支持和服务保障贵州在新时代西部大开发上闯新路的意见》	最高人民检察院	服务打造生态文明建设先行区，深化跨区域生态检察协作机制，筑牢长江、珠江上游生态屏障，探索建立碳汇补偿等生态检察机制，助力实现"双碳"目标。
2022 年 8 月 18 日	《科技支撑碳达峰碳中和实施方案（2022—2030 年)》	科技部等 9 部门	提出了科技支撑碳达峰、碳中和 10 项具体行动。

（二）有待解决的问题

如上所述，自我国加入《联合国气候变化框架公约》后，低碳绿色政策法规体系的构筑就一直在路上，随着"双碳"《意见》和《方案》的颁行，相关政策或规章更是密集出台（但法律法规层面的文件仍少见）。但不难发现，当下我国"双碳"法律法规体系的构建仍存在一些短板和问题。

第一，实现"双碳"目标的基本法尚付阙如。目前，我国尚无一部统一的《气候变化应对法》或《碳中和促进法》，低碳绿色相关立法的宗旨、基本范畴、基本原则、基本制度、法律责任等均处于模糊的状态。故而，应当制定具有统领性和基础性的上位法，来全面规范应对气候变化工作，定位好碳排放控制与生态环境保护、经济社会发展的关系，从而确保实现"双碳"目标有法可依。

第二，既有法律规范效力层级低。目前，就中央层面而言，现行立法尚无与碳中和直接相关的法律与行政法规，但存在一定的与之相关的政策文件。从国务院组成部门层面而言，出台与之相关的各类文件达到 257 件，现行有效的有 237 件，其中现行有效的部门规章有 3 件，包括 2020 年 12 月 31 日生态环境部发布的《碳排放权交易管理办法（试行)》、

2019 年 5 月 29 日生态环境部发布的《大型活动碳中和实施指南（试行）》、2015 年 9 月 17 日国家质量监督检验检疫总局以及国家发展和改革委员会发布的《节能低碳产品认证管理办法》。此外，现行生效并与之相关的国务院部门其他规范性文件共 79 件，非规范文件共 155 件。可见，中央层面关于低碳的立法虽已具备一定数量，但在碳中和规范体系、基本原则、具体方式、责任承担等方面仍有巨大的扩展与完善空间。[①] 地方层面的立法实践更为活跃，且数量较为可观。可见，既有与低碳绿色发展的相关法律规范，呈现出以部门规章、地方性法规和地方政府规章为主的状态，法律效力的层级普遍较低，且各效力层级的法律规范之间亦缺乏协同性。

第三，既有法律法规体系规范强度不够。已出台的低碳绿色发展相关法律法规多为政策宣示性立法，无论是"碳达峰、碳中和"目标的订立，还是采取具体措施，进行规划、运行、考核、奖惩等，尚缺乏刚性规定和强制性措施，总体上约束力不够，体现出较强的"软法"特色。

第四，作为实现"双碳"目标重要抓手的碳排放交易制度，其法律规范的位阶与规范程度皆不够。这一领域的立法问题突出地表现为既有立法仅为规章或者操作性适用规则，在规范面和拘束面皆受到限制：（1）现有立法规体系难以约束超额碳排放行为。重点企业以其持有的碳排放配额为限排放二氧化碳，是碳排放机制发挥作用的前提。实践中，企业超标排碳如果不受相应处罚或处罚畸轻，碳排放市场调节机制就难以发挥功效。目前，现有法律法规对于企业排放数据造假、不清缴履约等违反控排义务的处罚畸轻，企业的违法成本远低于其守法成本，存在着高排放企业"劣币驱逐良币"的现象。（2）碳排放权抵质押相关规则尚付阙如。自 2021 年 7 月 16 日全国碳市场开市以来，短短四个多月时间，全国碳排放权配额抵质押业务已超过数亿元。然而，由于法律层面的立法尚为空白且现行《民

[①] 杨解君、方路锦：《面向碳中和的行政法治保障》，《南京工业大学学报》（社会科学版）2021 年第 5 期。

法典》亦无此规定（甚至排除法规规章的适用），[①] 碳排放权配额抵质押业务规则暂未出台，相关部门以动产抵押、动产质押的方式为碳排放权设立担保，不符合碳排放权无形财产的性质，且现有碳排放权配额抵质押业务办理普遍存在"多头登记""重复担保"的问题，这使得抵质押权人的合法权益难以得到充分保障，也给碳市场带来了一系列潜在的交易风险。

二、我国"双碳"主要法律制度

在低碳绿色发展进程中，我国逐步建立起规划、总量控制、排污许可、标准化、碳排放权交易等制度，但当前我国实现"双碳"目标尚面临部分关键领域缺乏政策法律支持、缺乏有效的监督与反馈机制以及激励措施尚显乏力等诸多挑战。[②] 许多国家通过已有的立法成果建立了可再生能源法律制度、固碳制度、碳定价制度、公众参与制度、信息披露制度、国际合作制度和责任制度等高度耦合与相互联系的"制度群"。[③] 以碳中和法治发达国家的相关立法为镜鉴，我国应建立起保障"双碳"目标顺利实现的三大主要法律制度群：一是"命令—控制"模式的碳排放行政监管法律制度群；二是"成本—效益"模式的碳定价法律制度群；三是促进型的低碳（零碳或负碳）技术法律制度群。

（一）碳排放行政监管法律制度

国家对违规碳排放行为可以适用行政监管甚至刑事制裁手段。传统的

---

① 从《中华人民共和国民法典》第八条（民事主体从事民事活动，不得违反法律，不得违背公序良俗）、第十条（处理民事纠纷，应当依照法律；法律没有规定的，可以适用习惯，但是不得违背公序良俗）、第十一条（其他法律对民事关系有特别规定的，依照其规定）的规定可知，法规和规章并不能在民事活动及其纠纷裁判中得到适用。

② 刘明明、雷锦锋：《我国农业实现碳中和的法制保障研究》，《广西社会科学》2021 年第 9 期。

③ 冯帅：《论"碳中和"立法的体系化建构》，《政治与法律》2022 年第 2 期。

行政监管制度多表现出以"命令—服从"为特征的强制性行政行为，如行政处罚、行政许可、行政强制等。就碳排放行政监管而言，相关行政主管部门已实施了碳排放总量控制、碳排放权许可、行政指导和监测监督行为等行为方式。这是碳排放权交易市场长期稳定运行的基础和保障。[①]

1. 总量控制

我国的《"十三五"规划〈纲要〉》《生态文明体制改革总体方案》和《"十三五"控制温室气体排放工作方案》均提出要开展碳排放总量控制，北京、上海、甘肃、云南等地也从地方层面积极探索建立碳排放总量控制制度和分解落实机制。以碳排放总量控制取代能源总量控制，直接从制度层面控制高碳能源，对可再生能源进行鼓励，提升优化能源结构的政策精准度，可避免因控制能源消费总量而限制高耗能行业发展的问题。

构建总量控制机制，是相关主管部门实施行政监管的主要内容，也是碳排放权交易的制度基石。只有在排放总量控制的约束下，碳排放权才会成为稀缺资源，才会具有商品属性，从而发生交易活动。鉴于我国目前没有专门的碳排放总量控制具体实施法规，应当加快碳排放总量控制立法，对总量控制目标、总量统计制度、统计对象行业和种类、总量监测核查制度等作出专门规定，以保证总量控制指标的全面落实。[②]

《"十四五"规划〈纲要〉》重申了实施碳排放总量控制。当下，我国碳排放总量控制制度的落实尚存在碳排放统计核算机制不完善、目标管理和总量控制不匹配、交易与总量目标不衔接等短板，限制了碳排放总量控制的效果。对此，应从数据、目标、市场三方面发力，通过不断完善统计核算工作机制、丰富数字化管理手段、明确二氧化碳及其他温室气体总量控制路径、建立地区和行业碳排放总量目标协同机制、加快推进碳市场建设、探索碳市场机制和技术创新等多种途径，建立碳排放总量控制制度，

---

① 杨晓青、吴迪：《为碳排放权交易提供法律保障》，《人民日报》2012年2月27日。

② 田丹宇：《加快建立全国碳排放总量控制制度》，《中国环境报》2019年4月1日。

从而更好地落实"双碳"目标任务。①

2. 排放许可制度

2020年3月1日，生态环境部审议通过的《排污许可管理条例》正式实施，为以固定污染源监管为核心的排污许可制度落实提供了法律基础。有论者认为，该制度可以引入碳排放监管领域，应通过许可制度严格碳排放单位的市场准入及排放量。② 在没有获得碳排放许可证的情况下，任何碳排放处置行为都是违法的。许可证管理的优点在于：被监管企业有主动配合监管的义务，较之于政府监管机构定位所有潜在的排放源要容易得多；许可证还为政府执法和公众参与提供便利，根据排污企业获得许可证时提交的自我监测报告，政府和公众很容易辨识一个被监管企业是否违反了排污标准。③

3. 标准化制度

《意见》《国家标准化发展纲要》等都对碳达峰碳中和标准化作出了重大部署，指明了前进方向。标准化管理，是实现减污降碳目标的约束手段，其内容主要包括：① 节能标准。强制性节能标准是严格控制高耗能、高排放项目盲目扩张，依法依规淘汰落后产能，加快化解过剩产能的重要技术依据。② 可再生能源标准。新能源、可再生能源、负排放技术等创新绿色低碳技术的推广应用，是实现碳达峰碳中和目标的关键。③ 碳排放核查核算标准。这是加快完善碳排放监测、核算、核查、报告等碳减排急需的基础通用标准。④ 绿色低碳认证标准和标识制度。低碳绿色消费标准引领绿色低碳消费，将企业产品的单位碳排放按成本会计的原则进行核算后标识在产品上，便于消费者监督和挑选。⑤ 国际标准。减缓和适应气候变化，离不开国际标准规则的作用。例如，ISO 14068碳足迹标准

---

① 卞勇、刘宇：《建立碳排放总量控制制度》，网址：https://m.thepaper.cn/baijia-hao_15167671，2022年3月26日访问。

② 刘洪铭、杨君：《碳排放权交易管理可借鉴排污许可证管理经验》，《中国环境报》2021年3月19日。

③ 参见［美］理查德·拉撒路斯：《环境法的形成》，庄汉译，中国社会科学出版社2017年版，第207页。

已成为评估产品碳排放的国际统一标尺。又如,《全面与进步跨太平洋伙伴关系协定》(CPTPP)等自由贸易协定规则中也纳入了低碳转型相关议题,鼓励基于国际标准推广低碳环保产品。[①]

(二)碳定价法律制度

政府还可以通过"成本—效益"模式的经济激励机制限制排放,并提高二氧化碳和其他温室气体排放的价格。[②] 碳定价在执行层面主要有碳税和碳交易机制两种形式。前者是政府通过税收直接确定碳价格,以弥补碳的市场价格缺失,直接提高碳排放成本;后者则是创造一个交易市场,使得二氧化碳排放变得稀缺,在政策设定的排放总量限制下由参与市场的交易主体形成价格。作为纠正碳排放负外部性的工具,两者各具优势和劣势,都有其价值,两者之间也不排斥,如果政策设计得当,都可以发挥有效作用。[③]

1. 碳排放交易制度

碳交易市场作为实现"双碳"目标的主要途径之一,其建设和发展已进入实质性阶段,相关的监管应当被纳入法治化的轨道,以法律强制力保障其稳定运行。碳交易制度,应是我国未来低碳领域立法关注的重点。在未来立法中,既要重视对碳排放进行控制的行政化机制,亦不可忽略对碳排放进行控制的市场化机制的作用。目前,在碳市场领域,缺乏国家层面的立法依据和全国统一的规则、免费配额的过度发放、市场流动性不足、违法成本低、监管机制缺失等问题。[④]

建设全国统一性的碳交易市场,是推动实现碳达峰阶段性目标与碳中

---

① 中国标准化研究院:《加快推进碳达峰碳中和标准化建设时间》,2022-01-28,网址:https://www.cnis.ac.cn/bydt/kydt/202201/t20220128_52773.html,2022 年 3 月 26 日访问。

② 参见 [美] 威廉·诺德豪斯:《气候赌博:全球变暖的风险、不确定性与经济学》,梁小民译,东方出版中心 2019 年版,第 304—308 页。

③ 庄贵阳:《我国实现"双碳"目标面临的挑战及对策》,《人民论坛》2021 年第 6 期。

④ 曹明德:《中国碳排放交易面临的法律问题和立法建议》,《法商研究》2021 年第 5 期。

和愿景的重要政策工具。2021 年 7 月 16 日，全国统一的碳排放权交易市场上线交易正式启动。为规范市场行为和保障市场秩序的有序，应尽快制定《碳排放交易管理条例》（如果能提升立法位阶制定《碳排放交易法》则更佳）和适时制定《应对气候变化条例》（或《应对气候变化法》），逐渐扩大碳排放交易项目的覆盖范围以增强市场的稳定性和有效性，综合各种与气候变化相关的政策以避免其相互交叉所导致的政策效率低下的风险。[①]对碳排放权交易的法律规制，应该采取渐进的立法形式，鼓励各试点地区积极制定地方性法规，取得比较成熟的经验后，再制定全国性的碳排放权交易管理的行政法规或者法律，对二氧化碳或者其他温室气体的排放许可、分配、交易、管理以及交易双方的权利义务、法律责任等作出详细规定。

2. 碳税制度

碳税，是针对碳氢化合物燃料中的碳含量，或将其转化为能源后的二氧化碳排放量所征收的税款。[②]考虑到全国碳市场运行可能存在的碳泄漏现象，为形成所有行业、企业共同减排的良好局面，我国应适时引入碳税以规范和引导碳市场未覆盖行业企业的碳排放行为；同时，考虑到碳税政策具有"收入中性"和"双重红利"的特点，我国可以在保持宏观税负稳定的前提下，将征收碳税与减税降费相结合，通过企业税负结构的调整推动企业节能减排，并可以利用碳税收入支持我国可再生能源及低碳、零碳和负碳技术的发展。[③]

（三）低碳（零碳或负碳）技术法律制度

国际能源署（IEA）在 2021 年 5 月 18 日发表了第一份全球能源系统达到净零排放的预测路径分析报告《2050 净零：全球能源部门路线图》

---

① 曹明德：《中国碳排放交易面临的法律问题和立法建议》，《法商研究》2021 年第 5 期。
② [美] 约瑟夫·罗姆：《气候变化》，黄刚等译，华中科技大学出版社 2020 年版，第264 页。
③ 庞军、张宁：《论实现"双碳"目标必须处理好的三大关系》，《环境保护》2021 年第16 期。

(*Net Zero by 2050: A Roadmap for the Global Energy Sector*)，期待有助各国制定能源相关政策和立法。该报告特别讨论了以下七项减碳重点技术。[1]

一是能源效率。能源效率提高可以减少能源使用，直接影响排放量。例如，工业制程效率提升和废热回收使用、家用电子产品效能提升及建筑节能。

二是行为改变。改变行为可减少能源使用或浪费。例如，改为使用低碳的交通方式、增加商品的回收和重复使用，来减少制造时的耗能。

三是可再生能源。以可再生能源取代化石燃料，可减少能源使用所产生的碳排放量。

四是电力化。可减少直接化石燃料使用，再搭配低碳电力可减少碳排放。例如，电动车取代燃油车、电加热取代瓦斯热水器。

五是氢能。可用在不适合电力化的应用（如长距离交通、部分工业制程）。氢能可大量且长时间储存，能用在季节性储能。

六是碳捕获利用和储存。可减少二氧化碳排放到大气，或是捕捉大气中的二氧化碳，来抵消较难去碳部门的排放（如航空、重工业）。

七是生物质能。可从吸收大气中二氧化碳取得（如人造林、厨余），未来将成为重要能量来源之一。如果搭配碳捕获利用和储存后可提供负排放。

上述减碳七大重点技术领域涵盖了低碳包括零碳和负碳技术的主要方面，"双碳"技术法律制度也应围绕这些重点领域展开。"双碳"目标背景下我国以技术创新为导向的可再生能源立法完善，应以通过立法回应可再生能源技术创新启动与引导的法律需求为基础，加强对不同类型可再生能源布局优化与协同的制度引导，并以针对性制度设计对可再生能源开发环节与利用环节进行结构性整合。[2]

联合国政府间气候变化专门委员会第五次评估报告曾指出，若无碳捕

---

① 《全球能源部门 2050 年净零排放路线图》，网址：https://www.sohu.com/a/474434648_1209537 32，2022 年 3 月 19 日访问。

② 张璐：《"双碳"目标对我国可再生能源立法的影响及其应对》，《北方法学》2022 年第 2 期。

获、利用与封存技术（CCS 或 CCUS），绝大多数气候模式都不能实现减排目标。关于碳捕获与封存技术立法（CCS）[1]，由于掩埋气体是前所未有的经验，在实施过程中必须考虑品质监管与安全规范，许可管理涉及的检验与权责区分，以及施工结束后的长期监测与维护保障，都需要建立新的准则与法律法规。2009 年欧盟理事会通过了 CCS 指令，确立了成员国自决、封存场地选择、封存许可、监测、报告和检查、关闭和关闭后的义务、资金保证、第三方准入、信息公开、碳捕获预备、计划书与发展资金等制度机制。[2] 有学者指出，碳中和背景下，我国碳捕获与封存技术应纳入碳交易市场，健全碳市场立法与配套法律体系，通过财政支持与技术进步推动 CCS 或 CCUS 技术商业化应用，并适时引入与碳市场法相衔接的 CCS 或 CCUS 项目专门立法。[3]

此外，还应通过行政补贴、税收减免等手段激励社会各方参与减排行动，为技术创新发展提供资金支持。推行绿色贷款、绿色保险等绿色金融制度，减轻中小型企业能源转型的经济负担，完善绿色技术推广制度，鼓励促进节能减排和能源替代技术的研究和推广。在加强知识产权保护的同时，也要防止技术的过度垄断阻碍碳中和行动的整体进程。

第三节 我国"双碳"立法的理念、原则与路径

对于我国来说，制定"双碳"相关立法，有利于提高科学、精准、依

---

[1] 碳捕获与封存技术，是将二氧化碳从工业或相关能源的源分离出来，输送到一个封存地点，并且长期与大气隔绝的一个过程，它通常包括二氧化碳的捕获、运输、注入和封存四个技术流程。

[2] 魏圣香、王慧：《欧盟的碳捕获与封存立法及其启示》，《江苏大学学报》（社会科学版）2014 年第 2 期。

[3] 潘晓滨：《碳中和背景下碳捕获与封存技术纳入碳市场的立法经验及中国启示》，《太平洋学报》2021 年第 6 期。

法履行应对气候变化国际公约的能力和水平，为履行《联合国气候变化框架公约》《巴黎协定》等国际承诺提供法律工具和方法，彰显我国为实现碳达峰碳中和目标的法治决心，巩固我国在全球应对气候变化国际合作中的重要参与者、贡献者和引领者地位。[①] 在此，为科学有序推动如期实现"双碳"目标提供法治保障尤其是立法层面上的保障，有必要系统阐述我国"双碳"立法的价值理念、基本原则和实践进路。

一、立法理念

立法是一种社会实践活动，因而离不开一定的理论指导。只有科学地确立了立法理念，才能正确地界定立法的本质，并有效地指导立法活动。随着环境污染、生态损害和气候变化问题日趋严重，我国适时提出推动新时代绿色发展和生态文明建设。因而，以经济建设为中心的传统立法理念已不能适应和满足碳中和背景下的立法需求，须为实现"双碳"目标探寻新的作为立法引领的理论基础和价值基础。党的十八大以来，习近平生态文明思想逐步形成。习近平从人类史高度强调生态文明的历史趋势和时代意义，阐述生态文明的重要意义，凸显其全局性地位，系统强调生态问题的刚性约束，把生态文明建设上升为党的执政主题和政府责任，坚持对生态文明的系统性认识，提出了建设的总体要求。[②] 习近平生态文明思想中的人与自然和谐共生、人类命运共同体、地球生命共同体、生态整体系统观等理念，对"双碳"立法实践具有重要而深远的理论指导价值。

---

① 刘钊：《制定〈应对气候变化法〉，以法治实现"双碳"目标》，《中国气象报》2022年3月14日。

② 刘希刚、王永贵：《习近平生态文明建设思想初探》，《河海大学学报》（哲学社会科学版）2014年第4期。

（一）人与自然和谐共生

习近平指出："人与自然是生命共同体，人类必须尊重自然、顺应自然、保护自然。"① 我们应牢固树立尊重自然、顺应自然、保护自然的理念，建设人与自然和谐共生的美丽家园。我们要正确处理生产生活和生态环境的关系，积极发展生态环保、可持续的产业；践行绿色低碳生活方式，呵护好我们的地球家园，守护好祖国的绿水青山，让人民群众过上高品质生活。

（二）人类命运共同体和地球生命共同体

在应对气候变化这个重大问题上，以习近平同志为核心的党中央站在全人类的高度，积极参与全球治理，呼吁"各国人民同心协力，构建人类命运共同体，建设持久和平、普遍安全、共同繁荣、开放包容、清洁美丽的世界"② 人类命运共同体理论要求中国在深化改革的同时，积极承担相应国际义务。2021 年 10 月 12 日，习近平在《生物多样性公约》第十五次缔约方大会领导人峰会上发表主旨演讲，强调对于生物多样性保护"国际社会要加强合作，心往一处想、劲往一处使，共建地球生命共同体"。面对生态问题的挑战，全人类是一荣俱荣、一损俱损的命运共同体。在生态系统退化等严峻挑战面前，世界各国只有携手同行，牢固树立尊重自然、顺应自然、保护自然的意识，坚持绿色发展理念，倡导低碳、循环、可持续的生产生活方式，才能共建地球生命共同体，共谋全球生态文明之路！减少和控制碳排放量，是我国履行国际义务的重要领域，我国关于实现碳达峰碳中和的承诺彰显了大国担当，需要进一步将国际义务转化为国内政策和立法，坚定不移地走绿色低碳发展之路。

---

① 习近平：《决胜全面建成小康社会　夺取新时代中国特色社会主义伟大胜利——在中国共产党第十九次全国代表大会上的报告》，人民出版社 2017 年版，第 50 页。
② 习近平：《决胜全面建成小康社会　夺取新时代中国特色社会主义伟大胜利——在中国共产党第十九次全国代表大会上的报告》，人民出版社 2017 年版，第 58—59 页。

（三）整体系统观

佩里·希克斯作为当代英国著名的行政学学者，长期研究英国、美国和欧洲大陆的公共管理问题，提出了整体性治理理论。整体性治理，就是以公民需求为导向，以协调、整合和责任为机制，运用信息技术对碎片化的治理层级、治理功能、公私部门关系及信息系统等进行有机整合，不断"从分散走向集中，从部分走向整体，从破碎走向整合"①。当前，我国与应对气候变化相关的法律法规，分散在多个互相关联的领域，如，污染防治领域的《大气污染防治法》《清洁生产促进法》，生态保护领域的《森林法》《草原法》，能源领域的《可再生能源法》，以及气象领域的《气象法》。上述法律为应对气候变化做了较充分的法律准备，但由于各有其明确的立法目的，并不利于"双碳"目标的统筹推进与应对。

整体系统观，要求立足整体进行系统化治理，对生态环境要素进行统筹组合和优化配置。既见树木，又见森林。以整体系统观为要旨，强调所有生态要素是一个整体，"坚持山水林田湖草沙冰一体化保护和系统治理"。整体系统观作为一种将法律规范与现实世界、人类社会与自然规律统合起来的全景化观察视角，凝萃于整体主义认识论的哲学原理，要求既立足整体进行系统化治理，又对要素进行优化组合和优化配置，因此在应对具有显著复杂性的气候变化问题上有充足的适用空间。②碳与大气、水、土壤污染物等其他污染物排放具有同源性，气候变化多因多果的复杂环境变化过程，要求应对气候变化与污染防治、自然资源开发与利用、生态保护等协同治理。在整体系统观引领下，一方面，要把生态系统的科学机理转化为法律原理，实现"双碳"立法与其规范对象的外部协同；另一方面，充分考虑到生态要素的多样性、预防性、因果关系的复杂性、科学上的不

---

① 转引自史云贵、周荃：《整体性治理：梳理、反思与趋势》，《天津行政学院学报》2014年第5期。

② 秦天宝：《整体系统观下实现碳达峰碳中和目标的法治保障》，《法律科学》2022年第2期。

确定性和动态性等特点，进行综合性立法，实现"双碳"法律体系的内部协同。

就"双碳"法律制度构建而言，应注重立法的体系化，整合运用行政法、民法、刑法等法律制度，形成促进碳中和目标实现的体系化法律制度，为各方提供普遍的多元利益衡平依据，形成良好的共同治理的社会秩序。碳中和目标的实现涉及利益主体多元，需要系统的法律制度体系来规范各方行为，按照行为方式明确不同的行为规范，明确不同主体所应负有的义务与法律责任。①

二、立法原则

立法原则是创设法律的指导思想、基本方针和立法活动的准绳。我国"双碳"立法既要遵循《立法法》所规定立法的一般法律原则。（包括依宪依法立法、民主立法、科学立法和统一立法等原则），也要遵循针对"双碳"目标达成和气候变化特点而形成的特色立法原则。在此，尤其要重视对"双碳"立法中体现"双碳"目标和气候变化特点的专门性的特色（或特别）立法原则的遵循与应用。

（一）风险预防原则

风险预防原则，起源于环境法领域，其产生可以追溯到德国 20 世纪 70 年代风险预防的理念，指国家应当通过谨慎的前瞻性规划和措施避免环境损害的发生。② 生态环境风险，是指在某一特定空间或时间内发生某种生态损害的可能性。生态环境损害与气候变化具有复杂性、科学上的不

---

① 黄政、席一心：《构建促进碳中和实现的法律制度体系》，《中国环境报》2021 年 12 月 9 日。
② ［德］乌尔里希·贝克：《风险社会：新的现代性之路》，张文杰、何博闻译，译林出版社 2018 年版，第 11—13 页。

确定性、动态性、预防性和争议性。因此，"双碳"立法对风险的预防性
管制应持审慎的支持态度。①

（二）多元共治原则

"双碳"目标下，环境多元共治以依法治理为原则强化环境监管制度
供给、以规范开放为准则优化环境治理市场环境、以信息共享为前提引导
多元主体协同共治、以激励相容为导向创新多元投入合作机制等措施。②
我国在开展应对气候变化立法以及相关重大政策和重大制度形成过程中，
也应本着信息公开、公众参与、公众监督的原则开门立法，广泛听取地方
政府、企业和公众代表、社会团体的意见建议，以减少立法阻力。③ 在立
法进程中，公众对环境风险和人类健康的日益关注，是制定环境法律制
度的巨大推动力，它驱使政治力量力图克服立法过程中的许多制度性障
碍。④ 碳中和目标的实现涉及利益主体多元，需要系统的法律制度体系来
规范各方行为，明确不同主体所应负有的法律责任，按照行为方式明确不
同的行为规范。强化降碳减排能力建设。除强化政府和企业能力建设之
外，还应提高公众降碳减排能力建设，加快建立绿色生产和消费的制度体
系，并体现在相关法律法规中。

（三）共同但有区别的责任原则

共同但有区别的责任原则，源于国际环境法，该原则构成国际合作、
构建和提升发展中国家履行国际环境法的能力，以共同应对全球环境问题
的法律基础。我国"双碳"立法应吸收"共同但有区别的责任"原则，创

① 参见 [美] 理查德·拉撒路斯：《环境法的形成》，庄汉译，中国社会科学出版社 2017
年版，第 16—28 页。
② 罗良文、马艳芹：《"双碳"目标下环境多元共治的逻辑机制和路径优化》，《学习与探
索》2022 年第 1 期。
③ 参见田丹宇：《国外应对气候变化管理体制研究》，《世界环境》2019 年第 1 期。
④ 参见 [美] 理查德·拉撒路斯：《环境法的形成》，庄汉译，中国社会科学出版社 2017
年版，第 69 页。

新机制，以解决中国日益严峻的气候变化问题。"共同责任"的国际法基础是资源主权，应成为气候变化领域乃至国际环境法领域的主要责任。"共同责任"的实施需要世界各国承担履行事前预防、事后补偿的主权合作的责任。在"共同责任"下，相关国际法规范需构建以国家补偿为中心的多层级责任的"关系"结构，以弥补构建统一的国际碳排放市场的缺陷。①同时，在国内全国性立法中针对各地区、各行业企业的不同情况，确立不同地区政府、各行业企业在负有"共同"减碳责任的前提下而应体现实质公平的"有区别"的责任。

三、立法路径

党的十八届四中全会发布的《中共中央关于全面推进依法治国若干重大问题的决定》指出，"加快建立有效约束开发行为和促进绿色发展、循环发展、低碳发展的生态文明法律制度"，还提出要"实现立法和改革决策相衔接"，"对不适应改革要求的法律法规，要及时修改和废止"。作为生态文明建设的重要一环，自我国确立"双碳"目标之后，关于"双碳"立法的呼声日渐高涨。既有人大代表和政协委员在"两会"上的提案，也有专家学者的鼓与呼。

（一）关于"双碳"立法路径选择的观点梳理

全国人大代表王金南院士提出了制定专门"碳中和促进法"的立法建议。该建议主张，通过制定专门的"碳中和促进法"，可以赋予碳排放峰值目标、总量和强度控制目标以法律地位，强化低碳目标引领；可以明确温室气体排放权的法律属性及确权机制，保障我国碳排放权交易市场的有

---

① 邵莉莉：《碳中和背景下国际碳排放治理的"共同责任"构建——共同但有区别责任的困境及消解》，《政治与法律》2022 年第 2 期。

序推进。[①]

全国人大代表张雷提出通过专门的碳中和立法，可避免"运动式"降碳和踩"急刹车"等短期行为。一部总括性、基础性的立法，也有利于协调各方关系，明确权责关系，落实主体责任，达成国家战略目标。尽管在"1+N"政策体系下，有顶层方案设计，各部门各行业的行动方案也在制定，但这些不具有法律的稳定性、明确性和强制性，需要以法律形式将实现"双碳"转型确立为国家战略，从国家层面整体推动实现碳达峰、碳中和，为坚定不移、科学有序推进"双碳"目标提供权威、全面、系统的法治保障。[②]

曹明德教授等提出了制定《气候变化应对法》的观点，认为：距离碳达峰的时间只有不到 10 年，我国不宜进行过渡性立法，制定"气候变化应对法"既能从法律层面彰显我国参与控制气候变化的决心，也能填补现行法律的空白，还有利于凝心聚力，确保我国应对气候变化工作的统筹和有序开展。[③]

王灿发教授等指出碳中和立法应定位为"政策性立法"。根据我国经济社会发展和相关立法的现状，考虑到我国仍处于高速工业化过程中的现实，我国目前还无法选择规定量化减排目标、减适制度严苛的综合型立法模式，亦无法选择将减排任务具体规定在各个领域的分散型立法模式和针对应对气候变化过程中某一方面而制定法律的单行法模式，更无法制定一部应对气候变化法典。因此选择较为灵活的"政策型立法"，应当是我国应对气候变化立法的最佳选择。[④]

---

① 文雯：《〈碳中和促进法〉立法恰逢其时——专访中国工程院院士、生态环境部环境规划院院长王金南》，《中国环境报》2021 年 3 月 26 日。

② 《全国人大代表张雷：推动制定〈碳中和法〉，保障"双碳转型"》，网址：https://baijia-hao.baidu.com/s?id=1727044663767669209&wfr=spider&for=pc，2022 年 3 月 28 日访问。

③ 曹明德、程玉：《加快气候变化立法，助力"双碳"目标实现》，《科技日报》2021 年 8 月 16 日。

④ 王灿发、刘哲：《论我国应对气候变化立法模式的选择》，《中国政法大学学报》2015 年第 6 期。

吕忠梅教授提出了碳中和立法分三步走的观点和立法建议。第一个阶段称为稳步推进阶段，从 2021 年到 2025 年，在修订生态环境保护、资源能源利用、国土空间开发、城乡规划建设等领域法律法规时，将实现碳达峰碳中和目标纳入立法内容；以《大气污染防治法》"大气污染物和温室气体协同控制"为依据，制定相关配套办法；鼓励有条件的地方在修改或制定有关地方性法规时，设置促进碳达峰碳中和实现的倡导性条款。第二个阶段是大力推进阶段，从 2026 年到 2035 年，根据"十四五"规划的要求，在总结法治实践的基础上，正式启动"气候变化法"的立法工作。第三个阶段是保障实现阶段，从 2036 年到 2060 年，启动制定"碳中和促进法"或"碳中和问责法"，以更严格的制度保障碳中和愿景如期实现。①

秦天宝教授提出了"守成拓新"的整体立法思路。基于整体系统观，他认为气候变化法律体系是涵盖了气候变化基础法组成的中心体系以及气候变化相关单行法组成的外围体系的多层级立体法律体系，其建构方式谓之为"守成拓新"，既创设新法亦遵循旧法。除了创设专门的《气候变化应对法》外，还应修订一部分既存的单行法，主要包括《煤炭法》《电力法》《可再生能源法》《节约能源法》等能源法律，《循环经济促进法》《清洁生产促进法》等产业法律，《森林法》《草原法》《海洋环境保护法》等与碳汇相关的法律以及《气象法》等与气候适应相关的法律。②

余耀军教授指出，中国应对气候变化的立法应采用双阶体系构造模式，即直接立法加间接立法的模式。直接立法包括气候变化的框架法和专项立法，间接立法包括所有间接影响气候政策目标实现的相关法律。直接立法，解决应对气候变化的目标、碳预算、管理体制、实施机制等较为集中的问题。间接立法，则因为气候变化监管措施跨领域、跨部门和行业，应拓展至能源法、经济法、农业法、环境法、民商法等领域。直接立法和

① 《专访全国政协常委吕忠梅：用法律保障实现碳达峰碳中和》，网址：https://www.sohu.com/picture/454738917，2022 年 3 月 28 日访问。

② 秦天宝：《整体系统观下实现碳达峰碳中和目标的法治保障》，《法律科学》2022 年第 2 期。

间接立法的有关法律制度应密切配合，彼此呼应，构成一个完整的应对气候变化的法律制度体系。[1]

程多威博士表达了两步走的立法思路。他强调鉴于统筹推进气候立法的重要性和复杂性，建议分两步开展相关工作。第一步，尽快出台有关依法保障碳达峰、碳中和实施的决定。为尽快将《意见》的相关决策部署制度化、法治化，建议由全国人大常委会通过一项依法保障碳达峰、碳中和实施的决定，对碳达峰、碳中和工作的目标、原则、重点任务、体制机制等重大内容予以立法确认，先行推动党的政策向国家法律有效转化。第二步，研究出台强化碳达峰、碳中和法治保障立法修法工作方案，为建立健全以应对气候变化专门立法为核心的法律体系做好顶层设计。[2]

冯帅提出了"碳中和"立法的体系化建构。他强调"碳中和"立法通过指明相关主体"应当"为何种行为、"能"为何种行为，赋予制度以"行动促进和保障""风险防范和治理"两大功能。因之，在"制度—行动"框架下，碳中和立法应以减少碳源、增加碳移除、市场化措施、主体多元化、内外协同和行动边界为六大面向，构建起能源制度、固碳制度、碳定价制度、公众参与制度、国际合作制度和责任制度等高度耦合与相互联系的"制度丛"，以实现利益平衡、"主—客"关系和谐与社会安定。[3]

常纪文和田丹宇共同撰文提出，亟须制定综合性基础法律——《应对气候变化法》。认为该法的制定已具备充足的研究起草基础和下位法支撑，将该法的制定尽快纳入全国人大常委会立法计划，并启动《环境保护法》等相关法律的修改。建议在该立法中，将低碳发展和碳排放达峰、碳中和等纳入立法目的，设立总则、规划与标准、气候变化减缓、气候变化适应、管理和监督、国际合作、法律责任、附则八章，合理设立规范重点；

---

① 余耀军：《"双碳"目标下中国气候变化立法的双阶体系构造》，《中国人口·资源与环境》2022年第1期。

② 程多威：《统筹推进气候立法，助力实现"双碳"目标》，《科技日报》2021年10月18日。

③ 冯帅：《论"碳中和"立法的体系化建构》，《政治与法律》2022年第2期。

健全统一监管与部门分工负责的体制和基金筹集、市场交易、社会共治等机制，全面构建国内应对气候变化管理制度体系，部署国际协商与合作措施，设置地方政府工作目标责任，对违法行为规定罚则。[①]

王江教授指出，我国应制定先立后破的立法路线图，构建综合性的应对气候变化法，并对节约能源法、清洁生产促进法、大气污染防治法、循环经济促进法、可再生能源法、煤炭法等法律进行修改，在环境保护法、森林法、湿地法、草原法等法律的修订过程中增加碳汇要求。将以二氧化碳为代表的温室气体纳入"大气污染物排放标准"，补救减污降碳协同增效基础性规则的缺失，将"双碳"目标体系性地融入与环境保护法体系和能源法体系；将"双碳"目标系统性地融贯于环境法典之中，对现行环境影响评价制度、排污许可制度、碳排放交易制度、清洁生产制度、循环经济制度等进行调适。[②]

孙佑海教授提出了"纵横统一"的立法策略。在国家立法的横向层面分为三个部分：一是制定碳达峰碳中和专项法律；二是修改或制定推进低碳绿色发展的相关法律；三是编纂《生态环境法典》。在国家立法的纵向层面分为三级：第一级是制定或修订全国人大层级的碳达峰碳中和专项立法和相关立法；第二级是制定国务院层级的碳达峰碳中和相关行政法规；第三级是制定地方层级的碳达峰碳中和相关地方性法规。此外，还要制定相关的国务院部门规章和地方政府规章。[③]

从上述立法思路和立法建议来看，大多赞同循序渐进、整体系统、立法修法兼备的立法进路，其主要的争议或分歧有三点：一是专门性立法的名称为《碳中和促进法》抑或《气候变化应对法》；二是专门性立法应定位为政策性立法抑或管制性立法；三是在进路上"先立后破""先破后立"抑或"边破边立"。

[①] 常纪文、田丹宇：《应对气候变化法的立法探究》，《中国环境管理》2021 年第 2 期。

[②] 参见王江：《论碳达峰碳中和行动的法制框架》，《东方法学》2021 年第 5 期。

[③] 孙佑海、王甜甜：《推进碳达峰碳中和的立法策略研究》，《山东大学学报》（哲学社会科学版）2022 年第 1 期。

（二）我国"双碳"立法"分层立体结构"的提出

现有各国气候变化立法模式，主要有三种：一是以英国、日本、韩国、菲律宾、墨西哥为代表的综合型立法模式；二是以德国、美国为范例的分散型立法模式；三是以孟加拉国为代表的应对气候变化单行法模式。我国"双碳"立法模式，应根据我国的国情、立法传统、经济社会发展状况等制约因素加以选择。

1. 专门立法

为顺利推进实现碳达峰碳中和工作，我国需要加快立法的进程，制定一部促进碳中和目标实现或者应对气候变化领域的基本法，该法应定位为纲领性、基础性法律。在内容设置上，应当引入切实有效的减排制度措施，采纳多元化的适应气候变化机制，做到减缓与适应并重，使我国的《应对气候变化法》具有可操作性，促进我国经济发展方式转型，积极应对国际温室气体减排压力。[①] 关于专门立法的名称，我们认为《碳中和促进法》或《气候变化应对法》皆可，关键是要有体现出碳中和或者气候变化应对的具体内容与举措。与此名称相对应的、更为可取的立法思路，在我们看来也许可以同时推进。考虑到全国人大常委会已于2009年8月27日发布了《全国人大常委会关于积极应对气候变化的决议》，可以由国务院据此或依据全国人大常委会的授权快速出台《气候变化应对条例》的专门行政法规，从而尽快解决应对气候变化工作的"有法可依"问题。同时，因为碳中和是一个长期性的过程与目标，它并不仅限于气候环境治理这一直接因素，其背后涉及碳排放与整体生态环境、经济社会发展、人们生产生活的复杂利益关系调整问题，涉及生态环境利益与经济利益或社会利益、长远利益与短期利益等诸多因素的权衡考量，所以针对碳中和问题宜由全国人大或全国人大常委会在法律层面上制定专

---

① 刘哲：《我国应对气候变化立法的基本问题探究》，《江苏大学学报》（社会科学版）2016年第2期。

门的《碳中和促进法》。

关于政策法抑或管制法的定位，我们认为在当前的时代背景和条件下应以政策性规定为核心，同时兼具管制性规范，这样才能保障该法的针对性、可操作性和实效性。有论者提出了"三层级一关键点"的定位颇有借鉴意义，即构建以政策性气候变化应对基本法为核心层，以减缓和适应立法为密切联系层，以保障性制度等相关性法律为支持层，以碳排放交易为关键着力点的"三层级一关键点"应对气候变化法律体系。[①]

此外，在气候变化立法中如何处理减缓与适应之间的关系是一个重要命题。"适应"可以说是地球上的生命拥有的生存策略。[②] 从中国作为发展中国家的国情和气候变化脆弱性来看，确立适应气候变化在立法中的重要地位十分必要。同时，应当在气候变化立法中确立适应气候变化的指导思想、立法宗旨和目标，确定适应气候变化立法的基本原则、法律规制的重点领域，以及适应气候变化的关键制度等内容。[③]

2. 包裹立法

包裹立法，也称为综合性立法，以现代社会生活的错综复杂与法律规范的严密，往往"牵一法而动全身"，一个法律的更易，不仅连带使同一法律的其他条文产生变动的必要，而且其他的法律亦可能有甚多必须配合修正者。为了解决"见树不见林"的僵硬审议方式，西方民主国家的议会发展出"综合审议"的立法技术，使立法者在制定一个新的法律或修改旧法时，一并将所涉及的其他法律内的相关法律条款加以修正，并明定于新法或修正之旧法内。这种"毕其功于一役"式的立法方式，不仅无伤于议事的周延，且可有效的提升立法效率[④]，还可解决法律体系中的法律冲突

---

① 潘晓滨：《中国应对气候变化法律体系的构建》，《南开学报》（哲学社会科学版）2016年第6期。

② ［日］稻盛和夫主编：《与自然和谐：低碳社会的环境观》，陈琳姗译，机械工业出版社2020年版，第134页。

③ 曹明德：《完善中国气候变化适应性立法的思考》，《中州学刊》2018年第8期。

④ 陈新民：《一个新的立法方法——论"综合立法"的制度问题》，《法令月刊》2000年第10期。

与协调一致问题。这种综合性的立法手段与立法技术，具有提升立法效率、保障法律秩序的完整、避免立法者的疏忽等优点，其缺点在于必须有优秀的法律专业人才为配套措施，否则可能沦为粗糙立法。[①]

基于综合性立法技术，在研究制定碳中和促进法或者气候变化应对法等专项法律法规时，要全面清理现行法律法规中与碳达峰、碳中和工作不相适应的内容，增加碳达峰、碳中和目标，加强法律法规间的衔接，建立配套法律制度。比如，抓紧修订《环境保护法》《节约能源法》《电力法》《煤炭法》《可再生能源法》《循环经济促进法》《大气污染防治法》《清洁生产法》《环境税法》《森林法》《草原法》等，纳入实现碳达峰、碳中和、碳管理、碳移除技术等方面的内容，增强相关法律法规的针对性和有效性。以《节约能源法》的修订为例，应当立足于建立和完善我国能源法律体系，应当通过修改立法目的明确《节约能源法》在控制温室气体排放方面的作用，为能源消费总量控制和碳排放交易制度提供法律依据，对碳排放交易制度和用能权交易制度进行法律制度的融合，注意处理好《节约能源法》等能源单行法和作为总则性质的《能源法》的功能定位和立法时序。[②]

在此，我们不妨以作为实现"双碳"目标重要抓手的碳排放交易制度法律创设为例。首先，立法应明确诸如碳排放配额、碳排放权等相关概念的法律性质，为碳资产管理和碳金融产品开发提供法律依据。其次，应建立碳交易市场实施细则。碳交易市场涉及主体众多，通过明确各方的权利和义务，确保虚假交易等违法违规行为应承担的相应的法律责任。再次，完善上市公司碳排放信息披露合规制度。通过信息披露促使上市公司依法履行碳减排义务与合规经营。最后，碳交易市场的运行需要以全方位的配套立法确保碳交易在法治框架内运行，给市场和投资者一个长期稳定的预期和信心。因而，我国碳排放交易立法应当从制定上位法、建立配套的法

---

① 罗传贤：《国会与立法技术》，台湾地区五南图书公司 2004 年版，第 80 页以下。

② 张忠利：《气候变化背景下〈节约能源法〉面临的挑战及其思考》，《河南财经政法大学学报》2018 年第 1 期。

律制度、健全绿色金融法律法规、明确碳资产、加强个人碳排放行为的规制、加强国际合作、完善上市公司碳排放信息披露合规制度等方面加以提升和完善，并且逐步形成以碳中和为目标的相对完善的低碳绿色发展综合性法律体系。

3.授权立法

授权立法，是指国家立法机关授权行政机关在授权范围内，可以替立法机关制定和法律效力相同的行政法规的制度。在我国，除存在授权国务院制定行政法规（行政立法的一种）的立法形式外，还存在作为一种特别地方立法的授权立法——授权经济特区所在地的省或市制定特区法规。①授权立法，在世界立法版图上已得到广泛应用。大陆法系国家称之为授权立法，英美法系国家称之为委任立法。生态环境领域立法取得成功的一个关键因素在于立法机关对行政机关的"广泛"而"严格"的授权立法。比如，绿色低碳标准的设定，无论是健康、成本或技术基础标准，都需要建立在大量生态环境信息输入的基础上，此类技术性立法所必要的动态性和实验性，就不容易被立法机关所接受，故授权行政机关进行试验性立法不可或缺。②不过，授权性立法应受到严格限制。一是要遵循"授权明确性"原则，"双碳"领域行政立法的授权内容、目的及范围，均应具体明确，使行政相对人及利害关系人易于理解并预测其法律效果。这是不抵触上位法的法治原则的必然要求。二是授权要有明确的期限限制。因碳排放与气候变化等问题具有因果关系上的复杂性、动态性、不确定性等特点，相关绿色低碳技术规范均有一定适用期限，必须根据技术进步和认知能力的更新而动态调整。

---

① 《中华人民共和国立法法》第九条规定：对于应制定法律的事项尚未制定法律的，全国人民代表大会及其常务委员会有权作出决定，授权国务院可以根据实际需要，对其中的部分事项先制定行政法规。第七十四条规定：经济特区所在地的省、市的人民代表大会及其常务委员会根据全国人民代表大会的授权决定，制定法规，在经济特区范围内实施。

② 参见［美］理查德·拉撒路斯：《环境法的形成》，庄汉译，中国社会科学出版社2017年版，第204—206页。

4.地方立法

在"双碳"领域,根据《立法法》的授权,地方立法可以先行先试,[①]为中央层面立法积累经验。从地方立法包括地方性法规和地方政府规章以及其他规范的情形来看,"双碳"领域的立法成果颇为丰富,较为突出的立法成果,见表4-6。

表4-6

地区	时间	法规规章名称
上海	2013 年 11 月 18 日	《上海市碳排放管理试行办法》
	2021 年	《上海市综合交通发展"十四五"规划》
天津	2013 年 12 月 20 日	《天津市碳排放交易管理暂行办法》
广东	2014 年 1 月 15 日	《广东省碳排放管理试行办法》
	2021 年	《广州市生态环境保护规定（草案修改建议稿)》
深圳	2014 年 3 月 19 日	《深圳市碳排放权交易管理暂行办法》
湖北	2014 年 4 月 4 日	《湖北省碳排放权管理和交易暂行办法》
	2016 年 12 月 26 日	《湖北碳排放权交易中心碳排放权交易规则》
重庆	2014 年 4 月 26 日	《重庆市碳排放权交易管理暂行办法》
北京	2014 年 5 月 28 日	《北京市碳排放权能交易管理办法（试行)》
	2021 年	《北京市关于构建现代环境智力体系的实施方案》
浙江	2021 年	《浙江高质量发展建设共同富裕示范区实施方案（2021—2025 年)》《浙江省应对气候变化"十四五"规划》
天津	2021 年 9 月 27 日	《天津市碳达峰碳中和促进条例》
江西	2021 年 11 月 19 日	《江西省人民代表大会常务委员会关于支持和保障碳达峰碳中和工作 促进江西绿色转型发展的决定》

[①] 《中华人民共和国立法法》第七十三条第二款规定:对于国家尚未制定法律或者行政法规的,省、自治区、直辖市和设区的市、自治州根据本地方的具体情况和实际需要,可以先制定地方性法规。在国家制定的法律或者行政法规生效后,地方性法规同法律或者行政法规相抵触的规定无效,制定机关应当及时予以修改或者废止。

续表

地区	时间	法规规章名称
河南	2021 年 12 月 31 日	《河南省"十四五"现代能源体系和碳达峰碳中和规划》
重庆、四川	2022 年 2 月 15 日	《成渝地区双城经济圈碳达峰碳中和联合行动方案》

可见，在地方层面，关于低碳治理方面的立法及规范较多，其中包括地方性法规和地方政府规章。地方性法规有深圳市人民代表大会常务委员会修订的《深圳经济特区碳排放管理若干规定》、南昌市人民代表大会常务委员会发布的《南昌市低碳发展促进条例》、石家庄市人民代表大会常务委员会发布的《低碳发展促进条例》；地方政府规章，如福建省政府发布的《碳排放权交易管理暂行办法》、广东省政府发布的《碳排放交易暂行办法》、深圳市政府发布的《深圳市碳排放权交易管理暂行办法》、上海市政府发布的《上海市碳排放管理试行办法》。此外，一些地方政府还对已有的规章进行了修订，如广东省政府修订的《广东省碳排放管理试行办法》、湖北省政府修订的《湖北省碳排放权管理和交易暂行办法》等。"双碳"领域的地方行政立法，在广东、上海、深圳、湖北等地呈现出较为活跃的趋势，立法质量与实施效果在逐年改善，为今后中央层面的立法奠定了实践基础。

5. 立法后评估

立法后评估，是指法律实施一段时间以后，有关政府部门、组织或人员对法律实施效果等进行评估，其目的在于找出法律实施中存在的问题，分析其利弊得失，从而进一步完善立法。①"双碳"领域的立法后评估，应对涉及碳达峰碳中和目标实现的决策、项目、技术、产品进行影响评估，重点评估决策、行为对经济、环境的潜在影响。建立综合评价的指标体系，对技术开发、使用和扩散在经济、社会、文化、政治、生态、伦

---

① 汪全胜：《立法后评估概论阐释》，《重庆工学院学报》（社会科学版）2008 年第 6 期。

理等方面可能产生的影响进行评估。对建设项目和重要规划的制定依法进行环境影响评价和社会经济影响评价。在相关"双碳"立法后建立定期跟踪评估机制，最大限度凝聚利益相关方共识，为相关立法的进一步修改完善积累经验和打好基础。①

6.参与和引领国际立法

随着我国污染治理、生态保护等方面取得重大进展，未来应更加重视应对气候变化或减少碳排放的国际合作，在气候治理、碳排放市场领域发挥国际影响力。我国是能源消费大国，也是二氧化碳排放大国，通过"双碳"立法，积极参与多边贸易、环境等规则制定，可避免一些不公平的贸易竞争，提升中国在国际治理中的绿色影响力和引领作用。因此，我国还应主动参与国际气候变化应对规则的制定，主动参与国际气候磋商对话，维护《联合国气候变化框架公约》及《巴黎协定》的主渠道、主规则地位，坚持共同但有区别的责任原则、公平原则和自主贡献原则，切实维护我国的生存权和发展权。因而，碳中和的目标并非一蹴而就，所有这些技术的、市场的、行政的、绿色的、国际的碳中和行动与方案，必须是长期而持久的、稳定而有效的，为此必须为碳中和目标和路径确立一种可信赖的、长效的法律机制，对于中国来说既要加强国内法治建设，又要加强涉外法治建设与国际法治的应对。②

① 参见于文轩、田丹宇：《美国和墨西哥应对气候变化及其借鉴意义》，《江苏大学学报》（社会科学版）2016年第2期。

② 杨解君：《实现碳中和的多元化路径》，《南京工业大学学报》（社会科学版）2021年第2期。

第五章 实现"双碳"目标的执法保障：障碍与创新

"天下之事，不难于立法，而难于法之必行。"[①] 徒法不能自行。实现"双碳"目标不只需要通过相应的立法提供支持，更需要严格的执法予以保障。没有得到严格遵守和贯彻执行的法律法规，就像画在墙上的窗户一样徒有其表。执法，是贯彻生态环境保护法律规范最直接、有力的手段，是开展生态环境工作、实现"双碳"目标的有效途径。而保障实现"双碳"目标的执法制度与体系，即是实现"双碳"目标的执法保障。实现"双碳"目标的执法保障体系的建立与完善，对推动生态文明建设、维护生态秩序和公众权益都有着重要的意义，不仅能大幅度提高执法主体的"双碳"执行能力，还能促进生态法治系统的健全发展。

第一节 实现"双碳"目标与执法

近年来，延缓全球气候变暖的主要措施——控制碳排放已成为世界各国包括我国的重大的课题。在第七十五届联合国大会上，国家主席习近平宣布：中国将提高国家自主贡献力度，采取更加有力的政策和措施，二氧

[①] （明）洪应明著：《菜根谭》（全新校勘图文珍藏版），徐寒注译，线装书局 2017 年版，第 177 页。

化碳排放力争于 2030 年前达到峰值，努力争取 2060 年前实现碳中和。[①]
这一"双碳"目标的提出，是中国对全球气候环境治理所作出的庄严承诺，
既彰显了对建设全球生态文明和对构建人类命运共同体的责任与担当，又
为中国发展格局以及经济与产业结构转型带来了新的挑战和机遇。实现
"双碳"目标，牵涉诸多领域和行业主体的权益，需要用立法来化解各方
可能出现的冲突，协调和保障各方利益诉求。同时，在"双碳"目标实现
的过程中，执法可以起到重要的实施、执行和监管的作用。因此，执法对
于保障"双碳"目标实现至关重要，其执法体制和机构、方式和方法将涉
及国家行政机关、地方政府及相关职能部门、企业、碳交易平台等多元主
体的权力与责任以及权利与义务等，而这些责权利的协调、权利义务的行
使履行以及责任的分配和承担等都离不开严格的执法与监督。建立、健全
和完善实现"双碳"目标的执法保障体制机制，对于确保生态环境和经济
社会的绿色、安全发展尤为重要。

一、执法

执法，主要指行政执法。广义来说，行政机关及其执法人员依据法定
职权和程序履行职责，具体适用生态环境保护领域的应对气候变化、碳减
排、环保等法律、法规、规章等规范性文件而实施的直接影响公民、法人
或其他组织的权利、义务的行政行为。在某种程度上，保障实现"双碳"
目标的执法活动与立法、司法行为相区别，是与"双碳"领域立法活动、
司法活动相并列的一个环节与过程。这里的执法，不包括一般规范性文件
的创制活动，也不包括诸如行政复议这些行政主体解决争议的活动，仅指
行政机关（涵盖法律、法规授权的组织）依据职权运用行政法律规范在具

[①] 贾燕军、王超、刘书琪：《碳中和背景下的融资租赁转型和发展 ——以风光发电行业
为例》，《华北金融》2021 年第 8 期。

体事件中的动态实施，既包括行政处罚、行政强制、行政许可、行政给付等权力方式实现的执法方式，也包括行政契约、行政指导等非权力方式的执法形式。执法在概念上主要包括以下要素及特征。

第一，执法主体的特定性。保障实现"双碳"目标的执法行为只能由法定国家行政机关和被授权组织及其执法人员才能作出，其他任何组织和个人无权实施。

第二，执法是有权机关及其执法人员依据法定职权实施的行为。保障实现"双碳"目标的关键是"依法行政""职权法定"。

第三，执法一定有执行依据——相应的法律法规规范，执行过程需遵照法定程序。

第四，执法行为以特定载体如书面通知或其他法定形式表现出来。[①]执法活动具有权威性、严肃性，需要特定形式表达与固定。

第五，执法以国家强制力为后盾。执法权来源于法律、法规等的规定或授权，以国家强制力为后盾，而不以行政相对人的意志为转移。

二、实现"双碳"目标的执法与生态环境执法

参照执法的概念与特征来定义生态环境执法，可以理解为国家生态环境保护机关及其执法人员在其法定权限内对特定对象实施的影响其权利、义务的行政行为。

实现"双碳"目标的执法，是指行政机关为促进实现碳达峰、碳中和目标而实施的行政行为。从广义角度看，生态环境执法包括了实现"双碳"目标的执法。从这一角度而言，生态环境执法亦构成了保障实现"双碳"目标的一个重要组成部分，但这类执法更多的是关联性执法。保障实现"双碳"目标的执法，强调的是为实现"双碳"目标而进行的具有针对

---

① 付强：《试论公安机关行政执法能力》，《河北公安警察职业学院学报》2010年第3期。

性的执法。实现"双碳"目标的执法，主要是在降低碳排放和提高碳汇两个方面实施，前者诸如可再生能源或清洁能源利用的执法、提高各类耗能设施设备节能水平的执法等；后者即旨在提高碳汇或碳吸收的执法，主要包括在植树造林、土壤固碳等方面的执法以及规范监管碳排放交易市场的执法等。

三、保障实现"双碳"目标的执法依据

对于实现"双碳"目标的执法活动，目前尚无统一的立法规范。不论是应对气候变化还是实现"双碳"目标，实践中主要是依据相关的生态环境执法方面的法律规范，包括宪法、法律、行政法规、地方性法规、部门规章与地方规章以及法律解释甚至行政规范性文件等。这些相关规范散见于各类法律规定之中，如《中华人民共和国环境保护法》《中华人民共和国海洋环境保护法》《中华人民共和国大气污染防治法》《中华人民共和国清洁生产促进法》《中华人民共和国土壤污染防治法》《中华人民共和国水法》《中华人民共和国水污染防治法》《中华人民共和国固体废物污染环境防治法》《中华人民共和国环境影响评价法》《中华人民共和国野生动物保护法》《中华人民共和国海岛保护法》《中华人民共和国环境噪声污染防治法》《中华人民共和国核安全法》《中华人民共和国放射性污染防治法》《中华人民共和国行政许可法》《中华人民共和国行政处罚法》《中华人民共和国行政强制法》《中华人民共和国税收征收管理法》，以及诸多的行政法规之中，如《排污许可管理条例》《规划环境影响评价条例》《建设项目环境保护管理条例》《中华人民共和国自然保护区条例》《太湖流域管理条例》《农药管理条例》《中华人民共和国防治陆源污染物污染损害海洋环境管理条例》《土地复垦条例》《消耗臭氧层物质管理条例》《医疗废物管理条例》《废弃电器电子产品回收处理管理条例》《放射性同位素与射线装置安全和防护条例》《民用核安全设备监督管理

条例》《畜禽规模养殖污染防治条例》），也包括大量的部门规章之中，如《湿地保护管理规定》《医疗废物管理行政处罚办法》《森林公园管理办法》《企业事业单位环境信息公开办法》《电子废物污染环境防治管理办法》《突发环境事件应急管理办法》《危险废物出口核准管理办法》《水产苗种管理办法》《新化学物质环境管理办法》《水产种质资源保护区管理暂行办法》《建设项目环境影响登记表备案管理办法》《在国家级自然保护区修筑设施审批管理暂行办法》《放射性同位素与射线装置安全和防护管理办法》《环境监察办法》《碳排放权交易管理暂行办法》《防治尾矿污染环境管理规定》《病原微生物实验室生物安全环境管理办法》《危险废物转移联单管理办法》《危险废物经营许可证管理办法》等规章以及其他规范性文件（如纲要、决定、意见等）之中，还有各地的地方性法规以及地方政府规章之中，如《南昌市低碳发展促进条例》《北京市水污染防治条例》《北京市生态涵养区生态保护和绿色发展条例》《北京市危险废物污染环境防治条例》《北京市机动车和非道路移动机械排放污染防治条例》《北京市大气污染防治条例》《北京市水污染防治条例》《北京市环境噪声污染防治办法》，等等。

上述法律规范尚不足以为"双碳"目标的达成作出整体规制，即便近两年来相关部门或一些地区制定了针对性强的行政规章、地方性法规以及其他行政规范性文件，比如《碳排放权交易管理办法（试行）》（2020年12月25日由生态环境部部务会议审议通过，自2021年2月1日起施行），《天津市碳达峰碳中和促进条例》，教育部印发《加强碳达峰碳中和高等教育人才培养体系建设工作方案》，生态环境部发布《大型活动碳中和实施指南（试行）》《碳排放权登记管理规则（试行）》《碳排放权交易管理规则（试行）》和《碳排放权结算管理规则（试行）》，财政部印发《碳排放权交易有关会计处理暂行规定》，国家发展改革委印发《污染治理和节能减碳中央预算内投资专项管理办法》等，数量虽然不少但仍未能给执法活动提供高位阶的、清晰而完备的执法依据。

四、保障实现"双碳"目标的执法范围与执法类型

实现"双碳"目标的执法，是实现政府促进"双碳"目标职能的主要手段和途径。随着我国法律制度的建立和逐步完善，政府采取的推进或实施"双碳"国家战略目标的行为，本质上讲都应是一种法律上的行为，大多数与执法有密切联系，属于执法行为。政府从过去主要采取行政手段直接管理经济、管理社会转变为通过法律进行宏观与微观相结合的管理，政府职能也从传统的计划、审批许可、指挥、命令等方式向规划、制定法规或规章及其他规范性文件、运用经济杠杆、指导、协调、服务等方式转变。在现代法治国家，政府职能需要通过有效的执法活动来实现。因此，为保障实现"双碳"目标，有效的执法需服从规范政府权力的行使、调整政府与市场主体的关系、促进经济社会绿色转型等法律规范。在分配碳排放强度和总量控制、排放配额，维护减污降碳秩序，保障公民权利，推动社会生态文明发展等方面，都需要执法发挥作用。

（一）执法范围

保障实现"双碳"目标的执法，在范围上主要是应对气候变化的减缓、适应两个方面的执法。通过气候环境治理、降碳增汇、减污降碳等方面的执法，推动"双碳"、节约资源和生态保护环境等目标达成。该领域的执法主要有以下几个方面：其一，直接针对碳排放治理的执法，具体包括应对气候变化方面的执法，控制温室气体排放、控制碳排放总量、约束碳排放强度等。其二，其他相关的生态环境执法，具体包括空气质量方面的执法；水环境方面（地表水、水库等集中式饮用水水源地水质、地下水水质等方面）的执法；土壤环境方面（如土壤污染风险管控）的执法；生态环境质量状况方面的执法；污染减排方面（对于挥发性有机物、氮氧化物、化学需氧量、氨氮重点工程减排量）的执法；促进节约能源利用效率与查处违法用能行为；生物多样性；环境安全保障执行等。

（二）保障实现"双碳"目标的执法类型

执法方式，与我国能否高效优质地保障实现"双碳"目标密切相关。目前常用的行政执法方式，诸如行政规划、行政许可、行政确认、行政奖励、行政处罚与行政强制等，在实现碳达峰、碳中和中亦可发挥其应有的效用，但正如"实现碳达峰、碳中和是一场广泛而深刻的经济社会系统性变革"[①] 这一命题所强调的，现有行政执法手段尚不能系统地保障顺利实现"双碳"目标。

从执法内容来分类，保障实现"双碳"目标的执法类型有减缓气候变化的执法、适应气候变化的执法。减缓气候变化的执法主要指减污降碳方面的执法、固碳增汇方面的执法，适应气候变化的执法侧重预防风险与降低不利影响。

从执法方式方法上，则可以分为规制类执法（直接规制、间接规制）、激励类执法、服务类执法和一般性执法。

1. 直接规制类执法

直接规制类执法，是通过制定具体细致的减排目标，调动公民、法人、组织等参与进来，并对"碳达峰碳中和"相关信息公开、平台等加强监管、核查等的执法。执法主体通过行政规划、碳排放和碳中和标准制定、二氧化碳排放总量控制、二氧化碳排放核查和碳汇评估等手段实施"双碳"领域的治理，直接规制类执法的目的简言之就是"降碳"。

生态环境中的行政规划，是指生态环保机关作出的在未来一定期限内予以实现的、关于某一地区或某一行业事务的部署与安排的活动。[②] 为保障实现"双碳"目标，地方各级人民政府都应当将碳达峰、碳中和工作纳入国民经济和社会发展规划或计划。当地的发改委、生态环境部门应当根据国家碳达峰、碳中和工作要求，组织编制和实施碳达峰、碳中和工作年

---

① 王江：《论碳达峰碳中和行动的法制框架》，《东方法学》2021 年第 9 期。
② 楚永超、周瑞、马东升：《谈行政规划中的公共参与》，《知识经济期刊》2011 年第 5 期。

度计划。而地方发展改革部门、工业和信息化部门、交通运输部门、住房和城乡建设部门以及农业农村等部门应当将"双碳"目标任务纳入能源、工业和信息化、交通、建筑、农业农村等相关规划。

生态环境保护中的执法检查活动。这类检查应用范围比较广泛，如对碳排放报告及核查报告的检查，对企业事业单位或者其他组织生产经营场所、原材料、排放物、废弃物等进行检查，检查有关环保区域或者基地、检查有污染源的企事业单位，检查与固体废物处置有关的组织和个人等。如何实施检查，则应视不同领域、不同行业的情况进行有目的性或针对性的检查。例如，对于清洁生产的执法检查，主要考察工业、农业、服务业生产全过程，检查原料使用、资源消耗及污染防治等各个环节，检查政府及相关部门有关清洁生产政策的制定落实情况、重点行业实施清洁生产情况、制定产品和包装物强制回收目录及实施强制回收政策情况、企业对生产和服务实施清洁生产审核情况等。检查方式可以多种多样，通过实地勘验、查验证照、现场询问、查阅资料抑或网上核验等方式检查纳入未达到能源消耗控制指标名单的企业，是否按照规定公布能源消耗、依法应当实施强制性清洁生产审核的企业，是否实施强制性清洁生产审核、实施强制性清洁生产审核的企业，是否存在在清洁生产审核中弄虚作假的行为、依法应当实施强制性清洁生产审核的企业，是否存在未将审核结果向负责清洁生产综合协调部门报告或者不如实报告的行为等。对于外来入侵物种则调查，则应把握物种种类和分布、引种方式和来源等。①

行政处罚，是最常见的执法方式。数据显示，2021 年全国各级生态环境部门共下达处罚决定书 13.28 万份、罚没款数额 116.87 亿元。②《企业环境信息依法披露管理办法》（自 2022 年 2 月 8 日起施行）第十二条、

---

① 《北京市人民政府关于印发〈北京市"十四五"时期生态环境保护规划〉的通知》，网址：http://sthjj.beijing.gov.cn/bjhrb/index/xxgk69/zfxxgk43/fdzdgknr2/ghjh44/21234649/index.html，2022 年 5 月 19 日访问。

② 参见《2021 年中国生态环境状况公报》，网址：https://www.mee.gov.cn/hjzl/sthjzk/，2022 年 4 月 23 日访问。

第二十八条规定，企业披露信息不真实、不准确的，包括碳排放信息（碳排放量、排放设施等方面的信息）由设区的市级以上生态环境主管部门责令改正，通报批评，并可以处一万元以上十万元以下的罚款。查处生态环境违法问题的行政处罚适用范围广泛，如对拒不改正违法排放污染物行为的行政处罚，对超标或超总量排放大气污染物的行政处罚，对重点排污单位等不公开或者不如实公开环境信息的行政处罚，对不实施强制性清洁生产审核或者在清洁生产审核中弄虚作假等行为的行政处罚，对排污单位未申请或未依法取得排污许可证但排放污染物等行为的行政处罚[1]，对未按规定进行环境影响评价擅自开工建设的行政处罚，对接受委托为建设项目环境影响评价提供技术服务的机构在环境影响评价工作中不负责任等行为的行政处罚，对编制建设项目初步设计未落实污染防治措施及环保投资概算等行为的行政处罚，对在自然保护地内进行非法开矿、修路、筑坝、建设造成生态破坏的行政处罚，对在湿地自然保护地内采矿，倾倒有毒有害物质、废弃物、垃圾的行政处罚[2]，对在国家森林公园内排放废水、废气、废渣等对森林公园景观和生态造成较大影响的行政处罚，对在水产苗种繁殖、栖息地从事采矿、排放污水等破坏水域生态环境的行政处罚，对违规建设污染严重的生产项目的行政处罚，等等。

2. 间接规制类执法

间接规制类执法，是指通过技术、市场、金融等手段（比如碳排放权交易管理、绿色金融和绿色技术支持等手段）以保障"双碳"目标得到实现的行为。若需企业按照"市场规律——做得不好的要交钱，做得好的可以挣钱"从事自愿碳排放权交易，就需要对总量控制的目标进行合理设置；也需要严控碳配额的发放；还需要有碳排放权登记，碳排放数据监测、报告与核查等手段加以配套保障。执法主体加大对 CCUS（碳捕获、利用

---

[1] 王文扬：《从日本福岛核泄漏事故看我国放射性污染防治法的完善》，中国海洋大学硕士学位论文，2012 年，第 43 页。

[2] 施志源：《自然资源领域生态综合执法的改革路径及其制度完善》，《中国特色社会主义研究》2020 年第 3 期。

与封存）技术研发与应用推广的资金支持，鼓励和支持核查机构、咨询服务机构、碳资产投资机构等专业机构的发展，亦可归入间接类规制执法范畴。

3. 激励类执法

激励类执法主要表现为行政奖励方式。行政奖励，是保护资源和生态环境方面一项比较重要的法律制度。《中华人民共和国大气污染防治法》规定："生态环境主管部门和其他负有大气环境保护监督管理职责的部门接到举报的，应当及时处理并对举报人的相关信息予以保密；对实名举报的，应当反馈处理结果等情况，查证属实的，处理结果依法向社会公开，并对举报人给予奖励。"[①]《消耗臭氧层物质管理条例》《放射性废物安全管理条例》《中华人民共和国土壤污染防治法》等法律法规都有对举报人给予奖励的规定。政府及其相关部门应鼓励自愿减排机制的形成，通过行政奖励（或者行政补贴）等方式激励暂未被纳入全国碳市场的高碳企业自愿减排。

4. 服务类执法

服务类执法，是执法主体为实现"双碳"目标提供诸如咨询、诊断、设计、融资、改造、托管等服务活动。在服务类执法中，执法主体通过气候预测预警、环境影响与碳排放影响评价、二氧化碳排放核算报告等执法机制为国家研究机构、组织与公民提供基础资料和基本监测数据等的服务。比如，执法主体对企业的帮扶指导，及时提出预警，引导专业机构为企业提供精细化环境管理服务等。这类服务类执法活动，可以获得广大公众和全社会的支持，从而有利于"双碳"目标的达成。"双碳"目标的实现，需要群策群力。只有获得全社会对"双碳"目标的理解与认可后，推进碳达峰碳中和的执法才会顺利，人们也会主动适应绿色低碳的生产生活方式。

执法主体还可监测评估平台建设或相关手段服务于"双碳"目标的实

---

① 《中华人民共和国大气污染防治法》第三十一条。

现。在监测评估方面我国已在全国范围内设立了若干监测点位并借助卫星遥感技术提供数据服务。2021 年，生态环境部监测网络实际监测地级及以上城市 1734 个国家城市环境空气质量监测点位，465 个市（区、县）（含339 个地级及以上城市和部分县级城市）约 1000 个降水监测点位，1824条河流和 210 座湖泊（水库）3632 个地表水水质评价、考核、排名断面（点位），1912 个国家地下水环境质量区域考核点位，地级及以上城市 876 个在用集中式生活饮用水水源监测断面（点位），10345 个农村千吨万人集中式饮用水水源监测断面（点位），701 个重点流域水生态状况调查监测点位，1353 个灌溉规模达到 10 万亩及以上的农田灌区灌溉用水断面（点位），1359 个海水环境质量国控监测点位，458 个日排污水量大于 100 吨的直排海污染源，珠江流域和太湖流域 2118 个国家土壤环境基础点，31个省（区、市）2855 个生态质量监测县域，地级及以上城市约 80000 个城市声环境监测点位，地级及以上城市 1512 个环境电离辐射监测点位，44 个环境电磁辐射监测点位，46 个国家重点监管的核与辐射设施和 41 个电磁辐射设施周围环境，高分一号、高分二号和资源三号卫星遥感数据和MODIS 数据。[①]

5. 一般性执法

一般性执法，即一般正常的执法活动。"双碳"领域的一般性执法，主要侧重于程序活动方面，如报送数据、信息公开、公众参与、汇报、日常管理等行为。目前生态环境部门建立了生态环境质量公告制度，统一发布国家生态环境综合性报告和重大生态环境信息。《排污许可管理办法（试行）》规定运行全国排污许可证管理信息平台，记录排污许可证相关电子信息、排污单位自行监测、执行报告及环境保护主管部门监管执法信息等。执法主体应鼓励公众积极参与舆论监督和社会监督，推动形成减污降碳、节能环保的良好社会氛围。

---

① 参见《2021 年中国生态环境状况公报》，网址：https://www.mee.gov.cn/hjzl/sthjzk/，2022 年 4 月 23 日访问。

五、实现"双碳"目标的执法保障构成

对保障的一般语义解释,有如下三层含义:一是指保护,使之(生命、财产、权利等)不受侵犯和破坏。二是指确保、保证做到,如保障供给。三是起保障作用的事物。实现"双碳"目标的执法保障含义,主要有两种:一是生态环境机关以及执法人员通过行政执法活动对实现"双碳"目标所提供的保障。二是指能够确保完成实现"双碳"目标的生态环境机关以及执法人员履行职责、行使职权提供全方位的支持和保证。前者是执法保障,可视作生态环境机关以及执法人员履行职责的一种方式;后者则是保障实现"双碳"目标的执法制度体系。本书中所指的执法保障包含上述两种范畴,其中侧重于前一种的执法保障阐释。

实现"双碳"目标的执法保障,是生态环境机关以及执法人员为实现"双碳"目标、开展工作、实现职责任务所实施的执法制度体系,内容涵盖面较广。一切保障实现"双碳"目标的执法活动及其实现条件,都属于执法保障的范畴。如,确定执法人员法律地位、明确权责、执法队伍的组织管理和执法人员素质、保障执法人员履职的物质条件、经费、社会福利等。

执法保障中,存在体制机制保障、组织保障、人力资源保障、经费保障、技术装备保障、信息保障、社会环境保障等。其中,体制机制或组织(主体)保障,主要是指执法体制、组织机构的设置、权力配置等一系列制度;人力资源保障主要是执法人员保障,对于执法经费保障、技术装备保障、信息保障、工作环境保障等物质层面的保障,可将其归为执法工作保障。[1] 实现"双碳"目标的执法保障,关乎生态环境执法的有序运行,是法治政府建设与实现"双碳"目标工作的重要组成部分。

---

[1] 张胜杰:《新时期人民警察职业保障制度研究——基于十八大后我国公安改革的相关理论与实践》,《河北公安警察职业学院学报》2015年第6期。

第二节　实现"双碳"目标的执法障碍

我国在能源资源利用方面依赖化石能源，存在资源环境效率不高等问题，部分行业、企业污染物和碳排放总量比较大，部分区域空气质量不佳、水资源短缺与水污染的现象也时有发生，生态环境仍需持续改善。在面临能源资源利用限制和生态环境改善以及控制碳排放等多重压力的背景下，实现"双碳"目标的法治保障在执法环节面临着不少的困难与挑战。

一、职权划分与"双碳"目标的系统性冲突

保障实现"双碳"目标的执法组织，原则上是国家行政机关，该领域的执法权也只能由特定的行政机关行使。除各级政府外，其职能部门主要有生态环境部门、发展改革委、科技部门、财政部门、自然资源主管部门、住房和城乡建设部门、交通运输部门、水利（水务）部门、农业农村部门、文化和旅游部门、卫生健康委、应急管理部门、气象局、能源局、林草局等，应按照职责分工，在其权限范围内实施保障实现"双碳"目标的执法活动。

实现"双碳"目标，在执法领域中不只限于生态环境保护执法，它实际上涉及环境保护、经济、社会、科技、能源、工业和农业等众多领域，而且这些领域的执法不是单一或相互割裂的，它们之间存在相互协调、相互促进或者相互制约的关系。因此，在实现"双碳"目标的具体执法活动中，应从系统的角度考量"双碳"目标的达成，兼顾各方面要求，需要在统筹兼顾、综合协调的基础上采取实现"双碳"目标的行为。

"双碳"是一个系统的"大工程"，碳中和愿景需要依靠各级政府以及

其职能部门来实现。在执法过程中，执法机关往往各自有其职权范围、执法不相关联，在各自领域不同程度地为"双碳"目标实现提供助力。因而，要求这些执法部门从总体和系统的角度去履行自己的职责是很难的，这就需要有一个"中控"中心从总体、系统上按照统筹原则进行引导和规范，通过各个职能部门既分工又合作的执法协调机制形成执法"合力"，从而共同服务于"双碳"目标的实现。

"双碳"领域的执法，应在"全国一盘棋"下进行统筹，加强各个执法部门的衔接协调，确保形成合力。但是，也要兼顾不同区域资源分布和产业分工的客观现实，应允许各地产业结构调整方向和"双碳"行动方案有自己的"节奏"和步骤。

二、执法依据和程序不完善与"双碳"目标的精细化冲突

（一）立法缺乏统领协调

实现"双碳"目标的执法活动，是综合性、全局性的，主要由各级政府的生态环境部门运用行政手段进行。因立法上尚无有关碳中和、碳达峰的专项法律，现有的生态环境、能源等法律法规基本上也未涉及"双碳"问题，相关法律规定和法律制度缺乏统领协调，执行起来常有掣肘。在目前专项法律缺位的状态下，无法统筹、推动和保障其他分散式减缓气候变化与适应气候变化的法律规范性文件规定的机制措施的实施。同时，保障实现"双碳"目标的立法需要涉及能源资源、生态环境、产业结构、低碳科技、农林等多个领域，现行立法在其立法目的、内容方面各有不同，很难在应对气候变化、减污降碳方面实现有效对接和有机协调，这种没有形成"合力"的立法状况显然不利于通过执法手段助推实现"双碳"目标。

（二）主体义务责任不明确

正因为"双碳"行动的立法依据不完善，以致没有从整体上规范和协调各职能部门、地方政府、企事业单位、公民个人等主体在节能减碳增汇方面的职权职责，也未明确实施"双碳"行动的主体义务与责任。如仅就生态环境执法主体而言，就存在权责不明、无法可依或者执法能力不强的问题。

在关于碳排放监管的具体执法方面，对污染物排放和温室气体排放协同控制，对分领域分部门规制管控标准、监督程序、信息公开和公众参与等内容也尚未明确，从而形成了执法与"双碳"目标并不一致的冲突的状况。

三、执法人才欠缺与"双碳"目标的专业性冲突

在生态文明布局的大背景下，各行各业都受到"双碳"行动的影响，对专业执法机关的影响尤为强劲。为有效实现"双碳"目标，执法机关领导干部需要提高对碳达峰碳中和工作重要性、紧迫性、科学性、系统性的认识，[1] 一线执法人员则需要提升其专业素养和业务能力，能掌握碳达峰碳中和领域的发展方向及发展趋势，具备一定的学历条件和工作经验；对政策、经济或产业结构、能源、低碳技术等一个或几个领域内的知识有着较为深入的了解并具有知识的自我更新能力。只有如此，执法人才在"双碳"执法工作中才可以发挥正面的积极作用。

实践中特别是基层执法实践中，执法队伍建设明显不足，专家型执法人才、专业执法人员紧缺。当前亟须培养低碳技术人才及相关管理人才，

---

[1] 《国务院发布重磅文件！将完善绿色低碳技术和产品检测、评估、认证体系》，网址：http://www.https://www.thepaper.cn/newsDetail_forward_151259811，2022年3月4日访问。

此外还需要培养碳金融、碳管理和碳市场等专门人才并建立相应的人才储备库。

四、执法方式和技术不足与"双碳"目标的紧迫性冲突

目前，生态环境保护领域的执法方式传统、执法程序不甚统一、自由裁量基准缺乏等，执法效果未达预期。为达成"双碳"目标，能源生产和消费结构的低碳转型、工业部门的降碳和脱碳、交通运输领域的电动化和氢动化、城市绿色低碳建筑和节能低碳的生活方式都必不可少，但由于解决机制不足、技术滞后而应付不了执法中遇到的问题。因而，实现"双碳"目标，还应思考如何革新执法方式和执法技术以及拓宽服务途径等问题。

五、执法监督保障与"双碳"目标的高效性冲突

（一）过程监管相对薄弱

生态环境执法，在一些领域和行业存在着过程监管薄弱现象。有的地方和建设单位将依法环评视为额外负担，存在规划"未评先批"和项目"未批先建"、擅自变更、生态环保设施措施不落实等问题。在排污许可中，存在发证质量不高，证后监管机制有待完善，持证排污、依证排污尚未成为企业自觉，违法排污、限期整改要求不落实等问题。[①] 如果将碳排放纳入许可证管理，也可能产生同样的问题，在碳排放许可管理的试点探索中应加强全过程监管，防止出现排污许可中产生不当现象。

---

① 《关于印发〈"十四五"环境影响评价与排污许可工作实施方案〉的通知》，网址：http://www.gov.cn/zhengce/zhengceku/2022-04/19/content_5685975.htm，2022 年 6 月 10 日访问。

（二）执法力度不够

当前，针对碳排放问题的执法力度不足。在全国碳市场第一个履约周期收官后，发生了多起碳排放配额未按期履约案件，而处罚额度和处罚力度皆显不够。比如，苏州市生态环境综合行政执法局查处的全国首例碳排放配额未按期履约案；伊春市生态环境保护综合执法局对未在规定时间内足额清缴超出部分碳排放配额的企业进行整改并下达行政处罚决定书，对企业未按时清缴碳排放配额的行为各作出罚款 2 万元的行政处罚。①

就执法行为而言，还存在相关部门审批把控不严、执法力度不够、执法程序不当、公众参与不足、执法模式不多、以罚代管、自由裁量权过大、精细化治理不足等现象，而且这些现象在基层和一些偏远地区表现得更为明显。就执法环境而言，生态环境基础设施建设不均衡，碳减排与污染防治的市场手段、市场金融、财税等政策尚有待完善。

这些问题导致实现"双碳"目标的执法特别是基层执法步履维艰，而健全"双碳"执法保障机制与体系就显得十分重要和必要。

第三节　实现"双碳"目标的执法保障体制机制

"双碳"目标从提出到实现尤其需要行动来落实。强化碳减排、污染治理、生态保护，应对气候变化、核安全等任务的具体落实，都要依靠执

---

① 《碳排放权交易管理办法（试行）》规定："重点排放单位虚报、瞒报温室气体排放报告，或者拒绝履行温室气体排放报告义务的，由其生产经营场所所在地设区的市级以上地方生态环境主管部门责令限期改正，处一万元以上三万元以下的罚款。""重点排放单位未按时足额清缴碳排放配额的，由其生产经营场所所在地设区的市级以上地方生态环境主管部门责令限期改正，处二万元以上三万元以下的罚款；逾期未改正的，对欠缴部分，由重点排放单位生产经营场所所在地的省级生态环境主管部门等量核减其下一年度碳排放配额"。

法主体通过执法行动来实现，生态环境执法体制机制保障作为实现"双碳"目标的关键环节，其执法体制机制至关重要。

一、体制及其职权保障——综合行政执法

生态环境执法体制为其执法提供了基本的体制组织保障。我国的生态环境执法活动，经历了分散式执法—相对集中执法—综合行政执法的执法模式的转变过程，生态环境执法监管体制机制也一直在完善中。在机构的设置上，中央层面的机构经历了一个不断变化和完善的过程，1974年设立国务院环境保护领导小组及其办公室—1988年组建国家环保局—1998年国家环保局升格为国家环保总局—2008年组建环境保护部—2018年组建生态环境部，[①] 生态环境部统一行使生态环境保护职权，改变了以往监管职能分散的局面。

目前，生态环保综合执法职责不仅包含环保部门的生态保护、防治污染、核安全领域的执法权，也包含国土部门、海洋部门、水利部门、农业部门、林业部门的相关污染防治和生态保护执法权。[②]《中华人民共和国行政处罚法》（2021年修订）规定，国家在城市管理、市场监管、生态环境、文化市场、交通运输、应急管理、农业等领域推行建立综合行政执法制度，相对集中行政处罚权。[③]《中华人民共和国环境保护法》明确规定，地方各级人民政府应当对本行政区域的环境质量负责，县级以上人民政府环境保护主管部门依照法律规定的职责和权限执行环境保护工作。[④]

[①] 兰家丽：《环境侵权惩罚性赔偿制度研究》，苏州大学硕士学位论文，2013年，第1页。

[②] 《中共中央办公厅、国务院办公厅关于深化生态环境保护综合行政执法改革的指导意见》，网址：https://huanbao.bjx.com.cn/news/20181220/950609.shtml，2022年4月10日访问。

[③] 参见《中华人民共和国行政处罚法》第十八条。

[④] 参见《中华人民共和国环境保护法》第六条、第十条。

根据《关于省以下环保机构监测监察执法垂直管理制度改革试点工作的指导意见》，县级生态环保部门执法权削弱，主要由省级生态环保部门和市级生态环保部门行使执法权，省级执法部门对本省生态环境保护工作实施执法活动。市级生态环保部门在全市范围内实施生态环境保护工作的执法行为，比县级生态环保部门更高效统筹协调本市的环境执法工作。市级环保局实行以省级环保厅（局）为主的双重管理，依旧作为市级政府工作部门。县级环保局不作为独立行政主体，部分执法权（比如执法监测）被上收到市级生态环保部门，县环保局改革作为市级环保局的派出分局，由市级环保局直接管理，[①] 县级环保部门强化现场环境执法，现有环境保护许可等职能上交市级环保部门，在市级环保部门授权范围内承担部分环境保护许可具体工作。

在基层生态环境执法领域，除了生态环境主管部门外，还涉及农业、林业、水利、国土等资源开发与管理部门以及公安等执法部门，这些专业部门也都负责各自范围内的生态环境保护工作。这些行业管理部门都有和生态环境保护部门职责交叉的部分，比如，《中华人民共和国大气污染防治法》规定，生产、进口、销售或者使用不符合规定标准或者要求的锅炉，由县级以上人民政府市场监督管理、生态环境主管部门责令改正，没收违法所得，并处二万元以上二十万元以下的罚款。[②]《医疗废物管理条例》规定，对于医疗卫生机构、医疗废物集中处置单位违反规定的，由县级以上地方人民政府卫生行政主管部门或者环境保护行政主管部门按照各自的职责责令限期改正，给予警告……[③]《中华人民共和国水法》第六十五条第一款规定，"在河道管理范围内建设妨碍行洪的建筑物、构筑物，或者从事影响河势稳定、危害河岸堤防安全和其他妨碍河道行洪的活动的，由县级以上人民政府水行政主管部门或者流域管理机构依据职权"；第

---

① 曾维和、咸鸣霞：《圈层分割、垂直整合与城市大气污染互动治理机制》，《甘肃行政学院学报》2018 年第 4 期。

② 参见《中华人民共和国大气污染防治法》第一百零七条。

③ 参见《医疗废物管理条例》第四十五条。

六十五条第二款规定,"未经水行政主管部门或者流域管理机构同意,擅自修建水工程,或者建设桥梁、码头和其他拦河、跨河、临河建筑物、构筑物,铺设跨河管道、电缆,且防洪法未作规定的,由县级以上人民政府水行政主管部门或者流域管理机构依据职权……"①《太湖流域管理条例》第六十七条第一款第(一)(二)项和第六十七条第二款规定,"……由太湖流域管理机构或者县级以上地方人民政府水行政主管部门按照职责权限责令改正……"从这些规定中可以看出,法律法规未能明确界定两个职能部门的职权。直至 2020 年 4 月 22 日生态环境部和水利部《生态环境保护综合行政执法事项指导目录》(2020 年版)才作出有关事项的说明:"对擅自修建水工程,或者建设桥梁、码头和其他拦河、跨河、临河建筑物、构筑物,铺设跨河管道、电缆等行为的行政处罚","对太湖流域擅自占用规定的水域、滩地等行为的行政处罚",行使执法职责;由生态环境主管部门依据"三定"和有关法律法规规定,对上述行为造成环境污染和生态破坏的履行执法职责。可见,综合执法部门和各行业管理部门职权职责关系的理顺是执法顺畅的首要条件。

另外,应注意的是,并不是所有污染防治职责都由生态环境部门综合执法,比如住建部负责的城市污水处理厂污染、交通部门负责的船舶污染、农业部门负责的农田秸秆焚烧污染、城管负责的居民生活噪声污染等。

行政机关为了履行职责,一个重要前提就是应当具有相应的职权,职权与职责相互依存、不可或分。职权保障强调生态环境执法机关的权限划分、职责范围及内外部的权责关系。这就需要统筹配置执法职能和执法资源,避免生态环保领域多头多层重复执法现象。

为明确行政执法事项的责任主体和综合执法职责,生态环境部印发《生态环境保护综合行政执法事项指导目录》(2020 年版),规定县级以上各级生态环境部门行使生态和城乡各类污染排放监管与行政执法职责,切

---

① 《中华人民共和国水法》第六十五条。

实履行监管责任，全面落实大气、水、土壤污染防治行动计划，大幅减少进口固体废物种类和数量直至全面禁止洋垃圾入境。生态环境部的 7 个生态环境监督管理局[①]的职责是流域生态环境监管和行政执法，虽然实行由生态环境部和水利部双重领导的体制，不过以前者为主。

实现"双碳"目标涉及气候、环境、能源、经济、科技等各方面因素，具综合性与复杂性，即便根据全国人大常委会《关于国务院机构改革涉及法律规定的行政机关职责调整问题的决定》、国务院《关于国务院机构改革涉及行政法规规定的行政机关职责调整问题的决定》《深化党和国家机构改革方案》关于推进生态环境保护综合行政执法的改革精神将生态环境保护行政执法事项的实施主体统一规范为"生态环境部门"，但其地方执法主体因地方需要也可对部分事项的实施主体作出调整。[②]

《生态环境保护综合行政执法事项指导目录》（2020 年版）提出"第一责任层级建议"，将生态环境执法实施部门与责任部门进行区分见表 5-1。

表 5-1

法定实施主体	第一责任层级建议
县级以上生态环境主管部门	设区的市
生态环境主管部门	设区的市
国务院主管部门	国务院主管部门
省级主管部门	省级主管部门

[①] 长江、黄河、淮河、海河、珠江、松辽、太湖流域生态环境监督管理局，作为生态环境部设在七大流域的派出机构，主要负责流域生态环境监管和行政执法相关工作，实现生态环境部和水利部双重领导、以生态环境部为主的管理体制。

[②] 《关于〈生态环境保护综合行政执法事项指导目录〉（2020 年版）有关事项说明的通知》，网址：http://www.gov.cn/zhengce/zhengceku/2020-04/28/content_5507203.htm，2022 年 3 月 15 日访问。

可见，依此规定，作为"县级以上生态环境主管部门""生态环境主管部门"的法定实施主体，与"国务院主管部门"或"省级主管部门"相分列。对于特定种类处罚吊销行政许可等，一般由地方明确责任主体作出处罚建议，按照行政许可法规定转呈发证机关或者其上级行政机关决定。

生态环保综合执法还面临着深化职责整合、关系理顺、机构能力建设，以及平衡综合性和专业性难题。[①] 理顺职责范围是关键。

二、执法联动机制

生态环境综合执法体制改革，虽然缓解了不同职能部门执法（实施）主体间的职责权限冲突问题，但综合执法部门仍然和不同的行业业务部门有执法交叉或者执法空白之处。生态环境执法主要以区域划分，不同区域执法的主体不同，执法依据与执法活动亦有偏差，但是空气、水流域等资源是整体性的，而诸如机动车类移动污染源还会跨区域移动，跨区域执法问题突出，在这种地域分权执法机制下难以取得有效成果，还需要构建执法机关之间的协同联动机制，启动联防、联治、联动、联保等机制。

（一）预警和应急联动

建立生态环境执法检查、调查与风险预警相结合的机制。生态环境执法检查、调查，作为生态环境领域执法活动的必备工作，对于生态环境保护、预防污染等风险有着非常重要的作用。其不仅可以帮助执法机关了解现有资源环境的承载能力、被检查企业等的真实状况，及时判断可能遇到

---

① 杨志云：《生态环境保护综合行政执法改革：一个组织结构整合机制的阐释》，《天津行政学院学报》2022 年第 1 期。

的风险，也可以做到事前监督，预防环境污染。执法机关执法活动离不开检查、调查工作，执法人员应该重视调查所带来的作用并依照具体情况对执法对象作出调整，启动预警机制，需要研究制定各种情形的监测预警指标体系和技术方法，在信息技术平台增加环境、资源预警、碳排放总量与强度数据库，对气候变化、污染状况、资源消耗和环境容量检测情况进行预警提醒。不同区域的生态环境保护部门合作，对于大气、水流域等进行预警提醒，共同治理，在尽可能广泛的区域内保障低碳环保环境。而不同行业管理部门与生态环境执法部门也应衔接好共同治理事项，对行业管理部门在日常监管中发现并移送的属于生态环境保护综合行政执法职责范围的，生态环境执法部门要积极依法查处，形成有效衔接的预警和应急联动，从而保障实现"双碳"目标。

（二）执法联动协作

行政协助，是指行政机关之间相互提供协助从而达成行政管理目标的协作性活动。比如，公安机关与生态环境保护机关即可相互协助履行各自职责。在当前的环境执法中，环保部门缺乏必要的行政强制权，不能采取限制公民人身自由的强制措施，因此，遇到公民暴力抗法等情况就会请求公安机关予以协助完成其任务。此时，公安机关制止环境违法相对人的暴力行为（采用行政强制措施等），就是对环保部门的协助，而不是履行环保监管职责。另外，环保部门也可以通过向公安机关提供必要的监测数据和其他证据材料等协助公安机关。在针对碳排放的监管上，要做好日常的行政指导，不一定要创造典型的威慑型案例，可以在不影响企业生产经营秩序的前提下加强碳排放数据关键环节的现场执法检查，并且该类执法检查可以联合市场监督管理部门共同开展。

联合执法，是指不同执法主体采取联合行动进行综合性整治的行为。联合执法一般只是适用于行政检查和调查阶段，行政决定则由各行政执法机关（主体）分别在其职权范围内按照执法程序单独作出，而不宜由参与联合执法的各机关以共同名义对外作出。

生态环境保护执法机关应该确立执法联动机制，相邻的不同地区的生态环境执法机关可以保持横向联系，定期会商，确定执法频次，提高执法效率，通过联合执法和执法协作等形式，共同治理跨区域生态环境包括碳排放领域的违法行为。

三、执法人员保障机制

执法活动，是由相关的行政机关组织及其人员来付诸实施的。同样，生态环境保护执法不仅依靠执法主体，还需要依赖具体执法人员来执行，对谁执法、如何执法、适用何种执法依据与执法程序乃至执法的态度等都由具体的执法人员来表达。于此，执法人员自身的品质与专业技能，就成为一个关系到实现"双碳"目标保障的重要问题。《"十四五"生态环境保护综合行政执法队伍建设规划》确立的目标是：到2025年，基本实现与新时期生态环境执法工作任务相匹配，生态环境执法效能大幅提升，建成机构规范化、装备现代化、队伍专业化、管理制度化的生态环境保护综合行政执法队伍。

综合执法改革后，生态环境执法部门增加了多项执法职责。增加的职责原本属于其他行业主管部门所有，职能划转但执法队伍和专业技术设备等并未跟随。现有生态环境保护部门的执法人员行使这些执法职权，需要具有一定的专业知识、技能和实践经验，有的执法职责行使还需要培训与考核后才能上岗。目前，一些基层地区的生态环境保护部门执法队伍人力配置不足，身份待遇不一，整体上编制标准也不一致，再加上信息化程度不高、执法配套技术和设备欠缺等困境，基层生态环境保护执法队伍建设是薄弱环节，执法人员的专业性有待加强。

在执法人员的保障方面，还存在诸多有待改进之处。如在编制方面，目前从事生态环境保护执法工作的人员编制并不统一，根据所在机关、岗位职责等有公务员编制、事业编制或其他，不同编制的执法人员身份不同，工资、福利待遇等也不尽相同，给人才管理和队伍建设带来影响。科学合理的执法人员编制管理是高效执法的重要前提，也有助于减少国家财政开支。目前生态环境保护执法人员机构设置与人员核定仍存在随意性，缺少统一规划和科学论证，表现在执法中，有一线执法人员缺少和部门人力资源浪费并存现象，对生态环境保护执法人员配备应合理规划，充分保障一线执法队伍，比如增加一线生态环境保护执法人员编制，不断充实执法队伍，保障一线执法人员的福利待遇，激励一线执法人员的士气等。就现有执法人员进行分类管理，按照执法类别、职责以及实际需要整合进生态环境保护执法队伍，优化执法力量。

建立持证上岗制度，明确生态环境保护执法人员的执法资格和专业素养。生态环保部门执法人员的培训制度，《中华人民共和国公务员法》中有笼统的规定，《环境保护部干部培训管理办法》规定了生态环保部机关、派出机构、直属单位和部管社会团体的干部培训，自 2018 年全国环保系统的全体工作人员都需在全国环保网络学院进行学习，执法人员可以在线选课学习，各级环保部门也可以在网络学院为相应执法人员设置网上学习班。任职必训，升职必训以及定期培训，不断提高执法人员的业务能力与综合素养。

建立社会组织辅助执法制，对于专业鉴定、排查、测试、数据分析等不涉及执法调查决策类工作，可以委托社会组织（比如信息服务机构、合作研究中心、研究与技术应用企业等）进行辅助，既能解决执法人员不足的困境，也能使执法活动更为高效，另外还可促使更多社会力量参与到碳减排活动中。

另外，健全装备装置，保障必要的工作经费。对于执法人员在工作中为了个人健康安全防护所需的装备，执法过程所需的执法、通信工具与检测装置等执法硬件装备设施等由政府全额保障，制定装备配置标准并按需配备。

四、执法方式与程序保障机制

目前生态环境保护执法方式传统、执法程序不甚统一、自由裁量基准缺乏等，执法效果未达预期。此种状况既不符合当前国家对生态文明发展的要求，也不利于实现"双碳"目标。

造成执法效果差的因素有多种。就执法方式来说，主要是：执法机关还是主要采用传统的以行政许可授权，以行政处罚、行政强制规制为主的执法方式。其中，行政处罚是执法的关键。行政处罚的适用，一方面可以明确违法者必承担违法责任，另一方面可以凸显其教育性和惩戒性功能。从理论上说，如果是罚款处罚的话，处罚金额应大于其违法所获的利益，才能使处罚产生威慑力。因而，从这一意义来说高于违法成本的处罚是有其必要性的。

当然，在行政处罚的实施中还应进一步明确裁量基准。行政处罚需要确立统一的处罚裁量基准。不同执法机关也应根据实际情况对适用自由裁量权的事项进行修订补充和完善，明确从轻、减轻或者免予处罚的情形；地方执法机关对法律法规以及上级的裁量规则和基准可以进一步细化量化，实行精细化管理；建立行政裁量系统，实现裁量电子化并统一裁量标准。

生态环境保护执法，不仅需要规制与限制，也还需要有相应的激励机制。单纯靠惩戒即使达成生态安全目标，也不可避免地会对地区乃至国家经济产生影响。企业是市场机制运作的主体，也是生态环境保护执法的主要对象。如果只处罚不教育，市场就会渐渐失去活力。因此，生态环境执法另一个面向就是激励——通过建立有法律约束力的减排目标规划、低碳产品认证制度、低碳产业准入制度、涉及各方面利益的"行政协议"等制度或方式，积极推动"双碳"方案的落地。

建立典型执法案例指导制度。我国生态环境领域执法情况复杂，一线执法人员素质不一，执法设备、信息化程度也不尽相同，执法没有参照会致使同案不同"罚"的现象普遍存在。因此，典型案例的"判例"指导性作用就显得颇为重要。可以每年定期收集、解析和发布执法典型案例，从执法依据、执法方式、执法程序、执法决定文书等方面推广经验做法，从而充分发挥典型执法案例的指导作用。

加强执法程序制度建设。在执法程序上实行精细化标准和流程，推行信息共享制度、行政执法公示制度、执法过程记录制度等。

第一，完善信息公开制度，开展行政执法公示，构建执法数字化平台。执法活动事前的规划计划等材料公开，主动公开检查计划；执法过程公开，从表明执法身份到告知权利、说明理由与依据等实行全过程公开；执法决定（事后）公开，执法调查活动结束作出决定后要及时公开行政执法决定。通过执法数字化信息化平台，实现环境资源的信息采集、指挥调度、执法公示、检查督办、公众参与等功能，并逐步实现与其他部门信息平台的共享。在信息公开和执法公示方面，应充分利用和发挥平台的功能。通过平台公开执法程序以及执法活动的内容、依据、执法文书的格式等，从而既保障公众知情权又为执法"赋能"。如，小到一个普通公民可以查询到超标排污的企业情况及受到的处罚信息，大到不同执法机关可以通过执法信息平台互通信息，通过执法信息化管理，整合执法资源，运用信息共享平台，完成检查监测监控等执法任务，建立以移动执法系统为核心的执法信息化管理体系，建立全国生态环境部门的大数据网络，提升执法信息化水平。

第二，完善公众参与制度，制定可操作的激励参与程序，发挥人民群众参政议政的作用，畅通公众参与渠道，完善生态环境领域举报投诉机制，营造良好的执法守法环境，鼓励公民监督政府、企业是否履行绿色发展的权利、义务与责任。执法先公开才能公正，公众参与才能保证民主制度的实现。

第三，健全执法过程记录制度。生态环境执法机关应使用执法记录仪和移动执法系统，将执法过程全程记录，手段上不仅用文字也要用音像等形式记录执法过程。一方面可以固定证据，另一方面对于执法规范化建设亦有裨益，实现现场执法和案件办理全程实时留痕、全过程记录。

五、执法监督保障机制

厘清生态环境执法法定职责边界、完善执法责任机制，除了立法予以规范外还需要对执法进行监督。制约权力，才能有效地防止权力的高度集中和滥用。目前的生态环境保护工作是在国务院的生态环保部统一监管、地方政府分级负责。自2016年中央环境保护督察制度建立，依据《关于省以下环保机构监测监察执法垂直管理制度改革试点工作的指导意见》已建立起监测监察执法垂直管理的机构体系，解决了生态环境保护部门受制于本级政府财政利益、中央执法部门对地方执法部门的制约不足等问题。

实现"双碳"目标，需明确执法监督。首先，需落实地方各级政府绿色GDP的任务，将其纳入考核体系，监督地方各级政府及生态环境保护执法部门促进"碳减排"的活动，督促地方各级政府及生态环保部门实行绿色发展领导责任制；其次，落实区域交叉检查和责任追究制度，交叉检查能避免地区保护主义，体现公正高效的执法效率；最后，实施监督执法清单制度，各地区生态环境部门将不同的企业按照其在生态环境方面的作为纳入正面或者负面清单，将编制审核的清单予以公开，并实施动态调整。对正面清单内的企业给予信任并在执法检查监督方面放宽要求，比如只开展非现场监管或者在一定时期内免除现场检查，通过激励机制完成职责等。

六、执法协同保障机制

实现"双碳"目标的执法保障，以综合行政执法改革为主，辅以队伍能力建设，以执法方式优化、执法程序规范为手段，从严监管。在执法机制创新上，应建立执法协同机制，将"减污降碳""协同治理"的理念贯穿于整个执法过程中，以全局性、系统化的视角统筹规划与执行。

保障实现"双碳"目标的执法，应以国务院为责任主体在全国范围内统筹，如此可保证"全国一盘棋"与制度的公平性。中央政府负责顶层设计，体现中央政府责任，各省市在区域范围内负总责、县级以上人民政府生态环保部门起到议事协调作用，建立协调、统一的综合执法体制，研究推动解决本地区应对气候变化、生态环境保护等问题。

系统构建减污降碳协同治理顶层设计。依据《关于完整准确全面贯彻新发展理念做好碳达峰碳中和工作的意见》《关于深入打好污染防治攻坚战的意见》《2030 年前碳达峰行动方案》《"十四五"节能减排综合工作方案》等①，研究建立减污降碳协同管理体系，推动减污与降碳在治理对象、治理内容和实施区域等方面的衔接。②治理对象的协同体现在能源、工业、交通等重点领域和火电、钢铁、石化等高排放行业，它们既是污染治理的主责部门，也是碳减排的主力军。治理内容的协同体现在优化产业结构、节能降耗、开发可再生能源、发展循环经济、植树造林、推动形成绿色生产生活方式等方面。根本性、源头性、结构性措施，既是降碳的主要路径，也是减污的重要手段。实现区域协同。经济发达、人口稠密、能源消费量大的区域往往是环境质量较差、碳排放量较大的区域，以这些区域为重点推动减污降碳协同控制，将会效果显著。③

在"双碳"目标的约束下，最大化协同减排效应，对于污染物与温室

---

① 熊健、卢柯、姜紫莹、张翀、傅庆玲、金昱：《"碳达峰、碳中和"目标下国土空间规划编制研究与思考》，《城市规划学刊》2021 年第 4 期。

② 《生态环境部：9 月底！设区的市级生态环境监督执法正面清单要完成清理核实纳新并重新公布》，网址：http://www.cnwb.net，2022 年 6 月 7 日访问。

③ 董战峰等：《应对气候变化与生态环境保护协同政策研究》，《中国环境管理》2021 年第 1 期。

气体排放的重点领域，同步设计减排技术路径，尤其是对于增碳的污染治理技术工艺选择，应当充分论证，满足污染排放标准的同时，尽量做到节能降耗，从而真正实现应对气候变化与改善环境质量的有机结合。[①]

将正面清单与环保信用评价、排污许可管理、重污染天气应对等制度统筹衔接。将正面清单企业纳入污染源监管动态信息库，并列入执法计划。在移动执法等信息系统中设置正面清单工作选项，实现非现场执法检查过程、减免行政处罚情况的全过程留痕和可回溯管理。做好上下级生态环境部门执法工作衔接，实现监管措施一致，执法检查结果互认，避免重复检查、多头执法。[②] 积极探索对清单内企业依法监管履职无责制度等。

---

① 郑逸璇等：《减污降碳协同增效的关键路径与政策研究》，《中国环境管理》2021 年第 5 期。
② 《生态环境部：9 月底！设区的市级生态环境监督执法正面清单要完成清理核实纳新并重新公布》，网址：http://www.cnwb.net，2022 年 6 月 7 日访问。

第六章 实现"双碳"目标的司法保障：司法回应与机制探索

　　我国生态文明建设在"十四五"时期将迈入新的阶段，加快经济社会发展绿色转型，积极应对气候变化，力争实现生态环境质量改善由量变到质变，降低碳排放是重点战略方向，减污降碳协同增效是重要路径。[①] 为此，党和国家部署了力争2030年前实现碳达峰、2060年前实现碳中和的"双碳"目标，并在"十四五"规划和2035年远景目标纲要中明确了"双碳"方案，要求制定2030年前碳排放达峰行动方案，提升生态系统碳汇能力，争取2060年前实现碳中和。"双碳"行动是应对气候变化的核心战略，亦是建设人与自然和谐共生的现代化的必然要求，其直接目标是控制全球气温的上升，[②] 涉及能源结构变革、产业结构调整、大气生态修复、碳排放[③] 控制等。

　　党中央明确指出"用严格的法律制度保护生态环境，加快建立有效约束开发行为和促进绿色发展、循环发展、低碳发展的生态文明法律制

---

① 　参见《习近平在中共中央政治局第二十九次集体学习时强调　保持生态文明建设战略定力　努力建设人与自然和谐共生的现代化》，网址：http://china.cnr.cn/news/20210502/t20210502_525477503.shtml，2022年7月4日访问。

② 　《巴黎协定》提出了将全球平均气温较前工业化时期上升幅度控制在2℃以内，并努力将温度上升幅度限制在1.5℃以内的目标。这对各国可以添加到大气中的额外碳设定了一个限制——碳预算。

③ 　碳排放，即指温室气体排放，包括由于人类活动或者自然形成的温室气体如二氧化碳（CO_2）、水汽（H_2O）、氟利昂、氧化亚氮（N_2O）、甲烷（CH_4）、臭氧（O_3）、氢氟碳化物、全氟碳化物、六氟化硫、三氟化氮等的排放。

度",① 在全面推进依法治国的新时代,"双碳"行动的顺利推进,气候变化的积极应对,其关键还是在于法治保障。法治保障的基本逻辑是科学立法、严格执法、公正司法、全民守法,但我国当下关于推进"双碳"行动、应对气候变化的法治保障的研究多是围绕科学立法展开,探讨如何构建完备的低碳法律规范体系,对这个领域法治实施体系尤其是司法保障体系研究较为薄弱,需要更深入的研究,正如有论者指出:气候变化作为一项法学议题,长久以来为立法论所主导,然而在国际气候谈判形势起伏不定、国内气候治理需求日益迫切的背景下,"唯立法论"难以肩负气候变化应对之重任。纵观全球气候治理体系,司法或可为破解气候困局之道。②"双碳"战略司法保障机制的目标是实现减污、降碳、扩绿、增长协同的司法保障。从当前理论与实务界的主流观点来看,气候诉讼机制、碳排放生态修复司法保障机制、碳排放权交易司法保障机制是双碳战略司法保障机制的重要内容,协同联动是中国特色社会社会司法保障机制的特色及成功经验,如何构建完善的气候诉讼机制、碳排放生态修复司法保障机制、碳排放权交易司法保障机制,同时在各机制中实现司法保障的协同联动,是"双碳"战略司法保障机制研究应当关注的焦点问题。

第一节　中国特色社会主义司法保障机制

"中国特色社会主义法治道路是管总的,我国法治建设的成就,归结起来就是开辟了中国特色社会主义法治道路这一条。"③ 中国特色社会主义

---

① 《中共中央关于全面推进依法治国若干重大问题的决定》,人民出版社 2014 年版,第 14 页。

② 田时雨:《论气候变化的司法应对——基于环境公益诉讼的路径探索》,《理论月刊》2021 年第 12 期。

③ 中共中央宣传部:《习近平新时代中国特色社会主义思想三十讲》,学习出版社 2018 年版,第 185 页。

司法保障机制或者说司法制度是中国特色社会主义法治道路在司法领域的体现。建设中国特色社会主义法治体系、建设社会主义法治国家是中国特色社会主义法治道路的总目标。[①] 在全面推进依法治国，建设中国特色社会主义法治体系、建设社会主义法治国家的进程中，科学立法是全面推进依法治国的前提，严格执法是全面推进依法治国的关键，公正司法是全面推进依法治国的保障，全民守法是全面推进依法治国的基础。[②] 中国特色社会主义司法保障机制是中国特色社会主义法治体系的重要组成部分，是法治实施体系的重点环节。

在党的领导下，公安机关、检察机关、审判机关、司法行政机关各司其职，侦查权、检察权、审判权、执行权相互配合、相互制约，[③] 各司法机关协同联动是中国特色社会主义司法保障机制的特色。与我国不同，西方国家实行"三权分立"体制，其司法机关主要指的是拥有审判权的法院，[④] 对经济发展、社会治理的司法保障，也就主要是指法院审判职能作用的发挥。当然，法院审判职能作用的发挥在司法保障机制中具有重要甚至可以说是核心的作用，中国特色社会主义司法保障机制对此亦非常重视。与此同时，中国特色社会主义法治观强调法治建设的"系统思维"，[⑤] 在"系统思维"的指引下，中国特色社会主义司法保障机制强调司法保障机制不是单纯指审判权的行使和审判职能作用的发挥，而是要形成侦查权、检察权、审判权、执行权相互配合、相互制约的格局，公安机关、检察机关、审判机关、司法行政机关各司其职、协同联动的机制，要求各司

[①] 《党的十八届四中全会〈决定〉学习辅导百问》，学习出版社、党建读物出版社 2014 年版，第 7 页。

[②] 李建伟：《全面推进依法治国的总目标》，《党的十八届四中全会〈决定〉学习辅导百问》，学习出版社、党建读物出版社 2014 年版，第 90 页。

[③] 参见《法治中国建设规划（2020—2025 年）》。

[④] 张文显：《法理学》，高等教育出版社、北京大学出版社 1999 年版，第 307—308 页。

[⑤] 习近平总书记指出，全面依法治国是一个系统工程，要整体谋划，更加注重系统性、整体性、协同性。参见习近平：《坚定不移走中国特色社会主义法治道路　为全面建设社会主义现代化国家提供有力法治保障》，《求是》2021 年第 5 期。

法机关在案件办理上实现信息共享、协同办理机制畅通。

具体到生态文明建设与绿色发展的司法保障机制，中共中央办公厅、国务院办公厅发布的《关于构建现代环境治理体系的指导意见》以及最高人民法院发布的《关于充分发挥审判职能作用为推进生态文明建设与绿色发展提供司法服务和保障的意见》（法发〔2016〕12号），其中关于加强司法保障的思路，充分体现了在重视法院诉讼机制基础上加强各司法机关协同联动的特点。其具体思路如下。

第一，重视法院的核心作用及诉讼机制。首先，加强推动环境司法专业化发展，在高级人民法院和具备条件的中基层人民法院调整设立专门的环境审判机构，统一涉生态环境案件的受案范围、审理程序等。其次，推动生态司法修复机制的建立健全。再次，探索建立"恢复性司法实践+社会化综合治理"审判结果执行机制。

第二，完善公益诉讼制度。首先，法院要依法审理社会组织提起的环境民事公益诉讼案件及检察机关提起的环境民事、行政公益诉讼案件。同时，法院要适度强化能动司法，创新审理方法和裁判方式，探索符合需要的证据保全、先予执行、执行监督等特殊规则，发挥公益诉讼的评价指引和政策形成功能。

第三，公安机关强化对破坏生态环境违法犯罪行为的查处侦办。检察机关加大对破坏生态环境案件起诉力度，加强提起生态环境公益诉讼工作。

第四，建立生态环境保护综合行政执法机关、公安机关、检察机关、审判机关信息共享、案情通报、案件移送制度，加强各司法机关协同联动。

在我国生态治理司法保障实践中，司法机关与党政机关、行政执法机关的协同联动是司法机关参与环境治理实践的典型特征，协同联动在生态司法机制的实践中得以贯彻，正如有研究者指出，结合2015—2020年的最高法及最高检工作报告等相关资料，可以认为目前我国司法机关主要通过个案生态修复、司法或检察建议、配合党政机关的治理行动、行政执法与司法衔接等方式参与环境治理。①

为应对气候变化而推进"双碳"战略，是推动生态文明建设与绿色发展的一个领域，因而在重视法院诉讼机制基础上加强各司法机关协同联动，亦是我国"双碳"战略司法保障机制的基本思路。立法引领、执法推动、司法保障，是气候变化应对机制的基本思路。虽然在我国当下司法保障机制在气候变化应对中发挥的作用尚较为有限，严格意义上的气候变化诉讼亦尚未出现，但司法保障机制在气候变化应对机制中应有所为也将大有可为，则是理论界与实务界较为一致的认识。

第二节　实现"双碳"目标司法保障的诉讼机制：气候公益诉讼的探索与发展

一、气候公益诉讼的认知

诉讼机制是气候变化司法应对的基础机制，具体体现为气候诉讼机制。2021 年 5 月，世界环境司法大会在云南省昆明市圆满闭幕，与会各方一致通过的《世界环境司法大会昆明宣言》第一条就是应对气候变化及其影响，提出"依法审理节能减排、碳交易、低碳技术、绿色金融等相关案件，促进气候变化减缓和适应，推动实现碳达峰、碳中和目标"。

"从世界范围内气候诉讼 30 余年的发展情况来看，狭义的气候诉讼是当事人直接提出气候变化法律问题、政策问题、事实问题的诉讼，其功能在于督促政府承担气候治理职责、追究碳排放巨头的损害赔偿责任，也打

---

① 陈幸欢：《司法机关参与环境治理的实践阐释及匡正路径》，《江西社会科学》2021 年第 7 期。

开了非政府组织等主体参与全球气候治理的法律空间"。[①] 狭义上或者说严格意义上的气候(变化)诉讼,实际指的是气候公益诉讼,并不是指《世界环境司法大会昆明宣言》提出的所有的与促进气候变化减缓和适应有关的案件,这些广义上的与气候变化有关的诉讼案件范围宽泛,如节能减排、碳交易、低碳技术、绿色金融等等。

在气候公益诉讼的分类上,战略性诉讼、价值链诉讼、减缓性诉讼、适应性诉讼、人权诉讼等是学界较为认可的类型。战略性诉讼是指诉讼旨在寻求广泛社会转变的诉讼;价值链诉讼是针对某些排放者的上游或下游价值链上的行为而提起的诉讼,此类诉讼对碳排放大户的不实承诺、行动偏差、误导公众等形成压力,尤其是其中的金融市场参与者;减缓性诉讼是旨在促使政府和企业遵守减排承诺或制定更加明确的减排目标;适应性诉讼是为了修复因气候变化而恶化的生态系统,赔偿各类财产、健康损害,或对涉及气候变化的规划提出更加长远与具体要求,以降低潜在的气候不良影响的诉讼;人权诉讼是指以人权为论据的气候诉讼。同时,从世界范围内的气候公益诉讼的情况来看,气候公益诉讼的被告主要为政府或企业,且从程序法律和实体法律角度对气候诉讼进行分类的最佳类型依然是气候民事公益诉讼和气候行政公益诉讼。[②] 气候行政公益诉讼主要是针对政府或政府部门、其他公共机构在应对气候变化、控制碳排放上的不作为,是以政府或政府部门、其他公共机构为被告的诉讼。在澳大利亚,针对气候变化议题的司法应对中,针对行政行为提起司法审查即具有代表性,例如以环境影响评价并未充分考虑到潜在的气候变化影响为由对政府决策提出质疑。[③] 气候民事公益诉讼,主

---

① 高利红:《我国气候诉讼的法律路径:一个比较法的研究》,《山东大学学报》(哲学社会科学版)2022年第1期。

② 高利红:《我国气候诉讼的法律路径:一个比较法的研究》,《山东大学学报》(哲学社会科学版)2022年第1期。

③ Jacqueline Peel, "Climate Change Law: The Emergence of a New Legal Discipline", *Melbourne University Law Review*, 2008 (3).

要是以企业为被告的气候变化侵权诉讼，如美国环境保护组织根据侵权法律规范，对燃煤电厂、汽车公司等主要碳排放者的超额碳排放行为主张金钱赔偿或法律上的禁令。[①] 气候民事公益诉讼和气候行政公益诉讼的共同点在于国家义务背景下保障公众基本权利（环境权）的实现。[②]

国际社会亦有学者认为应对气候公益诉讼采取扩张性定义，如澳大利亚学者 Osofsky 和 Peel 认为，气候公益诉讼除了以气候变化为核心焦点的诉讼案件外，还应包括以下诉讼：① 诉讼的核心事由虽然不是气候变化，但诉讼明确提出气候变化的问题；② 诉讼虽未明确提出与气候变化相关的问题，但气候变化是诉讼的动因之一；③ 诉讼虽然没有直接提出气候变化相关的争议，但其对减缓和应对气候变化具有明显的影响。这种观点即是对气候诉讼采取扩张性定义。[③] 如按照扩张性定义，在我国发展迅速的大气污染公益诉讼即可以列入气候公益诉讼的范畴。

二、气候公益诉讼的中国探索

在生态环保诉讼机制的构建方面，生态环境行政公益诉讼[④]、生态环

---

① 田时雨：《论气候变化的司法应对——基于环境公益诉讼的路径探索》，《理论月刊》2021 年第 12 期。

② 洪冬英：《"双碳"目标下的公益诉讼制度构建》，《政治与法律》2022 年第 2 期。

③ 转引自赵悦：《气候变化诉讼在中国的路径探究——基于 41 个大气污染公益诉讼案件的实证分析》，《山东大学学报》（哲学社会科学版）2019 年第 6 期。

④ 我国生态环境行政公益诉讼指的是人民检察院在履行职责中发现生态环境和资源保护领域负有监督管理职责的行政机关违法行使职权或者不作为，致使国家利益或者社会公共利益受到侵害的，应当向行政机关提出检察建议，督促其依法履行职责。行政机关收到检察建议书后应当依法履行职责，并书面回复人民检察院。行政机关不依法履行职责的，人民检察院依法向人民法院提起诉讼。其法律依据主要有《中华人民共和国行政诉讼法》第二十五条、《最高人民法院、最高人民检察院关于检察公益诉讼案件适用法律若干问题的解释》等。

境民事公益诉讼①、政府基于国家自然资源所有权可提起的生态环境损害赔偿诉讼②以及生态环境民事私益诉讼③构成了具有中国特色的、协调联动的诉讼机制。

当前我国尚没有专门的气候变化立法，但以诉讼机制应对气候变化的实践探索早已展开。2016 年 7 月，最高人民法院发布《中国环境资源审判（2015）》白皮书，提出积极探索气候变化相关案件的审判规则，并明确了"涉及碳排放、能源节约、绿色金融、生物多样性保护等与气候变化应对相关的纠纷案件"属于环境资源民事案件的范围。2020 年 5 月，最

---

① 我国生态环境民事公益诉讼指的是法律规定的机关和有关组织（包括符合《中华人民共和国环境保护法》第五十八条规定的环保组织及检察机关）依法对已经损害社会公共利益或者具有损害社会公共利益重大风险的污染环境、破坏生态的行为提起的诉讼。其法律依据主要有《中华人民共和国民事诉讼法》第五十五条、《中华人民共和国环境保护法》第五十八条、《最高人民法院关于审理环境民事公益诉讼案件适用法律若干问题的解释》等。

② 为发挥行政机关在生态环境损害赔偿方面的积极作用，我国专门建立了以行政机关为主导的生态环境损害赔偿制度，具体指行政机关，包括省政府、市政府(地级市以上)、省市政府指定部门，有权提起生态环境损害赔偿磋商和生态环境损害赔偿诉讼。其依据主要是 2015 年中共中央办公厅、国务院办公厅发布的《生态环境损害赔偿制度改革试点方案》（以下简称《试点方案》）和 2017 年中共中央办公厅、国务院办公厅发布的《生态环境损害赔偿制度改革方案》(以下简称《改革方案》)。《改革方案》在《试点方案》的基础上规定行政机关应在提起诉讼前先启动磋商程序，磋商不成功才能进入诉讼程序。2019 年 6 月，最高人民法院发布《关于审理生态环境损害赔偿案件的若干规定 (试行)》，对该类案件的审理作出具体规定，形成了较为完备的统一规则。

③ 生态环境民事私益诉讼的法律依据主要是《中华人民共和国民事诉讼法》第一百一十九条等，同时该诉讼与生态环境民事公益诉讼既互相区别，也互相关联，如《最高人民法院关于审理环境民事公益诉讼案件适用法律若干问题的解释》第二十九条规定："法律规定的机关和社会组织提起环境民事公益诉讼的，不影响因同一污染环境、破坏生态行为受到人身、财产损害的公民、法人和其他组织依据民事诉讼法第一百一十九条的规定提起诉讼"，第三十条第二款规定："对于环境民事公益诉讼生效裁判就被告是否存在法律规定的不承担责任或者减轻责任的情形、行为与损害之间是否存在因果关系、被告承担责任的大小等所作的认定，因同一污染环境、破坏生态行为依据民事诉讼法第一百一十九条规定提起诉讼的原告主张适用的，人民法院应予支持，但被告有相反证据足以推翻的除外。被告主张直接适用对其有利的认定的，人民法院不予支持，被告仍应举证证明。"

高人民法院发布《中国环境资源审判（2019）》白皮书，指出："依法审理在应对因排放温室气体、臭氧层损耗物质等直接或间接影响气候变化过程中产生的案件，包括气候变化减缓类案件和气候变化适应类案件。注重运用多种司法裁判手段，促进减缓、适应两种应对气候变化手段的落地，推动构建国家气候变化应对治理体系。"2022 年 6 月，最高人民法院发布《中国环境资源审判（2021）》白皮书，强调"服务绿色低碳循环发展，依法审理气候变化应对案件"。

我国目前的环境公益诉讼法律规定及司法实践主要是围绕造成环境污染、生态破坏的行为及造成环境污染、生态破坏的风险来展开，还没有直接涉及气候变化这一议题。严格意义上的气候公益诉讼，在我国司法实践中尚未出现。但如果对气候公益诉讼采取扩张性定义，我国司法实践中已出现了气候公益诉讼的探索，具体如下。

1."弃风弃光"类生态环境民事公益诉讼

为应对气候变化、控制碳排放，中国政府大力支持新能源产业发展，风电、光伏发电装机规模均居世界首位，但是因各种原因出现风电、光伏发电产生的电量消纳难问题，有些省份甚至出现了大量风能、光能白白浪费的情况。如，根据国家能源局在 2019 年 1 月 28 日公布的数据，2018 年全国弃风电量为 277 亿千瓦时，平均弃风率为 7%。[①]"弃风弃光"指的就是这类现象。

从法律角度来看，电力公司应按照《中华人民共和国可再生能源法》的规定对其省内的风能和太阳能光伏发电进行全额收购。其"弃风弃光"，不全额收购，反而用燃煤发电替代未被全额收购的风能、太阳能光伏发电。相比风力发电和太阳能光伏发电的清洁性，燃煤发电过程中会产生包括二氧化硫、氮氧化物和大量烟尘等在内的空气污染物，是大气中 $PM_{2.5}$ 和 PM_{10} 的重要来源，燃煤发电还会产生大量二氧化碳等温室气体，加剧气候变化，故用燃煤发电替代未被全额收购的风能、太阳能光伏发电，对

---

① 参见王学琛：《"弃风弃光"现象严重，环保组织诉国网甘肃公司将进入实体审理》，网址：https://baijiahao.baidu.com/s?id=1623964868715581042&wfr=spider&for=pc，2022 年 6 月 24 日访问。

气候变化应对、生态环境、人体健康等会产生很大不利影响，损害社会公共利益，电力公司对此应承担环境侵权责任，由此引发的公益诉讼即为"弃风弃光"类生态环境民事公益诉讼。

"弃风弃光"生态环境民事公益诉讼案典型案件为民间环保NGO组织"自然之友"①诉国网甘肃省电力公司及国网宁夏电力有限公司两案，这类生态环境民事公益诉讼原告的诉讼请求主要为请求法院判令电力公司停止对环境的侵害，全额收购其电网覆盖范围内风能和太阳能光伏并网发电项目上网电量；赔偿因使用燃煤发电替代未全额收购的风能、太阳能光伏发电，导致二氧化碳、二氧化硫和氮氧化物等排放对环境造成的损害；在媒体上向社会公众公开赔礼道歉等。②

---

① 全称为"北京市朝阳区自然之友环境研究所"。

② 这两起具有代表性的"弃风弃光"生态环境民事公益诉讼案大致案情如下：第一，"自然之友"诉国网甘肃省电力公司案。"自然之友"认为，国网甘肃省电力公司存在"弃风弃光"行为，没有按照《中华人民共和国可再生能源法》的规定对甘肃省范围内的风力发电和太阳能光伏发电进行全额收购，其替代使用传统燃煤发电，导致二氧化碳、二氧化硫和氮氧化物等温室气体和大气污染物排放增加，损害大气生态环境，严重损害社会公共利益，应承担环境侵权责任。2017年6月，"自然之友"以国网甘肃省电力公司为被告，向甘肃省兰州市中级人民法院提起环境民事公益诉讼，请求判令：国网甘肃省电力公司停止对环境的侵害，全额收购其电网覆盖范围内风能和太阳能光伏并网发电项目上网电量，支付因使用燃煤发电替代未全额收购的风能、太阳能光伏发电对环境造成的损害17.18亿元，在国家级和省级媒体上向社会公众公开赔礼道歉，承担全部诉讼费用及律师费用。第二，"自然之友"诉国网宁夏电力有限公司案。"自然之友"认为，国网宁夏电力有限公司承担着建设、经营、发展宁夏电网的任务，应当全额收购其电网覆盖范围内可再生能源并网发电项目上网电量，但其并未做到，反而以燃煤发电来替代，导致二氧化碳、二氧化硫和氮氧化物等温室气体和大气污染物排放增加，损害生态环境，严重损害社会公共利益，应当承担环境侵权责任。2018年1月，"自然之友"以国网宁夏电力有限公司为被告，就其"弃风弃光"行为向宁夏回族自治区银川市中级人民法院提起环境民事公益诉讼，"自然之友"主张国网宁夏电力有限公司承担环境损害赔偿3.1亿元（最终数额以专家意见或鉴定结论为准）。相关案情可参见陈薇：《气候变化诉讼比较研究——基于两起"弃风弃光"环境公益诉讼案展开的分析》，《法律适用》2020年第8期；王学琛：《"弃风弃光"现象严重，环保组织诉国网甘肃公司将进入实体审理》，网址：https://baijiahao.baidu.com/s?id=1623964868715581042&wfr=spider&for=pc，2022年6月24日访问。

"弃风弃光"类诉讼虽不是直接提出气候变化法律问题、政策问题、事实问题的诉讼，但是电网公司的"弃风弃光"行为实际会造成超额碳排放，不符合"双碳"战略，就"弃风弃光"行为针对电网公司所提起的生态环境民事公益诉讼案件也就被视为"准气候变化诉讼"。

2. 大气污染公益诉讼：民事公益诉讼与行政公益诉讼

大气污染物① 和温室气体② 具有同源性，它们都主要由煤炭等传统化石燃料燃烧产生，大气污染物与温室气体在一定条件下还可能相互作用：一方面，温室气体超额排放引起的气候变暖会加重大气污染物对人体健康和生态系统的影响；另一方面，大气污染加重也会加剧气候变暖效应。例如，在辐射强度大、温度高的气候条件下，大气污染物氮氧化物和挥发性有机化合物经由一连串的光化学反应会生成臭氧、甲醛、乙醛等二次污染物，其中臭氧即是导致气候变暖的温室气体。因此，大气污染物和温室气体排放的控制具有一定协同效应。这种协同效应体现在控制温室气体排放，一定程度上会起到减少大气污染物排放的作用；而控制大气污染物的排放，一定程度上会起到减少温室气体排放的作用。从《中华人民共和国大气污染防治法》《碳排放权交易管理办法（试行）》等现行相关规定也可以看出，温室气体虽并未被纳入我国法律规定的大气污染物范畴，但我国现有法律对大气污染物和温室气体采取的是实施协同控制的法律应对机制。③

故大气污染公益诉讼中虽并未直接提出气候变化相关的诉求，但其结果对减缓和应对气候变化具有一定影响，如果对气候诉讼采取扩张性定

---

① 颗粒物、二氧化硫、氮氧化物、挥发性有机物、氨等。

② 二氧化碳（CO_2）、水汽（H_2O）、氟利昂、氧化亚氮（N_2O）、甲烷（CH_4）、臭氧（O_3）、氢氟碳化物、全氟碳化物、六氟化硫、三氟化氮等。

③ 如《中华人民共和国大气污染防治法》第二条："……防治大气污染，应当加强对燃煤、工业、机动车船、扬尘、农业等大气污染的综合防治，推行区域大气污染联合防治，对颗粒物、二氧化硫、氮氧化物、挥发性有机物、氨等大气污染物和温室气体实施协同控制。"《碳排放权交易管理办法（试行）》第十四条："生态环境部根据国家温室气体排放控制要求，综合考虑经济增长、产业结构调整、能源结构优化、大气污染物排放协同控制等因素，制定碳排放配额总量确定与分配方案……"

义，大气污染公益诉讼也可以纳入气候诉讼的范畴。我国大气污染公益诉讼，包括民事公益诉讼与行政公益诉讼，近年来在理论与实践探索上均取得了一定的突破，环保公益组织中华环保联合会作为原告的山东省德州市全国首例大气污染民事公益诉讼入选“2016年度人民法院十大民事行政案件”，2017年检察机关开始探索提起大气污染行政公益诉讼[①]，2018年北京首例由检察机关提起的大气污染民事公益诉讼获得胜诉。[②]

具体来看，大气污染民事公益诉讼及行政公益诉讼对碳减排的适用性因个案情况存在差异。在大气污染民事公益诉讼中，若法院的判决是责令被告停止或减少大气污染物的排放，这对碳减排会有一定程度的直接效果；若法院判令被告治理大气污染物，这能否间接实现碳减排目标存在不确定性。针对负有相关监管职责的行政机关的不作为行为提起的大气污染行政公益诉讼能够推动行政机关履行大气污染治理的监管职能，进而间接推动碳减排，针对林业部门提起的大气污染行政公益诉讼可推动森林保护、增加碳汇，对推动碳减排则具有直接效果。[③]

3. 违法使用消耗臭氧层物质民事公益诉讼

臭氧吸收对人体有害的短波紫外线，防止其到达地球，能够保护地球表面生物不受紫外线侵害，其主要存在于距地球表面20千米的同温层下

[①] 检察公益诉讼制度是以法治思维和法治方式助推国家治理体系和治理能力现代化的重大改革举措。2017年7月1日，十二届全国人大常委会第二十八次会议修改的《中华人民共和国民事诉讼法》和《中华人民共和国行政诉讼法》正式实施，正式确立了检察机关提起公益诉讼制度。

[②] 《大气污染公益诉讼能否成为我国气候变化诉讼潜在路径?》，网址：https://baijiahao.baidu.com/s?id=1664494971393586265&wfr=spider&for=pc。2018年6月5日，北京市首例大气污染公益诉讼案件在北京市四中院宣判。北京多彩联艺国际钢结构工程有限公司违法排放废气污染环境，因此被检察院提起公益诉讼。法院一审判决多彩联艺公司赔偿生态环境损害89万余元，并就污染行为公开向社会道歉。据了解，上述赔偿款将专项用于生态环境保护、修复、治理。参见《北京首例大气污染公益诉讼判赔89万 赔偿款将用于生态环境保护》，网址：http://www.xinhuanet.com/politics/2018-06/07/c_1122949339.htm。

[③] 《大气污染公益诉讼能否成为我国气候变化诉讼潜在路径?》，网址：https://baijiahao.baidu.com/s?id=1664494971393586265&wfr=spider&for=pc，2022年7月4日访问。

部的臭氧层中。消耗臭氧层物质（简称"ODS"）主要是指会破坏高层大气中保护性臭氧层的氯素化合物，这种物质在 20 世纪被用作推进剂、制冷剂和溶剂。消耗臭氧层物质是威力很强的温室气体，在大气中的寿命较长，能显著加剧人为引起的温室效应。1987 年《关于消耗臭氧层物质的蒙特利尔议定书》通过后，消耗臭氧层物质的排放逐渐得到控制。[1] 我国亦是《关于消耗臭氧层物质的蒙特利尔议定书》签约国，负有逐步淘汰消耗臭氧层物质使用的国际公约责任。因此，我国司法实践中针对违法使用消耗臭氧层物质提起的民事公益诉讼，亦可归属广义上的气候诉讼的范畴。

具体来看，在司法实践探索中，浙江省德清县人民检察院提起了我国首例违法使用消耗臭氧层物质民事公益诉讼，被告为主要从事生产销售聚氨酯硬泡组合聚醚保温材料等的德清某保温材料有限公司，由浙江省湖州市中级人民法院立案审理。因德清县某保温材料有限公司在生产中产生的三氯一氟甲烷废气（俗称"氟利昂"，系受控 ODS）未经有效处置直接排放，对周围环境造成了影响，破坏了臭氧层，损害了大气生态环境，法院认为该公司应承担其排放三氯一氟甲烷行为的损害赔偿责任，综合案件事实、情节等因素，法院判决该公司承担近 75 万元生态损害赔偿费用和 15 万元鉴定评估费用。[2]

---

[1] 《北极变暖，一半归咎于消耗臭氧层物质》，网址：https://www.cas.cn/kj/202001/t20200121_473 2503.shtml，2022 年 7 月 4 日访问。

[2] 该案主要情况为，2017 年 8 月至 2019 年 6 月期间，该公司以及当时的法定代表人祁某某在明知三氯一氟甲烷系受控 ODS 且被明令禁止用于生产使用的情况下，购入 849.5 吨用于生产，造成三氯一氟甲烷废气未经有效处置，无组织排放至周围环境中。其厂房西侧为京杭运河支流，河道对岸及厂房东侧主要为居民和农田，排放行为损害了环境及居住区空气质量，同时三氯一氟甲烷废气可以扩散到大气同温层中，并以催化分解的方式破坏臭氧层，严重影响生态环境。在面对生态环境部 ODS 专项执法行动检查时，还紧急销毁了部分关键证据。2019 年 10 月，湖州市生态环境局以该公司使用超出使用配额许可的消耗臭氧层物质用于生产，对其作出罚款 50 万元的行政处罚决定；由于该公司的违法使用消耗臭氧层物质的行为已涉嫌犯罪，经公安机关侦查、检察机关公诉，2020 年 3 月，德清县人民法院依法以污染环境罪对该公司判处罚金、

三、我国气候公益诉讼实施过程中的协同联动

我国司法保障机制协同联动的特点在气候公益诉讼的实践探索中得到贯彻，并突破了公安机关、检察机关、审判机关、司法行政机关协同联动的范畴，向环保公益组织、司法机关、政府、生态环保行政执法机关协同联动的领域发展，通过诉讼这个路径，汇集各方力量，实现减污降碳、生态修复的目标，而不是为了诉讼而诉讼。具体来说，2016 年宣判的我国首例大气污染民事公益诉讼案的司法实践，即体现了这一司法探索。山东德州晶华集团振华有限公司①长期超标排放污染物，造成大气污染，严重影响其周边居民生活，经环保主管部门点名批评和多次处罚，问题仍未获得解决，其超标向大气排放污染物的行为一直未被禁绝。环保公益组织中华环保联合会为此以该公司为被告向法院提起大气污染民事公益诉讼，德州市中级人民法院受理本案后，向社会公告案件受理情况，向德州市环境保护局告知本案受理情况，德州市人民政府、德州市环境保护局积极支持、配合本案审理，并与一审法院共同召开协调会。通过法院与政府、环境保护行政主管部门的联动、协调，该公司将全部生产线关停，在远离居民生活区的天衢工业园区选址建设新厂，防止了污染及损害的进一步扩大，使案件尚未审结即取得阶段性成效。案件审理完毕后，一审法院最终判决该公司赔偿超标排放污染物造成损失 2198.36 万

追缴违法所得，对该公司法定代表人祁某某判处有期徒刑并处罚金。在行政处罚和刑事处罚之外，德清县人民检察院依法以该公司为被告提起违法使用消耗臭氧层物质民事公益诉讼，湖州市中级人民法院依法立案审理，并由浙江省生态环境科学技术研究院出具《生态环境损害鉴定评估报告》确定生态环境损害值。可参见《浙江德清：办理首例违法使用消耗臭氧层物质公益诉讼案》，网址：https://www.spp.gov.cn/spp/dfjcdt/202104/t20210401_514557.shtml，2022 年 7 月 4 日访问；《一线丨全国首例消耗臭氧层物质（ODS）大气污染责任民事公益诉讼案当庭宣判》，网址：https://baijiahao.baidu.com/s?id=1695381762684215837&wfr=spider&for=pc，2022 年 7 月 4 日访问。

① 一家从事玻璃及玻璃深加工产品制造的企业，位于山东省德州市区内。

元，用于大气环境质量修复；该公司在省级以上媒体向社会公开赔礼道歉等。宣判后，双方当事人均未提起上诉。协同联动的诉讼机制取得了良好的效果。①

四、我国气候公益诉讼发展展望

总体来看，政策在当前我国推动"双碳"战略、应对气候变化的进程中起了主导作用，相关法律规范体系并不健全，② 同时，公众参与和市场引导尚不充分，行政主导下的"命令—控制"型减排模式亦无法有效应对市场主体复杂多变的碳排放行为。在此背景下，气候公益诉讼的发展具有现实意义。通过气候行政公益诉讼，可以敦促政府积极应对气候变化问

---

① 该案进一步详细情况为：山东德州晶华集团振华有限公司虽投入资金建设脱硫除尘设施，但仍有两个烟囱长期超标排放污染物，造成大气污染，严重影响了周围居民生活，被环境保护部点名批评，并被山东省环境保护行政主管部门多次处罚，但其仍持续超标向大气排放污染物。环保公益组织中华环保联合会提起民事公益诉讼，请求判令该公司立即停止超标向大气排放污染物，增设大气污染防治设施，经环境保护行政主管部门验收合格并投入使用后方可进行生产经营活动；赔偿因超标排放污染物造成的损失2040万元（诉讼期间变更为2746万元）及因拒不改正超标排放污染物行为造成的损失780万元，并将赔偿款项支付至地方政府财政专户，用于德州市大气污染的治理；在省级及以上媒体向社会公开赔礼道歉；承担本案诉讼、检验、鉴定、专家证人、律师及其他为诉讼支出的费用。经过审理，德州市中级人民法院认为，诉讼期间该公司停产，停止使用原厂区，可以认定该公司已经停止侵害。在停止排放前，该公司超标排放污染物的行为导致了大气环境的生态附加值功能受到损害，应当依法承担生态环境修复责任，赔偿生态环境受到损害至恢复原状期间服务功能损失。同时，该公司超标向大气排放污染物的行为侵害了社会公众的精神性环境权益，应当承担赔礼道歉的民事责任。具体案情可参见《中华环保联合会诉山东德州晶华集团振华有限公司大气污染民事公益诉讼案》，网址：https://www.chinacourt.org/article/detail/2017/03/id/2574333.shtml，2022年7月4日访问。

② 我国目前尚未专门出台有关控制碳排放、应对气候变化的法律，在一些相关法律法规中有所涉及，例如《中华人民共和国可再生能源法》《中华人民共和国清洁生产促进法》《中华人民共和国节约能源法》《中华人民共和国大气污染防治法》《碳排放权交易管理办法（试行）》《节能低碳产品认证管理办法》等。

题、促进立法机关加快应对气候变化立法，通过气候民事公益诉讼推动企业减少温室气体排放，内化碳排放成本。同时，气候公益诉讼的司法实践有助于推动多方主体参与气候变化监督，引导公众关注气候变化议题，使自下而上的民意与自上而下的碳减排政策形成合力。[①]"我国是比较典型的大陆法系国家，在气候应对法律尚未颁布的情况下，普通法系国家的气候诉讼路径对我们有较大启发，以政府决策和碳排放大户为被告的诉讼，能够以司法的方式在个案问题上推动政府决策的全面性和科学性，给碳排放量大的企业造成压力，迫使其尽快采取技术措施。"[②] 尽管气候公益诉讼在我国处于起步阶段且面临诸多问题，严格意义上的气候公益诉讼案件亦尚未出现，但为实现气候变化司法应对应建立起气候公益诉讼制度则基本形成共识，党的十九届四中全会亦明确提出"拓展公益诉讼案件范围"。考察国外的气候诉讼情况及我国的相关司法实践探索，以下问题在我国未来气候公益诉讼的发展中需要予以关注。

第一，在加强气候变化减缓类案件和气候变化适应类案件审理，以应对因排放温室气体、臭氧层损耗物质等直接或间接导致气候变化的行为这一大背景下，注重减缓、适应两种应对气候变化手段在气候公益诉讼中的充分运用。应对气候变化，减缓与适应是基本思路，气候公益诉讼的基本定位是环境公益诉讼，其发展则需在这一定位的基础上通过制度改进实现减缓与适应这两种气候变化应对手段的充分运用。在可再生能源、能源效率、可持续交通、臭氧层消耗物质控制、土地利用变化和林业管理等领域，通过气候变化减缓类案件实现气候变化应对大有可为；气候变化适应类案件则能推动政策、规划及其他相关行动，提升气候变化适应能力，降低气候变化可能给人身、财产以及公众健康带来的损害。如涉及建设项目环境影响评价等气候变化适应案件的办理，就能在发展政策、规划、计

---

① 赵悦：《气候变化诉讼在中国的路径探究——基于41个大气污染公益诉讼案件的实证分析》，《山东大学学报》（哲学社会科学版）2019年第6期。

② 高利红：《我国气候诉讼的法律路径：一个比较法的研究》，《山东大学学报》（哲学社会科学版）2022年第1期。

划、项目和行动中促进气候变化适应措施的采取。①

第二，司法应对气候变化实际上具有被动性和辅助性，在推进"双碳"战略、应对气候变化的进程中，气候公益诉讼机制的定位应当是服务与保障。长远来看，气候变化应对更适宜交由立法及行政机关与全社会共同努力，为此需要建立健全应对气候变化的法律规范体系，将应对气候变化和温室气体减排纳入我国社会主义法律规范体系中，同时依法设立相应的行政机构，赋予其相应法定职权，这是减缓和适应气候变化的国家责任的履行的基础。在我国应对气候变化法律规范体系、治理体系尚未建立健全之前，司法在气候治理体系中应有为但保持相对谦抑、克制，在现行法秩序下发挥司法治理效能，通过影响气候变化政策与立法，推动"双碳"战略及气候变化应对。

第三，相较传统损害救济偏向事后救济，气候公共利益损害救济具有预防性，气候公益诉讼亦具有预防性公益诉讼的特点，将保护范围由既成损害扩张至可能受损的风险。《中华人民共和国环境保护法》在"预防为主"这一基本原则条款上存在解释争议，风险防范原则在立法上尚未真正确立。为此，"风险防范原则"在我国气候诉讼中应当获得进一步的关注。

第四，气候变化民事公益诉讼较气候变化行政公益诉讼面临更多的法律难题，未来气候公益民事诉讼的发展在以下问题上需要更多探索：其一，具体排放行为与损害结果间的因果关系。民事损害赔偿之诉须证明某一具体的排放行为与损害结果间存在因果关系。碳排放及其关联的气候变化是否造成人身、财产、环境损害等，具有一定不确定性，容易引发争议。气候行政诉讼中则不存在这种因果关系的证明。在司法实践中，相对而言原告证明其由于气候变化而受到损害具有一定可能性，但进一步证明该损害可归责于特定被告的温室气体排放行为，则极为困难。其二，司法救济手段。在气候行政公益诉讼中，法院一般通过判令政府履行职责或修

---

① 参见《中国环境资源审判（2019 年）》，网址：https://www.court.gov.cn/zixun-xiangq-ing-22834 1.html，2022 年 7 月 4 日访问。

正不合法的行政行为等司法手段即可实现原告诉求。在气候民事公益诉讼中，损害赔偿、生态修复等问题是焦点问题，而气候变化所造成的损害以及某一特定排放者对该损害具体应承担多少责任往往难以计算，采取何种司法救济手段来修复大气生态环境损害、如何计算损失赔偿额，均是难题，需要法院秉承司法能动主义的精神，创新性地推动气候司法的进程。

第三节　碳排放生态修复司法保障机制

一、我国生态修复司法保障机制的探索

在生态环境侵害司法救济中，受害者的人身和财产损失的赔偿只弥补了其当前损失，责令加害人停止侵害生态环境的侵权行为只是制止了加害人将来再次实施侵害行为，上述措施改变不了生态环境已遭受损害的既成事实，环境损害状态的存续会对特定受害者尤其是公共利益持续产生不利影响。从维护环境公共利益的角度出发，生态环境的损害应当得到尽快修复。实际上，通过生态修复使受损害的环境得到恢复，才能从根本上解决生态环境遭受损害的问题，实现可持续发展。故在生态环境侵害司法救济中，不仅应当关注生态环境损害所导致特定主体的人身和财产损害，更应当关注对生态环境损害本身的救济，即生态修复司法保障，碳排放生态修复司法保障则是生态修复司法保障的组成部分。

在我国生态治理的理论及实践探索中，生态修复及其司法保障机制亦日益受到重视。从 2015 年的《生态环境损害赔偿制度试点改革方案》到 2017 年的《生态环境损害赔偿制度改革方案》，生态环境的功能价值及责任人对于受损生态环境进行修复的义务逐步明确。2018 年 6 月，最高人民法院发布《关于深入学习贯彻习近平生态文明思想为新时代生态环境保护提供司法

服务和保障的意见》，明确要求推进生态环境损害赔偿制度改革，探索多样化的责任承担方式，为确保生态环境得到及时有效的修复，提供更加有力的司法保障和服务。2019 年 6 月最高人民法院发布的《关于审理生态环境损害赔偿案件的若干规定（试行）》，坚持以恢复性司法理念为价值导向，强调将环境修复作为生态环境损害救济的重要途径。作为国家民事领域基本法的《中华人民共和国民法典》亦对生态环境损害的生态修复问题作出了明确规定，对生态修复责任予以了确认，突出了生态修复责任的重要性。[①]

生态修复作为一个系统工程，具体可从以下几个方面予以理解：一是在受污染环境中清除污染物质，二是消除和减缓污染物质不良影响的持续和扩散，三是消除或者减少环境的物理、化学、生物等特性的有害变化，四是恢复受损害区域生态系统的功能和价值。[②] 在我国生态环境公益诉讼的实践中，生态修复责任如何确定、履行，原告的诉讼请求和法院判决的责任承担方式呈现出多样化的特点，以 2017 年最高人民法院发布的十件环境公益诉讼典型案例为例，诉求和判决承担责任的具体方式包括：赔偿环境修复费用，停止环境侵害行为，使被污染损害的环境恢复原状，制订并实施环境修复方案，依法处置涉案废物等。各地司法实践中，诉求和判决的责任承担方式还包括复绿固土、异地补植、放养鱼苗、补种护理林木等，其中停止侵害、支付生态修复费用为主要的责任承担方式。[③]

超额碳排放将导致大气中温室气体浓度提高，进而导致地球地表、大气及海水等温度上升，加剧气候变暖，引发生态系统危机，就碳排放导致的大气生态损害问题如何构建生态修复司法保障机制，理论研究和司法实践均少有涉及，属于生态修复司法保障中一个亟须深入研究的领域。

---

① 《中华人民共和国民法典》第一千二百三十四条规定，"违反国家规定造成生态环境损害，生态环境能够修复的，国家规定的机关或者法律规定的组织有权请求侵权人在合理期限内承担修复责任。侵权人在期限内未修复的，国家规定的机关或者法律规定的组织可以自行或者委托他人进行修复，所需费用由侵权人负担"。

② 李挚萍：《环境修复法律制度探析》，《法学评论》2013 年第 2 期。

③ 李戈：《生态修复责任在环境公益诉讼中的实现路径》，网址：https://www.chinacourt.org/article/detail/2021/04/id/5931595.shtml，2022 年 7 月 4 日访问。

二、我国碳排放生态修复司法保障机制的构想

从司法救济的角度看，生态修复责任是在生态环保侵权领域，以恢复原状为基础，融合传统民法中停止侵害或排除妨害、消除危险、赔偿损失等责任承担方式，形成的一种新型的民事责任承担方式。司法机关通过责令侵权者承担相关生态修复责任使被损害的生态环境得以实现生态修复，[①] 这也即生态修复的司法保障，大气污染物排放、碳排放的生态修复司法保障均是生态修复司法保障机制的组成部分。

应当看到，大气污染物排放与碳排放治理的相关性，使得大气污染物排放生态修复司法保障机制的探索对碳排放生态修复司法保障机制的构建具有较强的借鉴意义。大气污染民事公益诉讼的被告如败诉，常被判决承担的责任是停止侵害、消除危险、赔偿损失和恢复原状等。"恢复原状"一般是指将生态环境修复到受损害之前的状态和功能，对于无法完全修复的，法院通常会判令被告进行"替代性修复"；"消除危险"主要包括环保治理项目改建以及危险废物无害化处理等；"赔偿损失"的范围包括排污行为造成的直接损失，如现有财产的损毁或价值的减少，也包括为消除污染、防止污染扩大和修复生态环境采取合理措施发生的必要费用；"停止侵害"的履行方式如对排放大气污染物的项目完全停产、部分关停、予以改建等。[②] 这也可以看出，生态修复不是单纯的"恢复原状"这一民事责任承担方式，而是以"恢复原状"为基础，融合停止侵害或排除妨害、消除危险、赔偿损失等责任承担方式。

碳排放生态修复责任亦应当是以"恢复原状"为基础，融合停止侵害

---

① 可以说，生态修复主要包含三个层面：从被污染和破坏的生态环境中清除污染物质或者致害因素；消除、减缓污染物质或者致害因素不良影响的持续和扩散；恢复受损害区域生态系统的功能和价值。

② 《大气污染公益诉讼能否成为我国气候变化诉讼潜在路径？》，网址：https://baijiahao.baidu.com/s?id=1664494971393586265&wfr=spider&for=pc。

或排除妨害、消除危险、赔偿损失等责任承担方式。碳排放生态修复司法保障机制则是通过协同联动的司法机制使超额碳排放行为主体承担碳排放生态修复责任。需要注意的是，碳排放生态修复责任的承担方式亦具有一定特殊性。在碳排放领域消除危险、恢复原状等责任承担方式的实现，需要在司法保障机制运行中实现碳中和、碳移除①、碳捕集利用与封存等相关措施或技术手段的充分运用，如判令责任主体通过植树造林、节能减排等形式，抵消自身产生的碳排放量；又如碳捕集利用与封存，是把生产过程中排放的二氧化碳进行捕获提纯，继而投入新的生产过程进行循环再利用或封存的一种技术，可以实现碳排放领域的消除危险、恢复原状责任承担；通过司法保障机制促进碳排放主体之间的碳交易也是一种路径，如在碳排放配额市场之外的自愿减排市场交易（即"CCER 交易"），在"CCER 交易"中控排企业向实施"碳抵消"活动的企业购买可用于抵消自身碳排放的核证量。② 碳排放生态修复责任也可通过超额碳排放者赔偿损失的方式来实现，但具体来看赔偿损失的责任承担方式如何实现存在一些障碍，如碳排放导致的气候

---

① 碳移除是指通过自然和技术的形式将 CO_2 固定或储存起来。一般来说，它可分为两类：碳汇和 CCS 技术。前者基于自然方法，利用生物过程增加碳移除，并在森林、湿地和海洋中储存起来；后者基于技术手段，直接从空气中移除或控制天然碳移除过程以加速碳储存。前者属于生物固碳，后者为物理固碳。两者分别指向碳汇和 CCS 两项子制度。参见冯帅：《论"碳中和"立法的体系化建构》，《政治与法律》2022 年第 2 期。

② CCER 的中文名称是"国家核证自愿减排量"，根据我国《碳排放权交易管理办法（试行）》的规定，CCER 是指"对我国境内可再生能源、林业碳汇、甲烷利用等项目的温室气体减排效果进行量化核证，并在国家温室气体自愿减排交易注册登记系统中登记的温室气体减排量"。简单来讲，CCER 就是一种碳抵消机制，即控排企业向实施"碳抵消"活动的企业购买可用于抵消自身碳排的核证量。"碳抵消"是指用于减少温室气体排放源或增加温室气体吸收汇，用来实现补偿或抵消其他排放源产生温室气体排放的活动，即控排企业的碳排放可用非控排企业使用清洁能源减少温室气体排放或增加碳汇来抵消。抵消信用由通过特定减排项目的实施得到减排量后进行签发，项目包括可再生能源项目、森林碳汇项目等。碳市场按照 1∶1 的比例给予 CCER 替代碳排放配额，即 1 个 CCER 等同于 1 个配额，可以抵消 1 吨二氧化碳当量的排放，《碳排放权交易管理办法（试行）》规定重点排放单位每年可以使用国家核证自愿减排量抵销碳排放配额的清缴，抵消比例不得超过应清缴碳排放配额的 5%。

变化所造成的生态环境损害金额难以计算及确定,特定碳排放主体对该生态环境损害应承担多少责任存在难以具体划分的问题。总体来看,当前即便各国法院秉承司法能动主义的精神、创新司法判决类型与救济方式,气候司法的进程面临气候损害救济的考验这一问题也似乎很难获得妥善解决。

三、我国碳排放生态修复司法保障中的协同联动

我国大气污染物生态修复司法保障实践,已开始注重司法保障机制的协同联动,具体体现为生态环保部门、政府、法院、专业鉴定评估机构之间的协同联动,这为碳排放生态修复司法保障协同联动的探索提供了直接借鉴。从具体个案来看,绍兴市环境保护局、浙江上峰建材有限公司、诸暨市次坞镇人民政府(大气污染致环境损害)生态环境损害赔偿协议司法确认案,对大气污染生态修复的协同联动处理即具有典型意义。

浙江上峰建材有限公司超标排放氮氧化物、二氧化硫等大气污染物,对周边大气生态环境造成损害。经绍兴市环保科技服务中心鉴定评估,造成生态环境损害金额约110万元,鉴定评估费用12万元。就该大气污染物排放案的处理,绍兴市环境保护局与该公司、诸暨市次坞镇人民政府进行充分磋商,最终达成《生态环境损害修复协议》①,该公司以替代修复的

---

① 该修复协议主要内容为:一、各方同意浙江上峰建材有限公司(简称"上峰建材公司")以替代修复的方式承担生态环境损害赔偿责任。上峰建材公司在承担生态环境损害数额约110万元的基础上,自愿追加资金投入175万余元,合计总额约286万元用于生态修复工程,并于2018年10月31日之前完成生态修复工程。二、诸暨市次坞镇人民政府对生态修复工程进行组织、监督管理、资金决算审计,修复后移交大院里村。三、生态修复工程完成后,由绍兴市环境保护局委托第三方评估机构验收评估,提交验收评估意见。四、生态环境损害鉴定评估费、验收鉴定评估费由上峰建材公司承担,并于修复工程验收通过后7日内支付给鉴定评估单位。五、如上峰建材公司中止生态修复工程,或者不按约定时间、约定内容完成修复的,绍兴市环境保护局有权向上峰建材公司追缴全部生态环境损害赔偿金。

方式承担生态环境损害赔偿责任。《生态环境损害修复协议》签署后，各方共同将该协议提交绍兴市中级人民法院，申请司法确认。法院受理司法确认申请后，对该《生态环境损害修复协议》内容进行了公告。公告期内，未收到异议或意见。随后法院进行审查，经审查认为该《生态环境损害修复协议》符合司法确认的条件，依法作出裁定：确认协议有效，一方当事人拒绝履行或者不全部履行的，对方当事人可以向人民法院申请强制执行。①

第四节 碳排放权交易司法保障机制

一、通过碳排放权交易实现碳减排的实践探索

如前所述，碳排放即指温室气体排放，虽然温室气体与大气污染物主要都是在能源消费过程或工业生产过程排放出的气体，但严格来说二者存在不同。对人体健康没有直接影响，但长期来看会造成气候变化的气体被认为是温室气体，直接损害人体健康的气体则是大气污染物。当然也有部分物质既属于温室气体，也属于大气污染物，如甲烷（CH_4）。② 因而，在大气污染物与温室气体协同控制机制之外，应有专门针对碳排放控制的治理机制。

目前我国应对气候变化法律规范体系尚未建立健全，针对碳排放的治理我国在法律层面目前并没有专门的规定，相关规定多集中在党和国家相

---

① 详细案情可参见《大气污染致环境损害怎么修复？》，网址：http://meeb.sz.gov.cn/hdjl/ywzsk/flfgl/content/post_2009270.html，2022 年 7 月 4 日访问。

② 《温室气体和空气污染物有什么样的关系？》，网址：http://www.tanpaifang.com/ditan-huanbao/2019/1121/66366.html，2022 年 7 月 4 日访问。

关政策文件中①，相关政策文件主要是确定了相应时期(如"十二五""十三五"等) 控制温室气体排放的目标，对相关部门在各自职责范围内做好控制温室气体排放工作提出了要求，对如何发挥市场机制作用作了部署，要求形成以政府为主导、企业为主体、全社会广泛参与的控制温室气体排放工作格局。总体来看，对超额碳排放行为我国现有政策法规缺乏相应规范对之进行硬性约束或者处罚。相对柔性的碳排放权交易机制是当前我国以市场化机制实现碳排放控制，推进"双碳"战略的重要路径。碳排放权交易的具体机制则包括碳排放配额分配和清缴，碳排放权登记、交易、结算，温室气体排放的报告与核查，等等。重点排放单位、符合规定的机构和个人以其持有的碳排放配额为限进行碳排放是该碳市场机制发挥作用的前提。②

二、协同联动的碳排放权交易司法保障机制探索

通过碳排放权交易机制实现碳排放控制，同样需要司法保障。鉴于碳排放权交易涉及的法律问题的复杂性，其司法保障更需要建立一种有效的跨部门协同机制。就目前碳排放权交易运行的实际情况来看，行政机关与法院的协同是关键。

碳排放交易的正常运行，首先需要通过行政手段对企业所提交之排放数据信息的真实性和可靠性进行保证和监管，保障重点排放单位以其持有的碳排放配额为限进行碳排放及按时足额清缴碳排放配额。当然，行政诉讼是一种对碳市场监管机关在监管方面的不作为或违法作为的应对机制。当前，就重点排放单位以其持有的碳排放配额为限进行碳排放及按时足额

---

① 如《国务院关于印发"十二五"控制温室气体排放工作方案的通知》(国发〔2011〕41号)、《国务院关于印发"十三五"控制温室气体排放工作方案的通知》(国发〔2016〕61号) 等。

② 《碳排放权交易管理办法（试行）》《碳排放权登记管理规则（试行）》《碳排放权交易管理规则（试行）》和《碳排放权结算管理规则（试行）》等政策文件构建了相关具体机制。

清缴碳排放配额的行政监管，《碳排放权交易管理办法（试行）》等规章、政策文件构建的监管框架大致如下。

（一）关于重点排放单位的温室气体排放报告及其核查

重点排放单位应当根据生态环境部制定的温室气体排放核算与报告技术规范，编制该单位上一年度的温室气体排放报告、载明排放量；省级生态环境主管部门应当组织开展对重点排放单位温室气体排放报告的核查，并将核查结果告知重点排放单位，核查结果应当作为重点排放单位碳排放配额清缴依据。

（二）重点排放单位虚报、瞒报温室气体排放报告或者拒绝履行温室气体排放报告义务的处理

处理措施为：由其生产经营场所所在地设区的市级以上地方生态环境主管部门责令限期改正，处一万元以上三万元以下的罚款。逾期未改正的，由重点排放单位生产经营场所所在地的省级生态环境主管部门测算其温室气体实际排放量，并将该排放量作为碳排放配额清缴的依据；对虚报、瞒报部分，等量核减其下一年度碳排放配额。

（三）关于重点排放单位清缴碳排放配额

重点排放单位应当在生态环境部规定的时限内，向分配配额的省级生态环境主管部门清缴上年度的碳排放配额，清缴量应当大于等于省级生态环境主管部门核查结果确认的该单位上一年度温室气体实际排放量。

（四）重点排放单位未按时足额清缴碳排放配额的

由其生产经营场所所在地设区的市级以上地方生态环境主管部门责令限期改正，处二万元以上三万元以下的罚款；逾期未改正的，对欠缴部分，由重点排放单位生产经营场所所在地的省级生态环境主管部门等量核减其下一年度碳排放配额。

从各地试点情况来看，在碳排放权交易机制运行过程中，当前我国对于碳排放主体违法行为的制裁形式主要包括罚款、下一年度配额减少、社会信用曝光、取消财政资助资格或剥夺参与激励机制的机会等，处罚措施相对较轻，且在适用上各地相互并不一致。总体来看，试点省市在处罚标准、处罚方式以及违约风险控制等方面的规定良莠不齐，威慑力度并不足。①

碳排放权交易中，交易主体之间发生的纠纷、交易机构与交易主体之间发生的纠纷、交易主体与注册登记机构之间发生的纠纷，则需要通过法院的司法审判来处理，以保障碳排放交易市场的正常运行。

碳排放权交易的标的是碳排放配额和经核证的减排量，我国当前对该碳排放权交易标的之法律属性缺乏明确规定，一旦碳市场交易过程中发生争议、纠纷，如何确定法律救济的途径和方式会受到影响。碳排放权交易标的在法律属性上是一种民事权利（某种财产权）抑或是一种行政许可，存在争议。国内外目前尚无能够被广泛接受的通说，现行立法和司法裁判也并未对此作出明确回应。如果将其界定为一种民事权利（如某种财产权），则其持有者享有充分的"私法自治"权，交易的法律关系也较为清晰明确，但政府对配额或者经核证的减排量的调整则构成一种"分配行政"，这种公私法上的冲突将不利于政府进行宏观调控；如果将碳排放权交易的标的界定为行政相对人通过行政许可获得的一种公法权利，则其设定、变更和撤销将由政府主导，有利于政府进行宏观调控，但碳排放配额或经核证的减排量之取得或处分易受政府影响，从对持有人权利保护的角度来看，不及将其界定为一种民事权利在私法（民法）上获得的保护充分。

司法实践中，法院对企业碳排放配额的查封、冻结、执行目前面临一系列现实问题，在相关法律法规尚不健全的情况下，亦需要各部门协同处理。就与行政监管的协同来说，需要明确冻结后的碳排放配额是否

---

① 曹明德：《中国碳排放交易面临的法律问题和立法建议》，《法商研究》2021 年第 5 期。

应当优先用于清缴履约，冻结导致企业无法清缴履约的行政处罚问题，冻结的效力是否及于企业未来买入的配额等问题。法院在控排企业破产案件的审理中，亦面临碳排放配额处置的相关问题，需要各部门协同处理，如破产企业持有的碳排放配额能否作为破产财产予以分配、破产企业欠缴的碳排放配额应当如何进行收缴、破产企业退出全国碳市场的标准问题等。

总体而言，碳排放权交易司法保障机制中行政机关与法院的协同联动，需要妥善处理行政监管与司法权的关系，依法适度加强能动司法。司法机关尊重行政机关的首次判断权和自由裁量权，可以为行政机关职能作用的发挥创造有利条件，司法机关通过审判活动亦可以发挥诉讼的评价指引和政策形成功能。为了应对这类新类型的案件，法院亦需要在尊重审判规律的前提下，创新审理方法和裁判方式，探索符合需要的保全、裁判、执行等特殊规则。

三、我国气候变化公益诉讼的未来发展

从世界范围来看，气候变化司法逐渐成为一个全球性现象。根据哥伦比亚大学萨宾气候变化法律中心数据库统计，截至 2019 年 12 月 9 日，全球共有 1667 件与气候有关的案件，其中发生在美国的 1340 件，发生在美国之外的 327 件。在这 327 件气候诉讼中，296 件被告是政府，31 件被告是企业或个人。在 296 件告政府的气候诉讼中，149 件关于环境评估与许可，94 件关于温室气体减排与贸易，11 件关于信息公开，11 件关于生物多样性与生态系统保护，26 件关于人权，1 件关于气候适应，4 件关于公共信托。[①] 截至 2020 年底，全球范围内的气候变化诉讼共计 2018 件，其

---

① 黄文旭：《域外气候变化公益诉讼的发展动态》，网址：https://www.chinacourt.org/article/detail/2019/12/id/4736119.shtml。

中美国 1579 件，其余国家 439 件。①

　　气候诉讼作为一种新兴的诉讼，目前学术研究中最常见的分类包括战略性气候诉讼、价值链诉讼、减缓诉讼、适应性诉讼、人权诉讼、后代人诉讼等。战略性气候诉讼，是根据诉讼动机的自利性程度而作出的划分，是指其诉讼旨在寻求广泛社会转变的诉讼。价值链诉讼，是针对某些排放者的上游或下游价值链上的行为而提起的诉讼，此类诉讼对碳排放大户的不实承诺、行动偏差、误导公众等形成压力，尤其是其中的金融市场参与者。减缓诉讼，旨在促使政府和企业遵守减排承诺或制定更加明确的减排目标。适应性诉讼，是为了修复因气候变化而恶化的生态系统、赔偿各类财产、健康损害，或对涉及气候变化的规划提出更加长远与具体要求，以降低潜在的气候不良影响的诉讼。减缓诉讼和适应性诉讼，是从解决气候问题的实际路径角度作出的分类。人权诉讼，是指以人权为论据的气候诉讼，是根据起诉的权利性质而划分的诉讼类型。后代人诉讼是基于起诉主体的代表性而划定的一种诉讼类型。纵览各种气候诉讼类型，气候诉讼的被告主要为政府或企业，且从程序法律和实体法律角度对气候诉讼进行分类的最佳类型依然是气候民事诉讼和气候行政诉讼。② 具体来说，又主要体现为气候民事公益诉讼与气候行政公益诉讼。

　　"双碳"目标体现的公共利益与每个碳排放主体相关。碳中和是一个宏观的问题，属于典型的公共利益，气候民事公益诉讼和行政公益诉讼的共同点在于国家义务背景下保障公众基本权利（环境权）的实现。③ 气候变化行政公益诉讼，即以政府或公共机构为被告的行政案件，主要集中在温室气体减排上的不作为和适应气候变化风险上的不作为。在澳大利亚，

① 资料来源：哥伦比亚大学法学院萨宾中心气候变化诉讼数据库，网址：http://climate-casechart.com。

② 高利红：《我国气候诉讼的法律路径：一个比较法的研究》，《山东大学学报》（哲学社会科学版）2022 年第 1 期。

③ 洪冬英：《"双碳"目标下的公益诉讼制度构建》，《政治与法律》2022 年第 2 期。

针对气候变化议题的司法应对中，针对行政行为提起司法审查具有代表性，例如以环境影响评价并未充分考虑到潜在的气候变化影响为由对政府决策提出质疑。① 气候变化民事公益诉讼，主要是以企业为被告的气候变化侵权诉讼，如美国环境保护组织通过侵权制度向诸如燃煤电厂、汽车公司等主要排放者寻求金钱赔偿或禁令救济。②

在当前我国气候变化应对机制中，应对气候变化、推动低碳发展以政策为主导，法律规范较为缺乏；气候变化治理中的公众参与和市场引导尚不充分，行政主导下的"命令—控制"型减排模式无法应对市场主体复杂多变的碳排放行为。在此背景下，气候诉讼的发展具有一定的现实意义。气候诉讼，一方面可以成为敦促政府积极应对气候变化问题、加快应对气候变化立法的司法手段，推动企业减少温室气体排放，内化碳排放成本；另一方面可以推动多方主体参与气候变化监督，引导公众关注气候变化议题，使自下而上的民意与自上而下的碳减排政策形成合力。③

尽管气候变化诉讼在我国的发展处于起步阶段且面临诸多问题，严格意义上的气候变化公益诉讼案件并未出现。但从我国目前的理论研究和司法实践情况来看，中国气候变化应对在司法层面最为可行的是建立起气候变化公益诉讼制度已基本形成共识，党的十九届四中全会亦明确提出"拓展公益诉讼案件范围"。正如有论者指出："我国是比较典型的大陆法系国家，在气候应对法律尚未颁布的情况下，普通法系国家的气候诉讼路径对我们有较大启发，以政府决策和碳排放大户为被告的诉讼，能够以司法的方式在个案问题上推动政府决策的全面性和科学性，给碳排放量大的企业

---

① Jacqueline Peel, "Climate Change Law: The Emergence of a New Legal Discipline", *Melbourne University Law Review*, 2008（3）.

② 田时雨：《论气候变化的司法应对——基于环境公益诉讼的路径探索》，《理论月刊》2021 年第 12 期。

③ 赵悦：《气候变化诉讼在中国的路径探究——基于 41 个大气污染公益诉讼案件的实证分析》，《山东大学学报》（哲学社会科学版）2019 年第 6 期。

造成压力，迫使其尽快采取技术措施。"[①]考察国外的气候变化公益诉讼情况及我国的相关司法实践探索，我国未来气候变化公益诉讼的发展也主要应当沿着行政公益诉讼与民事公益诉讼的构建思路进行。其主要理由如下。

第一，我国当前的大气污染公益诉讼实践能为气候变化公益诉讼提供支持和借鉴。《中华人民共和国大气污染防治法》第二条规定："防治大气污染，应当加强对燃煤、工业、机动车船、扬尘、农业等大气污染的综合防治，推行区域大气污染联合防治，对颗粒物、二氧化硫、氮氧化物、挥发性有机物、氨等大气污染物和温室气体实施协同控制。"大气污染物和温室气体具有同源性，二者都主要由传统化石燃料燃烧产生。从2016年山东省德州市全国首例大气污染民事公益诉讼胜诉，到2017年检察院开始探索提起大气污染行政公益诉讼，再到2018年北京市首例检察院提起的大气污染民事公益诉讼胜诉，近年来以减少大气污染物排放为目的的大气污染公益诉讼在我国发展迅速，相关案例呈增长态势，相关理论研究也日益成熟。基于气候变化诉讼与大气污染公益诉讼的关联性，大气污染公益诉讼的有益探索无疑有助于推动气候变化公益诉讼未来的发展。我国部分气候变化诉讼可以通过大气污染公益诉讼的途径开展，但以"温室气体和大气污染物实现协同控制"为前提。在实现"二气"协同管控的情形下，大气污染公益诉讼可成为气候变化诉讼的直接路径；若未实现"二气"的协同管控，大气污染民事公益诉讼、大气污染行政公益诉讼对气候变化诉讼的适用性将分别因民事责任形式、行政主体的差异有所不同。具体而言，若法院判令大气污染民事公益诉讼的被告停止或减少大气污染物的排放，大气污染民事公益诉讼将成为实现气候变化诉讼目的的间接路径；但若法院仅判令被告治理污染物，大气污染民事公益诉讼能否间接实现气候变化诉讼的减排目标则难以确定。同

---

① 高利红：《我国气候诉讼的法律路径：一个比较法的研究》，《山东大学学报》（哲学社会科学版）2022年第1期。

样，大气污染行政公益诉讼推动行政机关履行大气污染治理的监管职能，也可能间接地推动温室气体的减排，但这种关联效果存在不确定性。而针对林业部门提起的大气污染行政公益诉讼可推动森林保护、增加碳汇，成为气候变化诉讼的直接路径。①

第二，减缓与适应是气候变化应对的两项基本命题，气候变化公益诉讼的体系构建需在环境公益诉讼这一规范定位的基础上融入气候变化案件有关减缓与适应的功能需求，在气候变化相关案件分类上采用"气候变化减缓类案件和气候变化适应类案件"的划分方式。气候变化减缓类案件，主要针对能源、资源、交通等领域有关臭氧层消耗、温室气体排放的行为；而气候变化适应类案件，则旨在推动政策规划及相关行动以强化气候变化适应措施，提升气候变化适应能力。②

第三，需要注意的是，气候变化应对更适宜交由立法和行政机关以及全社会，由之形成共同努力的"共治"，司法对此仅能发挥服务与保障之作用。建立健全应对气候变化的法律体系，将应对气候变化和温室气体减排纳入我国社会主义法律规范体系，依法确立相应的行政机构，赋予其相应的职能和法定职权，是减缓和适应气候变化的国家责任的履行基础，司法应对气候变化实际上具有被动性和辅助性。在我国应对气候变化治理体系和法律体系尚未建立健全之前，司法在气候治理体系中应保持相对谦抑、有为但克制，在现行法秩序下发挥其治理效能，进而影响或推进气候变化政策与立法。

第四，与传统损害偏向事后救济相较，科学不确定性背景下的气候公共利益救济具有一定的特殊性，碳排放及其关联的气候变化是否造成人身、财产甚至环境损害等此类问题具有一定的不确定性，容易成为争议焦点。我国《中华人民共和国环境保护法》在"预防为主"这一基本原则条

---

① 《大气污染公益诉讼能否成为我国气候变化诉讼潜在路径？》，网址：https://baijiahao. baidu.com/s?id=1664494971393586265&wfr=spider&for=pc。

② 《中国环境资源审判（2019）》，网址：http://www.court.gov.cn/zixunxiangqing-228341. html。

款上存在解释争议，风险防范原则在立法上尚未真正确立，气候变化诉讼更多具有预防性公益诉讼的特点，将公共利益的保护范围由既成损害扩张至受损风险。为此，"风险防范原则"在我国气候司法中应当获得进一步的关注。

第五，气候变化民事公益诉讼较气候变化行政公益诉讼面临更多的法律障碍，未来气候公益民事诉讼的发展在以下方面需要更多探索：① 具体排放行为与损害结果间的因果关系。气候变化行政诉讼中不存在这种因果关系的证明，而民事损害赔偿之诉则须证明某一具体的排放行为与损害间存在因果关系。原告证明其由于气候变化而受到损害相对而言具有可能性、可行性，而证明该损害可归责于特定被告的温室气体排放行为则较为困难。② 采取何种司法救济手段。在行政诉讼中，法院通常只判令政府履行职责或修正其不合法的行政行为即可实现原告诉求。而在民事诉讼中，气候变化所造成的损害以及某一特定排放者对该损害的贡献程度难以计算，采取何种司法救济手段来修复大气生态环境损害、如何计算损失赔偿额，均是难题，需要法院秉承司法能动主义的精神，创新性地推动气候司法的进程。

第七章　实现"双碳"目标的社会治理法治保障：现状、问题与回应

　　习近平总书记指出，实现碳达峰、碳中和是一场广泛而深刻的经济社会系统性变革。[①] 落实 2030 年应对气候变化国家自主贡献目标、制订 2030 年前碳排放达峰行动方案、锚定努力争取 2060 年前实现碳中和，已然成为我国"十四五"期间经济高质量发展和生态环境高水平保护的有力抓手，[②] 成为我国 2035 年基本实现社会主义现代化、2050 年全面建成富强民主文明和谐美丽的社会主义现代化强国的核心议题。[③] 实现碳达峰碳中和的"双碳"目标，是中国基于推动构建人类命运共同体的责任担当和实现可持续发展的内在要求作出的重大战略决策，[④] 而且为我国推进绿色低碳循环发展提供了阶段性、可预期的量化指标，现已被纳入生态文明建设总体布局。[⑤]

　　2021 年 10 月，中共中央、国务院联合发布了《关于完整准确全面贯彻新发展理念做好碳达峰碳中和工作的意见》，国务院下达了《2030 年前

[①]　《习近平生态文明思想学习纲要》，学习出版社、人民出版社 2022 年版，第 58 页。

[②]　求是网：《实现"双碳"目标须推进源头防治》，2021 年 3 月 17 日，网址：http://www.qstheory.cn，2022 年 7 月 12 日访问。

[③]　郭小靓：《新时代加强中国特色社会主义生态文明制度建设研究》，中国石油大学（华东）博士学位论文，2019 年，第 69 页。

[④]　《中国启动全球最大规模碳市场》，2021 年 7 月 19 日，网址：https://www.163.com/dy/article/GF8MITL905129QAF.html，2022 年 7 月 14 日访问。

[⑤]　秦天宝：《整体系统观下实现碳达峰碳中和目标的法治保障》，《法律科学》2022 年第 2 期。

碳达峰行动方案》。① 这两份纲领性文件的发布，既是对"双碳"目标任务紧迫需求的现实回应，也是立足于世情国情，面向"双碳"决策所作出的系统谋划和有力推动。② 与一些发达国家基本解决环境污染问题后再转入强化碳排放控制阶段不同，当前我国生态文明建设面临协同推进生态环境根本好转与碳达峰碳中和目标的双重压力和任务。实现"双碳"目标，不仅需要从国家层面和政府层面加以推进和落实，而且需要行业、企业付出具体的碳减排行动。在这一"双碳"目标实现的推进过程中，还需要有民众和全社会的广泛参与，因而不可忽略来自广大民众和社会力量的支持。在推进"双碳"目标实现的进程中，要重视社会治理功能与作用的发挥，并进一步推进碳达峰、碳中和的社会治理法治化，建立健全"双碳"社会治理的法治化理念与制度，从而形成多元主体"共建共享共治"的社会治理格局，实现社会效益、环境效益、经济效益等诸多效益的多赢。

第一节　实现"双碳"目标的治理逻辑：从国家治理到社会治理

　　中国是世界上最大的发展中国家，就我国目前在碳排放的行业结构、碳排放规模、能源结构等方面的现实状况而言，实现"双碳"目标任重道远。碳达峰与碳中和，分处于碳治理进程的两个不同阶段，二者的侧重点也有所差异。在内容上，碳达峰是实现碳中和目标的前期关键点，是工业社会发展过程中的必经阶段，其所蕴含的主旨在于"碳排放强度"

---

① 刘苏阳：《坚定不移走生态优先、绿色低碳的高质量发展之路（人民时评）》，2021年11月16日，网址：http://opinion.people.com.cn/n1/2021/1116/c1003-32283071.html，2022年7月12日访问。

② 黄润秋：《把碳达峰碳中和纳入生态文明建设整体布局》，《学习时报》2021年11月17日。

的控制；而碳中和则是以吸收排放的碳元素为主要着眼点，是实现碳达峰之后的阶段，其主旨在于控制"碳排放总量"使碳排放量与碳的吸收量之间达致平衡与中和。在功能上，碳达峰与碳中和均以实现生态环境的低碳化或零碳化为目标，二者具有交叉性。同时，碳达峰在量上的积累会对碳中和目标的最终实现造成一定的影响，二者可谓相辅相成。为实现"双碳"目标，需要在国家治理体系和治理能力现代化的视域下实施"双碳"行动。为此，需要厘清"双碳"领域的国家治理、政府治理与社会治理这一基本逻辑。

一、"双碳"的国家治理及其支持性依据

国家治理体系和治理能力现代化，是我国全面深化改革的总目标和总要求。国家治理是在党领导下管理国家的制度体系安排，包括经济、政治、文化、社会、生态文明和党的建设等各领域体制机制、法律制度安排，也就是一整套紧密相连、相互协调的国家制度。[①] 以法治方式和法治手段护航"减污降碳协同治理"，不仅能为落实碳达峰、碳中和目标提供长期性制度保障，还是新时期全面深入推进依法治国的重要体现。当前，我国尚无保障碳达峰阶段性目标与碳中和远期愿景实现的专门立法，但存在一定的低碳治理的法治实践基础，涉及低碳治理的法律规范直接或间接地零散体现于各类法律法规及政策文件之中。

就中央层面而言，现行立法尚无与碳中和直接相关的法律与行政法规，但存在一定的与之相关的政策文件。当前，我国通过了《生态文明体制改革总体方案》《"十三五"控制温室气体排放工作方案》等，对开展和深化碳排放权交易试点、建设全国碳排放权交易体系作出具体要求和部

---

① 崔晓彤：《国家治理体系与治理能力现代化的政治学阐析》，《党政干部学刊》2017 年第 2 期。

署。2021 年，中共中央、国务院发布了《关于完整准确全面贯彻新发展理念做好碳达峰碳中和工作的意见》《关于深入打好污染防治攻坚战的意见》等。习近平总书记在中央政治局第二十九次集体学习时强调，我国生态文明建设进入了以降碳为重点战略方向、推动减污降碳协同增效、促进经济社会发展全面绿色转型、实现生态环境质量改善由量变到质变的关键时期。[①] 新形势下，我国生态文明建设面临着五大任务：一是坚持不懈推动绿色低碳发展。把实现减污降碳协同增效作为促进经济社会发展全面绿色转型的总抓手，加快推动产业结构、能源结构、交通运输结构、用地结构调整，推动经济社会发展建立在资源高效利用和绿色低碳发展的基础之上。二是深入打好污染防治攻坚战。坚持精准治污、科学治污、依法治污，集中攻克老百姓身边的突出生态环境问题，让老百姓实实在在感受到生态环境质量改善。三是提升生态系统质量和稳定性。坚持系统观念，从生态系统整体性出发，推进山水林田湖草沙一体化保护和修复，更加注重综合治理、系统治理、源头治理。四是积极推动全球可持续发展。秉持人类命运共同体理念，积极参与全球环境治理，发挥发展中大国的引领作用。五是提高生态环境领域国家治理体系和治理能力现代化水平。健全党委领导、政府主导、企业主体、社会组织和公众共同参与的现代环境治理体系，推进生态文明体制改革。[②] 由此，"双碳"行动已成为我国当前亟须实施的一场广泛而深刻的经济社会变革，也是我国向世界作出的庄严承诺，需要在国家层面拿出明确的时间表、路线图以及施工方案，确保"碳达峰""碳中和"目标顺利实现。

在地方层面，关于低碳治理方面的立法及规范较多。2016 年 4 月，南昌市就发布了《南昌市低碳发展促进条例》，具体规定了低碳经济、低碳城市、低碳生活等方面的具体要求与措施。2016 年 5 月，石家庄市也发布了《石家庄市低碳发展促进条例》，在能源利用、产业转型、排放控

---

① 《习近平谈治国理政》第四卷，外文出版社 2022 年版，第 362 页。
② 《习近平谈治国理政》第四卷，外文出版社 2022 年版，第 363—366 页。

制、低碳消费等方面作出了相应规定。2021 年 9 月，天津市通过了《天津市碳达峰碳中和促进条例》，并于 2021 年 11 月 1 日施行，这是全国首部以促进实现碳达峰、碳中和目标为立法主旨的省级地方性法规。[①] 该条例从调整能源结构、推进产业转型、促进低碳生活三个方面规定了"绿色转型"的具体实施办法，并规定了"降碳增汇"的具体措施，为推动"双碳"目标提供坚强法治保障。[②]

整体而言，目前我国支撑碳达峰碳中和目标实现的法制体系还不完善，立法层级比较低，呈现出零散的状态，在实际操作过程中无法满足现实需要。现有的与气候变化有关的法律并不直接以控制碳排放、促进碳达峰和碳中和为立法目的，在促进碳达峰和碳中和、应对气候变化方面的效果和力度都存在诸多不足。要实现碳达峰碳中和目标，还需要更好地发挥政府作用、市场力量和全社会的力量，落实各方主体责任，这些都亟须立法引领、推动和保障。[③]

二、"双碳"的政府治理及其支持性依据

回顾我国环境治理的发展进程，我们经历了由政府主导的强制性行政命令为主的一元治理时代（1949—1978 年），到运用排污权交易机制等市场机制引导企业自觉开展环境保护的二元治理时代（1978—2012 年），再到以《环境保护法》为标志明确公众参与的三元治理时代（2012 年至

---

① 《[双碳资讯] 2020 年以来我国碳达峰碳中和政策文件汇总》，2021 年 12 月 17 日，网址：https://www.sohu.com/a/509300856_121106884，2022 年 7 月 12 日访问。
② 《天津市碳达峰碳中和促进条例》，2021 年 11 月 1 日，网址：http://sthj.tj.gov.cn/YWGZ7406/FGBZ390/FLFG729/DFFLFG8298/202203/t20220329_5842833.html，2022 年 6 月 13 日访问。
③ 《王金南代表：关于制定〈碳中和促进法〉的议案》，2021 年 3 月 12 日，网址：http://www.ngd.org.cn/jczt/2021zt/jyxc1/cfc8f1bec4f540d9b900851048f3bfe9.htm，2022 年 7 月 14 日访问。

今）。①"善治"体现了环境治理的理性状态，既是治理体系和治理能力现代化的衡量标准，也是环境治理所追求的目标。其本质在于政府与全体社会成员对环境治理事务的共同管理，以公共利益最大化为落脚点，在平等协商和利益与共的基础上，实现能力互补和多元共治。②

国家政府部门已出台一系列能源领域的低碳政策，如 2017 年 12 月 19 日，国家发改委印发了《全国碳排放权交易市场建设方案（电力行业)》；2019 年以来，生态环境部持续就推进《碳排放权交易管理暂行条例（征求意见稿)》及相关配套细则公开征求意见；③2020 年 12 月，生态环境部印发《碳排放权交易管理办法（试行)》《2019—2020 年全国碳排放权交易配额总量设定与分配实施方案（发电行业)》等。2021 年 9 月，国务院出台了《关于完整准确全面贯彻新发展理念做好碳达峰碳中和工作的意见》。④2021 年 10 月 24 日，国务院印发了《关于 2030 年前碳达峰行动方案的通知》。2022 年 3 月 15 日，生态环境部发布了《关于做好 2022 年企业温室气体排放报告管理相关重点工作的通知》。同时，我国正在推进实施碳排放交易制度，但尚无碳税政策跟进。在国际上，目前已有将近 20 个国家（或地区）开征了碳税，⑤但由于碳税的税率难以确定、碳税的减排效果还存在不确定性因素，碳税的实施也面临较大阻力，因而作为财税手段的碳税政策，虽然具有见效快、管理和实施成本较低的优势，但特别在当下新冠肺炎疫情依旧存在，国家财政面临高债务、高赤字的状况下，

---

① 卢春天、朱震：《我国环境社会治理的现代内涵与体系构建》，《干旱区资源与环境》2021 年第 9 期。

② 罗良文、马艳芹：《"双碳"目标下环境多元共治的逻辑机制和路径优化》，《学习与探索》2022 年第 1 期。

③ 广州碳排放权交易所：《中国碳市场建设的几个关键问题》，2019 年 8 月 9 日，网址：http://www.cnemission.com，2022 年 7 月 12 日访问。

④ 《[专家观点] 陈德荣会长报告：坚定信心　迎接挑战　促进钢铁工业高质量发展再上新台阶》，2022 年 1 月 10 日，网址：https://new.qq.com/omn/20220111/20220111A050KW00.html，2022 年 7 月 12 日访问。

⑤ 北极星大气网：《构建气候治理体系需加快推进研究开征碳税》，2020 年 12 月 23 日，网址：https://huanbao.bjx.com.cn，2022 年 7 月 12 日访问。

碳税政策的推出还需进一步研判，开征碳税将成为未来我国碳减排政策的重要选项。①

在地方政府层面，地方行政立法如火如荼展开。2014 年 3 月 1 日，《广东省碳排放管理试行办法》施行。②2014 年 4 月，湖北省人民政府公布了《湖北省碳排放权管理和交易暂行办法》。2016 年 9 月，福建省人民政府公布了《福建省碳排放权交易管理暂行办法》。2021 年 6 月，深圳市司法局发布了《深圳市碳排放权交易管理暂行办法（征求意见稿）》，公开征求意见，③ 其中规定了配额管理的目标总量控制、实施方案、配额分配方式方法、配额调整机制、配额流转等。④2021 年 10 月，上海发布了《上海加快打造国际绿色金融枢纽服务碳达峰碳中和目标的实施意见》。⑤ 这些地方性规章为中央决策提供了有力支持和实践基础。

从我国政治权力与经济权力的关系来看，当前我国实行的是经济分权与政治集权的纵向间关系。⑥ 我国的行政组织体制采用的是权力集中的单一制模式。这一模式有两个重要的特点：一是领导权力集中于党；二是行政权力集中于政府，地方政府服从中央政府。这种体制使得国家能够对所有公共资源进行调配，政府对整个社会承担无限责任。中央与地方在经济方面实行的是分权政策，这种分权模式在某种程度上使得地方政府具有发

---

① 《构建气候治理体系需加快推进研究开征碳税》，2020 年 12 月 23 日，网址：http://cn.chinagate.cn/news/2020-12/23/content_77043212.htm，2022 年 6 月 13 日访问。

② 《广东省碳排放管理试行办法（粤府令第 197 号）全文细则公布》，2014 年 1 月 20 日，网址：http://www.tanpaifang.com/zhengcefagui/2014/012028231.html，2022 年 7 月 12 日访问。

③ 北极星大气网：《深圳市碳排放权交易管理暂行办法（征求意见稿）》，2021 年 6 月 11 日，网址：https://huanbao.bjx.com.cn/news/20210611/1157880.shtml，2022 年 7 月 12 日访问。

④ 《深圳市司法局关于征求〈深圳市碳排放权交易管理暂行办法（征求意见稿）〉意见的通告》，2021 年 6 月 10 日，网址：http://sf.sz.gov.cn/xxgk/xxgkml/gsgg/content/post_8857892.html，2022 年 6 月 13 日访问。

⑤ 碳排放交易网：《近期中央和地方的"双碳"政策汇总盘点》，2022 年 2 月 1 日，网址：http://www.tanpaifang.com/tanzhonghe/2022/0201/82221.html，2022 年 7 月 12 日访问。

⑥ 谭荣：《中国低碳治理体系：理论逻辑和实践展望》，《中国国土资源经济》2021 年第 12 期。

展经济的动力与自主权，由此，部分地方政府为了最大限度地发展生产，以生态环境为代价，进而客观上增加了地方的碳排放量。有研究表明，中央向地方的经济分权程度与碳减排存在高度正相关，分权程度越高越不利于地方实施减排政策。[①] 由此，"双碳"国家治理首先要从顶层做好制度设计，将"双碳"目标分解到各地方，避免盲目的经济竞争。

在"双碳"国家治理模式中呈现出"中央政府—地方政府—企业"双重委托代理框架，由中央政府委托地方政府来推动和激励"双碳"政策实施。地方政府在中央政府和企业之间扮演着承上启下的"中间人"角色。[②] 从一种契约关系的视角来看，中央政府、地方政府和企业三者构成了一个联动的委托代理关系，中央政府与地方政府达成"双碳"治理契约，并由地方政府与企业形成"双碳"治理契约，中央政府需要通过一系列的政策设计（主要为激励约束机制）让地方政府相信契约是一个可信承诺，相应地，地方政府才有进一步引导企业进行"双碳"治理的激励。实现"双碳"目标的关键在于设计有效的合约机制，并在合约机制的激励下实现绿色低碳技术创新、能源结构和产业结构的调整。从实践的逻辑来看，关键在于制度创新和技术创新。我国明确提出，市场在资源配置中发挥决定性的作用，生态环境作为一种典型的要素资源，制度创新和技术创新也需要顺应生态环境的属性和要素的市场配置逻辑，充分发挥价格信号机制的重要作用。这就意味着在处理中央与地方政府以及政府与企业的关系过程中，必须建立对称性的"激励约束"机制，赋予生态环境应有的市场价值和社会价值，以此来引导、激励和补偿不同利益主体在绿色转型和"双碳"目标实现过程中的"成本—收益"[③]。

---

① 田建国、王玉海：《财政分权、地方政府竞争和碳排放空间溢出效应分析》，《中国人口·资源与环境》2018 年第 10 期。

② 参见周雪光、练宏：《政府内部上下级部门间谈判的一个分析模型——以环境政策实施为例》，《中国社会科学》2011 年第 5 期；张跃胜、袁晓玲：《环境污染防治机理分析：政企合谋视角》，《河南大学学报》（社会科学版）2015 年第 7 期。

③ 陈诗一、祁毓：《实现碳达峰、碳中和目标的技术路线、制度创新与体制保障》，《广东社会科学》2022 年第 2 期。

三、"双碳"的社会治理及其支持性依据

社会治理构成了国家治理的一个重要面向。社会治理要坚持和完善党委领导、政府负责、民主协商、社会协同、公众参与、法治保障、科技支撑的社会治理体系，致力于建设共建共治共用的社会治理制度。[①] 在社会治理体系中，主要表现为如下三种形式：一是政府治理社会事务；二是政府与社会合作治理；三是社会自我管理。

社会治理的核心是除需要加强政府对社会事务的行政管理外，党委领导政府负责下的社会多元共治与政府治理共同服务于国家治理，是实现国家治理体系和治理能力现代化的重要方面。[②] 在国家治理体系中，社会治理同政府治理的内涵与重点有所差异，但又有联系。首先，政府治理的主体主要为狭义上的政府或行政机关；社会治理的主体不仅包括政府，还包括公民、企业法人、社会团体等，呈现主体治理的多样性特征。其次，政府治理内容主要包括政府通过对自身的内部管理、政府作为市场经济中"有形之手"、政府作为社会管理主体之一对社会公共事务进行管理；[③] 社会治理内容除包括政府对社会公共事务的治理外，还包括政府与公民、企业或其他社会组织合作治理、社会成员自治等内容。最后，政府治理一般调整政府与社会公民、企业和组织之间的行政关系；社会治理不仅包括部分行政关系，还包括政府与社会的联系，公民、企业、社会组织间的关系，涉及政治、经济、文化等各个方面，调整关系较为复杂多样。

---

① 周玉蓉、柯芬、张淑春：《大数据背景下的基层网格化治理研究》，《黄冈师范学院学报》2020 年第 5 期。

② 王名、蔡志鸿、王春婷：《社会共治：多元主体共同治理的实践探索与制度创新》，《中国行政管理》2014 年第 12 期。

③ 刘览霄：《基于治理主体的政府治理能力研究》，《广西科技师范学院学报》2018 年第 4 期。

实现社会治理法治化的最终目的是实现有效的社会治理。在当代中国语境下是促进国家治理体系和治理能力的现代化，最终服务于中国特色社会主义制度建设。社会治理法治化，并不是一味追求法治在社会中的覆盖程度，而是应当依据社会的需求提供适度的法律制度支持，正如马克思所言："社会不是以法律为基础的，那是法学家们的幻想。相反地，法律应该以社会为基础。"①社会通过法治的合理利用保障社会各类治理方式的有序运行。社会治理法治化的要求，具体表现在以下三个方面：① 在政府治理社会事务中，法治应当优先适用，应规范和限制公权力，提升政府行政效率和行政合法性。② 在政府与社会合作治理的领域，为实现合作主体的平等与共治，法治也应当居于优先适用的地位。③ 在社会自治部分，则应法治与德治相结合。一方面，应当优先适用道德、宗教、习惯等方式，尊重社会自治权；另一方面，社会自治或社会管理也应在法治轨道上运行。法治是社会自治权行使的基本遵循，社会自治不能违背法律的基本要求。因此，社会自治亦不得完全游离于法治轨道之外。同时，在道德、宗教、习惯等治理方式失效时，法治亦可作为补充方式规范社会自治秩序的运行。

党的十九大报告（《决胜全面建成小康社会　夺取新时代中国特色社会主义伟大胜利——在中国共产党第十九次全国代表大会上的报告》）对我国社会矛盾作出了重大判断，认为我国社会主要矛盾是人民日益增长的美好生活需要与不平衡不充分的发展之间的矛盾。一方面，人民群众对于美好生活的需要必然包含着对美好生活环境的追求；另一方面，发展的不平衡不充分问题也急需通过包括生态环保领域的改良与变革来实现。"双碳"目标的实现，也需要通过推进社会治理来达到，回答谁治理、如何治理、治理得怎样的问题，即治理主体、治理机制和治理效果的问题。② 在治理主体层面，实现"双碳"目标离不开

---

① 《马克思恩格斯全集》第 6 卷，人民出版社 1961 年版，第 291—292 页。

② 俞可平：《推进国家治理体系和治理能力现代化》，《前线》2014 年第 1 期。

国家、政府、企业和社会组织等多元主体；在治理机制层面，需要通过体制机制改革与创新，构建科学、有效的运行制度体系；在治理效果层面，要提高效率，实现效益最大化，并符合中国特色社会主义现代化建设目标。

"十四五"时期，是我国深入打好污染防治攻坚战、持续改善生态环境质量的关键五年，也是我国实现2030年前碳达峰的关键期和窗口期。① 按照党中央统一部署，推动减污降碳一体谋划、一体部署、一体推进、一体考核，实现目标协同、区域协同、措施协同、政策协同和监管协同，做好协同治理。② 据此，在协同治理上：一是强化源头防控协同。切实发挥好降碳行动对生态环境质量改善的源头牵引作用，把实施能源结构和产业结构调整与绿色低碳升级作为减污降碳的根本途径，③ 强化资源能源节约高效利用和低碳转型，加快形成有利于减污降碳的能源结构、产业结构和生产方式、生活方式。④ 二是加强措施优化协同。基于生态环境质量改善需求优化全国降碳空间布局和措施路径，增强生态环境改善目标对能源和产业布局的引导约束，加大环境污染严重、生态环境敏感地区结构调整和布局优化力度，在降碳同时实现更大的环境效益。⑤ 三是加强环境治理协同。增强污染防治与碳排放治理的协调性。统筹水、气、土、固废和温室气体等多领域减排要求，优化治理目标、治理工艺和技

---

① 经济观察网：《42 个关键词！在总理政府工作报告中，寻找未来发展确定性》，2022 年 3 月 5 日，网址：http://www.eeo.com.cn/2022/0305/524241.shtml，2022 年 7 月 12 日访问。

② 《碳排放第二个履约周期到来，生态环境部将全力推进减污降碳协同增效》，网址：https://baijiahao.baidu.com/s?id=1725735393896250314&wfr=spider&for=pc，2022 年 2 月 25 日访问。

③ 经济观察网：《42 个关键词！在总理政府工作报告中，寻找未来发展确定性》，2022 年 3 月 5 日，网址：http://www.eeo.com.cn/2022/0305/524241.shtml，2022 年 7 月 12 日访问。

④ 《生态环境部：我国绿色低碳发展取得新成效，降碳成重点方向》，2022 年 2 月 24 日，网址：https://caijing.chinadaily.com.cn/a/202202/24/WS621711fca3107be497a078fb.html，2022 年 7 月 12 日访问。

⑤ 经济观察网：《42 个关键词！在总理政府工作报告中，寻找未来发展确定性》，2022 年 3 月 5 日，网址：http://www.eeo.com.cn/2022/0305/524241.shtml，2022 年 7 月 12 日访问。

术路线，强化多污染物与温室气体协同控制。① 四是推进政策创新协同。依托现有生态环境制度体系，建立健全一体推进减污降碳的管理制度、基础能力和市场机制，如在环境影响评价中纳入碳排放评价，通过该项措施严把新上项目的碳排放关。鼓励地方先行先试，创新管理方式，形成各具特色的典型做法和有效模式，并加强对这些有效举措和模式的推广应用。②

第二节　实现"双碳"目标的社会治理：现状与问题

　　"双碳"目标，是我国基于当前国际国内形势和未来发展趋势而提出的在生态文明整体布局下的涉及社会与经济等要素的系统性转型目标，是国家治理的题中之义。这一战略目标的提出与实施，既彰显了中国的大国担当与国际承诺，也进一步诠释了国家既定方针政策中的"可持续发展理念""社会主义生态文明观""新发展理念"等新观点和新思路。实现"双碳"目标，即减少碳排放或零碳排放问题，不只是气候环境问题，更是社会发展问题。当前，全国各部门或各地开始自上而下制定目标措施落实国家"双碳"方案，其中社会治理是不可或缺的一环。但在实现"双碳"目标的社会治理法治方面仍然存在诸多问题，如缺少碳排放交易市场的社会投资与公民参与问题，一些地方或部门以及企业采取碳冲锋、"运动式"减碳措施等背离法治和有序推进政策导向的现象，这些问题充分表明实现"双碳"目标的社会治理法治保障亟待跟进和加强。在当前推进"双碳"目标实现的进程中，社会治理可谓既有良好表

---

① 经济观察网：《42个关键词！在总理政府工作报告中，寻找未来发展确定性》，2022年3月5日，网址：http://www.eeo.com.cn/2022/0305/524241.shtml，2022年7月12日访问。

② 曹雅丽：《发挥后发优势　实施减污降碳协同治理》，《中国工业报》2022年3月3日。

现的一面也存在一些值得警醒的问题。

一、个人层面

（一）现状

随着低碳环保理念的广泛宣传，低碳环保意识逐渐深入人心，成为我们选择日常生活方式的重要影响因素之一。地球上存在各种各样的足迹，有一种是看不到摸不着的，那就是碳足迹。碳足迹指个人、家庭、机构或企业的碳耗用量。个人的碳足迹来源于饮食、交通选择、购物和娱乐活动以及电力使用等方面。当下，越来越多的民众正在从个人生活习惯开始，减少"碳足迹"，如选择公共交通出行代替私家车、选择自行车出行、随手断电等行为，引领低碳生活新时尚。

（二）问题——"双碳"的无感与生活消费的碳无意识

总体上来说，公众的低碳环保意识虽已逐步增加，但对碳达峰碳中和的重要性、紧迫性和战略意义还缺乏足够的认识，认为减碳只是政府和企业的事，很多人尚未认识到个人低碳行为在达成"双碳"目标中的提升空间和巨大潜力。比如，食物、农业的碳排放约占15%，但农业生产约有三分之一被浪费丢弃，而这三分之一的浪费无疑使农业生产成为无效生产且客观导致了碳排放量的增加。在大多数人看来，减碳是政府和企业的事，这种错误的认识主要在于个人的观念认知不够。长期以来，个人对低碳的参与度相对较低，这主要在于气候变化所产生的远期效应难以对个人的短期利益造成影响。如果没有"双碳"知识方面的宣传与普及，民众难以意识到高碳排放的危害性；同时，由于对"双碳"缺乏足够的政策引领和激励机制，民众无法从低碳行为中得到自身利益的满足，也就相应降低了其对"双碳"的认同度和参与度。此外，居民受教育程度不一,不同阶层关于碳排放的认识有着显著差异。根据英国雪菲尔哈伦大学的研究报告,富人的碳足迹远远高于穷人,且其碳排量在全球的占比仍在持续增加。2010 年,最富裕的 10% 家庭排放了全球 34% 的二氧化碳,而人口占 50% 的低收入族群,仅贡献全球 15% 的碳排放量。到 2015 年,全球 49% 的温室气体排放量来自最富裕的 10% 人口,而 50% 的贫穷人口排放量占比仅有 7%。[①] 富人能够更有余裕地躲避污染和极端天气带来的影响,穷人则被迫承担环境污染与生态破坏带来的后果。

与此同时,公众参与政策机制重末端监督反馈,轻前端决策参与。公众在生态环境保护与低碳减排相关规则的制定与执行初期参与不足。一方面,在生态环境保护与低碳减排相关规则的制定过程中缺乏对社会公众的意见征求与考虑,部分公众公开环节流于形式;另一方面,公众参与到生态环境保护与低碳减排的责任意识不足,大部分有意识行为与反馈仅在发生与自身环境健康安全等权益切实相关事件发生后。而且,当前存在公民对生态环境保护与低碳减排信息反馈不畅、部分地区或基层意见反馈不及时的问题。社会公众对于如水体污染、大气污染等"减污"的投诉更为敏感,对于结构调整或温室气体排放等方面的"降碳"及其监督却认知不足。同时,个人或家庭碳排放不易量化。针对个人碳排放行为的奖惩措施需要建立在个人碳足迹的精细化测量上,也就是需要计算个人饮食、日常生活中的消费行为、交通运输、能源使用、旅游行为等相关个人碳足迹,从而建章立制倡导低碳绿色生活。目前,我国尚未建立起可测量、可报告、可查证的个人碳排放统计和信息收集制度,因此无法对个人碳排放实施"数字化管理"或有针对性的精细化管理。

---

① Ambrose、Aimee、Castano Garcia、Alvaro、Hawkins、Anna、Parkes、Stephen、Rafalow-icz-Campbell、Mia and Smith、Marilyn, *It's High Time to Talk about the Climate Impacts of High Consumers*, Project Report, Sheffield Hallam University, 2022.

二、市场层面

（一）现状

全国统一的碳市场自 2021 年 7 月 16 日启动上线交易以来，整体运行平稳，市场活跃度稳步提高。[①] 截至 2021 年 12 月 31 日，碳排放配额累计成交量 1.79 亿吨，累计成交额 76.61 亿元，成交均价 42.85 元 / 吨，履约完成率 99.5%（按履约量计）。[②] 碳交易市场的建立与运行，将碳排放转化为地区发展禀赋、环境成本和企业成本，有助于推动构建以产业为依托的低碳产业体系，提升"绿色"和"金融"市场协调度和关联度，构筑绿色金融体系。碳排放交易市场是碳排放配额和碳汇的交易、流转的场所，"双碳"行动离不开市场机制良性运作的支持。"有效的市场"将有助于实现"双碳"目标的推进与落实。然而，市场并非总是有效的。

（二）问题——碳市场的主体单一与制度欠缺

从当下的全国统一碳市场来看，碳市场的交易主体只适用于"温室气体重点排放单位"，[③] 且主要限于发电行业的能源企业（必须是"年度温室气体排放量达到 2.6 万吨二氧化碳当量"的企业），[④] 从而排除了其他行业

[①] 《生态环境部就水生态环境保护有关情况等并答问》，2022 年 1 月 25 日，网址：http://www.gov.cn/xinwen/2022-01/25/content_5670293.htm，2022 年 7 月 12 日访问。

[②] 《累计成交额 76.61 亿元！生态环境部：全国碳市场第一个履约周期顺利完成》，2022 年 1 月 24 日，网址：https://baijiahao.baidu.com/s?id=1722838071732345043&wfr=spider&for=pc，2022 年 6 月 2 日访问。

[③] 《2 月 1 日起施行！碳排放权交易可适时引入有偿分配》，2021 年 1 月 7 日，网址：http://news.hexun.com/2021-01-07/202774440.html，2022 年 7 月 14 日访问。

[④] 《全国碳市场终于来了，能源企业该怎么应对？》，2021 年 1 月 11 日，网址：https://baijiahao.baidu.com/s?id=1688563800149908715&wfr=spider&for=pc，2022 年 7 月 14 日访问。

或企业、社会资本和公民个人的进入。当然，作为一种探索性的市场，确定一种高门槛的市场准入标准、限制其市场主体本无可厚非。但是，作为一种激励碳减排与碳中和的市场化制度安排，事实上参与主体越多越有利于碳中和目标的实现。我国虽然已经建立初级的碳交易市场，但是由于参与主体少、配套设施不完善、政策法规不健全、与国际碳交易市场不接轨以及投融资功能较弱等相关问题没有得到显著改善，因而我国碳交易市场制度将面临成熟化和开放化的转型升级任务。

生态环境部于2021年3月印发了《关于加强企业温室气体排放报告管理相关工作的通知》，规定发电、石化、化工、建材、钢铁、有色、造纸、航空等重点排放行业2013年至2020年任一年温室气体排放量达2.6万吨二氧化碳当量及以上的企业或其他经济组织报送温室气体排放相关信息的具体要求。① 不仅这一要求信息披露的主体有限，而且在国家层面尚未建立起企业应主动向社会披露温室气体排放信息的制度。② 部分省份印发了温室气体排放信息披露的管理文件，但各地信息披露标准不统一、平台不统一、内容各异等，亟须国家出台专项法律法规予以规范。与此同时，企业的社会责任报告目前仍未对披露范围进行强制性约束，企业披露碳排放信息属于自愿行为。这一行为受到企业管理者意识、客观环境压力、披露成本等综合因素的影响。③ 碳排放空间具有公共物品特性。经济人往往只愿消费公共物品而不愿提供公共物品。④ 碳排放空间具有明显的非排他性和非竞争性，是一种典型的公共物品。因此，在构建低碳社会进程中，企业和公民不愿将有限的资源投放到碳排放空间的保护和提供方面，都只想从碳排放空间消费中受益而不是为保护碳排放空间支付成

---

① 中华人民共和国生态环境部：《关于加强企业温室气体排放报告管理相关工作的通知》，网址：http://www.mee.gov.cn/xxgk2018/xxgk/xxgk05/202103/t20210330_826728.html，2022年2月6日访问。
② 田丹宇：《企业温室气体排放信息披露制度研究》，《行政管理改革》2021年第10期。
③ 闫华红：《中国上市公司碳排放信息披露现状研究》，《会计之友》2018年第11期。
④ 汪戎、朱翠萍：《"生态赤字"的制度因素分析》，《云南社会科学》2007年第4期。

本。[1] 部分企业披露信息出于企业信誉度、美誉度、社会责任的认可度等方面的考虑，而企业管理层、股东及企业债权人之间的利益并非一致，为了降低自愿性碳信息披露成本，避免披露对企业不利的碳信息，管理层往往会进行碳信息的选择性披露。[2] 可见，碳信息披露具有明显的自利倾向。由于信息披露的内容各地要求不统一，政府难以掌握企业的真实准确情况。而且，信息披露存在企业自身官网披露、省环境保护厅披露、碳交易平台披露等各种情况，由于披露平台不统一，一定程度上也给政府监管带来了困难。

三、各地方部门与企业层面

（一）现状

为响应国家发展战略性新兴产业号召、把握环保行业发展机遇期，各地方或部门与企业集团纷纷加入实现"双碳"目标的行动中。比如，中国交通建设股份有限公司（以下简称"中国交建"）在此之前即已展开布局，采取了一系列旨在减少碳排放量的投资行动。2016 年，中国交建发起成立了中交生态。中交生态共有三种投资模式：传统的 PPP 模式、传统的流域综合治理模式、新推出的综合利用开发的模式。迄今为止，中交生态先后组织实施了永定河、锦江、沱江、汾河等大型流域综合治理项目，总投资额超 2000 亿元。中交生态还在两河沿岸建设了绿道、绿地、湿地、公园，并围绕其作绿色经济带的开发，培育了一系列的文旅的项目。同时，在怡心湖规划了 1500 亩的绿地，一年能实现一千吨的碳汇指标。流域治

---

[1]　罗一斌、梁贵红：《治理理论与我国低碳社会构建之症因索解》，《东南学术》2012 年第 6 期。

[2]　张艺琼：《股权性质、代理成本与碳信息披露质量——来自重污染行业的经验证据》，西安石油大学硕士学位论文，2016 年，第 1 页。

理与绿色低碳可以兼得，中交生态可提供的绿色产品和服务，围绕整个区域的经济发展进行生态低碳开发。与中国交建同时进入环保市场的央企还有中国电建、中国中车等，他们从传统基建跨界而来，具备着资源、资金优势，以及承担基础设施、全产业链建设的能力。[①] 总体而言，企业对待碳中和的挑战比较积极，在"绿色赛道"上加速向前。

（二）问题——减碳的形式主义与"运动"

一方面，各地或部门或者企业采取了一系列具体落实实现"双碳"目标的行动，但另一方面，在具体的实施过程中也凸显出一系列问题。我国承诺实现碳达峰与碳中和的时间间隔较短，仅为30年，远比其他发达国家用时短，碳排放控制压力大，留给政府作出行业产业调整、减排政策制定以及监管机构设置的时间也十分紧迫。部分地方或部门和行业或企业，采取了简单的强制性手段或者"一刀切"的办法，虽雷厉风行却并未按照中央要求积极减碳，统筹推进。实践中主要存在两种情形：一种情形是虚喊口号、蹭热度，而不采取实际行动的减碳行为，例如企业承诺节能减排，而在生产销售各环节中的实质性减碳措施较少；另一种情形则是企业不考虑自身发展水平和能力而采取不切实际的减碳行动，例如片面强调零碳方案、大搞零碳行动计划。不管是"喊口号"还是不切实际的减碳行动，均对行业或企业的发展无益。2022年3月14日，生态环境部针对行业存在的碳排放数据弄虚作假等问题，公布了几起典型案例，包括中碳能投科技（北京）有限公司、北京中创碳投科技有限公司、青岛希诺新能源有限公司和辽宁省东煤测试分析研究院有限责任公司等四家公司存在篡改伪造检测报告，制作虚假煤样，报告结论失真失实等突出问题。[②] 另外，也有

[①] 《双碳目标引领，环境企业"十四五"如何布局?》，2021年8月26日，网址：https://www.hbzhan.com/news/detail/143178.html，2022年6月13日访问。

[②] 《生态环境部公开中碳能投等机构碳排放报告数据弄虚作假等典型问题案例（2022年第一批突出环境问题）》，2022年3月14日，网址：https://www.mee.gov.cn/ywgz/ydqhbh/wsqtkz/202203/t20220314_971398.shtml，2022年6月13日访问。

部分企业在实际操作过程中偏离了国家的相关要求，出现了运动式"减碳"现象。所谓运动式"减碳"，就是把"减碳"当作短期内压倒一切的政治任务，通过发起轰轰烈烈的"运动"来落实目标，而不是用循序渐进的方式推进。这种"减碳"通常有两种倾向：一种是用力过猛，超出当前发展阶段，制定不切实际的行动方案；另一种是用力不够，口号喊得响亮、声势造得热烈，却不见实效。例如，有的地方还没协调好能源安全与经济发展之间的关系，就片面强调打造零碳社区、大搞零碳计划，甚至为超前追求"零排放"，将有关企业"一刀切"地全部关停。这种做法看起来力度很大，实际上缺乏科学性和可操作性。

随着中央生态环境保护督察步入深水区，生态环境问题背后的不作为、慢作为、乱作为、假作为等形式主义、官僚主义问题相继曝光，部分地方部门存在主体责任弱化、日常监管缺失、落实要求打折扣等问题。例如，山西省晋中市介休、平遥、灵石等县（市）不顾水资源禀赋和环境承载能力，对未经法定程序审批即盲目上马的多个高污染、高耗水、高耗能焦化项目监管不力，甚至默许纵容，导致当地大气污染防治形势严峻。① 形成这种痼疾的原因除经济利益外，主要还是在于思想认知层面，一些地方没有牢固树立生态文明理念，重发展、轻保护，一味追求 GDP 增速，对淘汰落后产能和重污染企业持"暧昧"态度，对有的"纳税大户"监管执法偏宽松软，为其污染行径提供便利，而对群众诉求漠然视之。有的干部主观上存在畏难情绪，不敢动真碰硬，导致办法不多、措施不硬、推进不力。除此之外，部分整改工作虎头蛇尾，甚至出现"拉抽屉"现象，其症结在于制度化规范化水平不高、长效机制不健全。而这些形式主义或虚假行为也很有可能在碳排放的控制与监督中出现，生态环境部门应谨防此类现象在碳排放中出现。

---

① 《责任落实挂空挡，47 起案例环保问题背后的形式主义》，2021 年 9 月 12 日，网址：https://wap.peopleapp.com/article/6304732/6197846。

第三节　实现"双碳"目标的社会治理法治回应

法治作为社会治理的方式之一，与道德、宗教、习惯等方式共同推动社会治理的展开。法治为现代国家提供了基本的治理框架和体系，保证了政治的合法性和稳固性，形成了稳定的政治环境。依法而治的国家必定是人民对国家治理行为和治理结果都具有极高预见性的样态，人民必然对国家治理产生极高的认同感，国家治理也更具有可接受性和可操作性。① 现代社会，伴随着人类社会交往关系的复杂化、社会构成主体的多元化、社会成员关系的疏离化、社会范围的扩张化等特征，传统的依靠道德、宗教、习惯等方式运行的社会环境已发生改变，传统的治理手段难以有效应对社会治理转变的要求，其作用的发挥有限。而法治因其自身的功能优势，包括法治的明确性、可预期性、稳定性、具有国家强制力保障等内容，日益成为社会治理中的重要和基本的方式。同时，道德、习惯等方式在一定程度上也可以被法治化，但这并不否定道德、习惯等在社会治理中的独立性。我们完全可以通过法治或者法治与德治相结合的手段实现有效的社会治理。

法治之所以成为现代国家的主要治理方式，一个最重要的原因就是法治的稳定性和可预测性。为顺利实现碳达峰的阶段性目标与碳中和的最终目标，需要确立"双碳"社会治理的法治化保障，构建有助于"减污降碳协同增效"的多元共治体系，强化公众参与与专家代理的融合，完善上市公司碳排放信息披露制度，建立和完善个人碳排放的法律规制等。

---

① 唐皇凤：《法治建设：转型中国社会治理现代化的战略路径》，《江汉论坛》2014年第9期。

一、立法构建"减污降碳协同增效"的多元共治体系

在传统发展模式的既有思维禁锢下，落实"双碳"方案的各领域政策大多建立在各职能部门分头决策的机制之上，缺乏系统的、整体的治理观。实现"双碳"目标以及低碳、减碳、零碳、碳汇等目标的实现，是一项综合性极强的复杂系统工程，不仅需要从生态环境角度整体布局，而且还需要协调好碳减排与经济社会发展的关系。因而，在国家治理、政府治理与社会治理的关系层面，应先从治理体制着手，将单一的命令控制型模式向"国家—政府—企业—市场—个人"多方联动模式转变，通过立法构建"减污降碳协同增效"的多元共治体系。

（一）强化国家层面的统筹性立法

"双碳"目标，强调能源、环境、生态与经济、社会等多因素的协调和统一，是追求最佳综合效益的系统发展，国家在关注经济、社会发展的同时要注重综合运用多方手段，建立健全"双碳"的政策与法治体系。

首先，明确立法目标、定位和基本原则。应对气候变化与生态环境保护的协同治理是实现"双碳"的总体思路。要以应对全球气候变化和美丽中国建设为总体目标，以保障碳达峰和碳中和目标实现为具体目标。同时，要明确实现碳达峰碳中和应当遵循风险预防、目标导向、统筹协调、减适并重、市场激励、公众参与、国际合作等基本原则。①

其次，开展相关立法修法工作。一是在全国应对气候变化立法和政策的框架下，将碳排放总量控制机制纳入立法可行性研究。将重点行业的碳排放总量控制目标纳入"十四五"行业发展规划，合理确定全国碳排放总

---

① 《王金南代表：关于制定〈碳中和促进法〉的议案》，2021 年 3 月 12 日，网址：http://www.ngd.org.cn/jczt/2021zt/jyxc1/cfc8f1bec4f540d9b900851048f3bfe9.htm，2022 年 7 月14 日访问。

量控制目标和省级碳排放总量分解目标，[①]并将其作为约束性指标纳入国家和省级"十四五"国民经济和社会发展规划和"十四五"国家及地方控制温室气体排放工作方案中[②]。要谋划开展碳中和促进法研究，明确碳达峰、碳中和制度体系，包括：压实控制碳排放目标的法律责任，建立碳排放总量控制制度及分解落实机制等基本制度，建立全国和分地区分行业碳达峰碳中和战略及实施路径和促进结构调整的低碳策略，制定增加碳汇策略等。[③]二是围绕碳达峰碳中和需求，修订《清洁生产促进法》和《清洁生产审核办法》，明确清洁生产关于"降碳"相关要求，增加"高碳"生产技术、工艺、设备和产品限制淘汰在清洁生产审核中的要求。在现有依据生产工艺与装备、资源能源利用指标、产品指标、污染物产生指标和环境管理要求等五项内容各类指标确定清洁生产等级的基础上，将"降碳"相关指标充分纳入并体现。三是在积极推进《环境保护税法》修订工作的同时，亦将二氧化碳纳入环境保护税法的调整范围之中。

（二）完善政府层面的治理功能和制度

政府必须摒弃各个职能部门"碎片化"的治理思维和方式，消解工业部门只重视生产、城市发展部门只重视建设、农业部门只重视增产等利益冲突，使"经济发展优先或是资源节约优先""社会发展优先或是环境保护优先"等非此即彼的问题，由"有为的政府"通过综合治理进行统筹、协调以促进"有效的市场"与绿色低碳社会的形成。

首先，强化优化管理体制和部门职责。明确国家统一管理和地方部门

---

① 中新经纬网：《为进入全国碳市场做准备　部委摸底重点行业碳排放》，2021 年 8 月 5 日，网址：http://www.jwview.com/jingwei/html/08-05/418679.shtml，2022 年 7 月 14 日访问。

② 人民网：《生态环境部：我国应对气候变化工作取得积极进展　将编制〈国家适应气候变化战略 2035〉》，2020 年 10 月 28 日，网址：http://env.people.com.cn/n1/2020/1028/c1010-31909641.html，2022 年 7 月 14 日访问。

③ 《〈碳中和促进法〉立法恰逢其时》，2021 年 3 月 26 日，网址：https://finance.ifeng.com/c/84vI Udwiddm，2022 年 7 月 14 日访问。

分工负责相结合的应对气候变化管理体制和工作机制。明确国家及地方应对气候变化领导小组的职能定位，明确国家应对气候变化主管部门与其他相关部门的职能边界，充分调动各部门和地方推进碳达峰碳中和的积极性。①

其次，建立健全碳排放总量控制与考核制度。一是建立地方碳排放总量管理体系。通过行政法规或部门规章的形式，提出分阶段的全国碳排放总量和各地区分解的总量，明确总量落实措施和评价考核办法。二是构建行业排放总量控制制度。建立完善以严控新增碳排放为先导、以管理排放配额为核心的全口径工业领域总量控制体系；构建以强度目标和减排任务量为载体的差异化非工业领域总量控制体系。

再次，完善碳排放交易制度，借鉴排污许可证制度建立管控碳排放的许可机制。在碳排放交易及其监管方面，应加快碳排放权交易法制建设，制定稳定积极的碳排放权交易政策和灵活的价格调控机制，完善 MRV（监测、报告与核查）体系相关制度，推进碳期货市场等碳金融发展政策，建立碳期货市场的金融监管机制，健全利益相关方的碳金融能力建设机制。同时，组织开展火电、钢铁等重点行业温室气体排放与排污许可管理相关试点研究。② 将温室气体管控纳入现行排污许可制度框架，研究建立碳排放管控分类管理名录，为工业污染源设立碳排放许可总量上限，确定纳入排污许可管理的温室气体种类、行业范围以及重点排放单位界定条件。同时，将碳排放监测、报告与核查及配额分配和履约管理等碳排放交易的基础工作充分纳入许可管理，为完善碳排放交易制度、健全全国碳排放权交易市场提供数据保障。

---

① 《王金南代表：关于制定〈碳中和促进法〉的议案》，2021 年 3 月 12 日，网址：http://www.ngd.org.cn/jczt/2021zt/jyxc1/cfc8f1bec4f540d9b900851048f3bfe9.htm，2022 年 7 月 14 日访问。

② 《生态环境部：关于统筹和加强应对气候变化与生态环境保护相关工作的指导意见》2021 年 1 月 13 日，网址：https://huanbao.bjx.com.cn/news/20210113/1129299.shtml，2022 年 7 月 14 日访问。

最后，加大政策激励力度。如在消费端可对获证企业给予节能绿色补贴；在生产端可将低碳产品认证中的排放限值纳入产业结构调整的考量之中；通过宣传推广加强企业重视程度，提升企业参与低碳产品认证的积极性、主动性。

（三）发挥企业在"双碳"实现中的主力军作用

碳排放量的评估与确定，最基本的是要解决碳的量化和评价标准问题，即在全生命周期以何种数据或标准对碳排放进行核算量化。生命周期指产品从自然中来再回到自然中去的全部过程，即从"摇篮到坟墓"的整个生命周期各阶段的总和，具体包括从自然中获取最初的资源、能源，经过开采、原材料加工、产品生产、包装运输、产品销售、产品使用、再使用及产品废弃处置等过程。[1] 对此，企业需要充分了解"双碳"的重要意义以及对企业的实际影响，强化对"双碳"政策的认知，深挖"双碳"目标推进过程中企业高质量发展机遇，全方位制定创新降污减碳行动计划。

企业作为碳排放主要的责任主体，应承担碳减排和能源转型的主要责任。解决矛盾需抓住矛盾主要方面。企业不仅是低碳经济与可持续发展的主要参与者，也是低碳发展的受益者。[2] 企业保护生态环境免受破坏和污染，是环境权实现的主要手段，而国家与公民的环境权实施对企业生产利用行为产生促进效果。[3] 因此，企业需承担碳排放控制与能源转型的主要责任。[4] 企业应秉持绿色、低碳、循环发展理念，认真落实碳达峰、碳中和相关法律与政策，做一个积极的守法者。[5] 通过新能源、绿色低碳技术等

---

[1] 王峥、郝维昌、王天民：《生态设计——为社会的可持续发展而设计》，《北京航空航天大学学报》（社会科学版）2006 年第 3 期。

[2] 祝福冬：《低碳经济时代企业碳管理探析》，《企业经济》2011 年第 7 期。

[3] 肖峰：《论环境权的法治逻辑》，《中国地质大学学报》（社会科学版）2020 年第 2 期。

[4] 韩立新、逯达：《实现碳达峰、碳中和多维法治研究》，《广西社会科学》2021 年第 9 期。

[5] 韩立新、逯达：《实现碳达峰、碳中和多维法治研究》，《广西社会科学》2021 年第 9 期。

措施减少碳排放，在利用绿色金融、碳排放权交易等新兴发展机遇的同时，还应对碳披露予以足够重视并配合开展温室气体排放核算和报告活动。①

事实上，对于企业而言，"双碳"目标的实现过程是倒逼传统经济由高耗能高排放向绿色低碳高质量发展转型的过程。短期来看，传统产业将面临阵痛；但长远来看，成功转型的行业企业将会大大提升自身的可持续发展能力，进而具有更好的发展前景。减碳行动从长远来看，对企业有着积极的生态效应，能够促使企业变更落后的生产方式和思想观念，注重战略规划和治理效能，不断提高企业的核心竞争力，进而带来充分的环境效益、经济效益和社会效益。为充分实现其价值，立法应确立"碳资产"产权制度，以保护产权人利益和社会公共利益。首先，产权制度需要保护减碳利益相关者的利益，以明晰的产权激励企业。明晰产权方能保障产权所有人自由行使其减碳中的各项权利，他人未经许可滥用减碳技术的侵权行为应受到法律制裁；此外，还应规范技术作为生产要素参与分配的原则，使减碳技术所有者在减碳技术产业化中得到合理的经济回报。其次，产权制度还要兼顾公共政策目标，促进技术转化，满足社会共享需求。

（四）加强组织团体建设

目前，在国际上已成立了一些与"双碳"相关的民间合作组织，如"科学减碳目标倡议组织"（Science Based Targets Initiative）。科学减碳倡议组织是由国际碳排放信息披露项目（CDP）、联合国全球契约组织（UNGC）、世界资源研究所（WRI）和世界自然基金会（WWF）联合发起的一个合作组织，目前正在推动私营企业确立宏伟目标且基于气候科学的减碳行动。②2017 年 9 月，WWF、CDP、WRI 等发起机构在深圳国际低碳城市

① 秦天宝：《整体系统观下实现碳达峰碳中和目标的法治保障》，《法律科学》（西北政法大学学报）2022 年第 2 期。

② 《喜讯！安百拓碳减排目标获科学减碳倡议组织（SBTi）正式认证》，2021 年 12 月 2 日，网址：https://www.cehome.com/news/20211202/273598.shtml，2022 年 4 月 7 日访问。

应对气候变化企业论坛上，联合多家合作伙伴正式启动了科学碳目标中国项目，并发起科学碳目标中国社群。科学碳目标中国社群致力于为合作机构、跨国企业、中国企业以及技术支持方提供交流和行动的平台，帮助中国企业了解科学碳目标的理念，并为企业加入科学碳目标项目提供资源与帮助。截至 2020 年 11 月，中国（台湾地区除外）设立碳目标公司达到 13 家，其中京东物流、环球之星国际物流于 2019 年加入，其余 11 家公司均为 2020 年加入，已覆盖 9 大类行业。[①]

在国内，2017 年武汉碳减排协会正式挂牌成立，这是国内首家正式注册成立的碳减排联盟组织。武汉碳减排协会由武汉光谷联合产权交易所、武汉凯迪控股投资有限公司等单位发起，联合武汉市 80 余家具有较大影响力的和行业代表性企业自愿组成，致力于倡导低碳经济，打造低碳产业，实践企业社会责任。[②] 联盟面向社会征集有环保需求和理念，愿意为武汉城市圈"两型社会"建设作贡献的企业和机构，整合协会内部以及本地区产业、政府和社会资源，打造"政产学研"一体化的低碳公共咨询服务平台，面向社会提供低碳发展的全方位支持，通过管理、技术和市场等多种手段，不断提高本区域企业低碳创新能力和清洁生产水平，降低碳排放强度。该组织正式向社会发布了《武汉碳减排宣言》，呼吁广大企业和社会公众"发展低碳经济、践行低碳生活"，并承诺协会各单位将率先在深化企业社会责任意识、强化低碳管理、建立低碳企业文化和履行减排承诺等方面积极行动起来，为武汉市"两型社会"建设作出贡献。为践行上述承诺，武汉碳减排协会计划以"武汉百千万碳盘查行动"为契机，尽快搭建武汉碳减排公共服务平台，进一步制定武汉市碳盘查认证标准，开展碳中和交易、开发碳金融产品，为武汉市低碳发

---

① 《科学碳目标倡议组织》，网址：https://baike.baidu.com/item/%E7%A7%91%E5%AD%A6%E7%A2%B3%E7%9B%AE%E6%A0%87%E5%80%A1%E8%AE%AE%E7%BB%84%E7%BB%87/59258257?fr=aladdin，2022 年 6 月 7 日访问。

② 《武汉碳减排协会》，2013 年 11 月 7 日，网址：http://www.tanpaifang.com/tanjiaoyisuo/2013/11 07/25663.html，2022 年 7 月 14 日访问。

展提供全方位的支持。[①]

2021 年 5 月，为贯彻落实党中央提出的做好碳达峰、碳中和工作部署目标，经中国节能协会理事会批准，在中国节能协会碳交易产业联盟的基础上成立了中国节能协会碳中和专业委员会（以下简称"碳中和专委会"）。碳中和专委会隶属于中国节能协会，在业务上受国家发改委、生态环境部、工业和信息化部等相关部门的指导。碳中和专委会主要为各相关单位搭建开放的交流平台，以战略研究、能力建设、标准制定、国际合作四个方面积极助推全国碳达峰和碳中和双目标。碳中和专委会业务范围主要为低碳咨询服务，做好国家政策法规的研究与宣传贯彻，协助地方政府做好碳中和一揽子解决方案，为会员单位把握低碳政策走向和提升低碳能力建设提供支持。[②]

可见，我国在"双碳"组织或社会团体建设方面已有良好的基础。于此，我国应尽快着手推动绿色社会组织的能力建设工作，政府要健全职能转移机制和购买公共服务机制，为社会组织提供广阔的参与治理空间。要通过管办分离改革和相关配套支持手段，重点强化其组织独立运行的内在机制，提高其参与"解锁"（解除高碳锁定）治理的组织动员能力和专业服务能力，以使得各类社会组织能够真正担负起在提供产业"碳解锁"政策建议、承接部分环境技术公共服务职能、推广绿色发展理念、评估绿色治理成效等方面的主体责任。[③] 同时，环境公益组织也是实现"双碳"战略任务的积极推动者。为了充分发挥环境公益诉讼对生态环境保护的作用，应扩大有权提起环境公益诉讼的环境公益组织范围，即无违法记录的环境公益组织有权提起环境公益诉讼。[④]

---

① 《国内首家碳减排协会武汉成立　摸底碳排放规模》，2017 年 11 月 2 日，网址：https://www.maxlaw.cn/l/20171102/897296929365.shtml，2022 年 6 月 7 日访问。

② 中国节能协会碳中和专业委员会：《关于专委会》，网址：http://www.acet-ceca.com/page/729，2022 年 4 月 7 日访问。

③ 梁中、胡俊康：《多主体合作的"碳解锁"治理：价值逻辑与行动策略》，《社会科学》2019 年第 8 期。

④ 韩立新、逯达：《实现碳达峰、碳中和多维法治研究》，《广西社会科学》2021 年第 9 期。

（五）加强"双碳"知识普及宣传教育，引导低碳生活新时尚

个人在减碳过程中扮演着重要角色。减碳知识普及与生态环境教育，是培养公众学习和掌握减碳理念、价值、技术、结构等知识的重要途径。通过公众教育实现减碳理念认同和规则遵守，是世界各国的通行做法。美国于 1970 年制定颁布《国家环境教育法》，开创了绿色教育立法的先河；此外，美国还于 2007 年制定了《2007 美国绿色能源教育法案》。英国于 20 世纪 90 年代相继公布了《环境责任——高等教育议案》《迈入 21 世纪的环境教育》《环境教育策略》等政策法规。日本自 20 世纪 70 年代起就实施了一系列措施支持绿色发展公众教育，包括：制定环境教育规划、创立环境教育协会、发放《环境教育指导资料》指导学校教育等。

我国在生态环境和绿色低碳宣导方面的立法较落后，尚没有关于此类相关的教育立法，相关知识的传播也尚不普遍。由于教育是公民了解减碳知识、参与减碳活动以及投身于减碳行动的根本动力，应制定专门的法律予以推动并为其保驾护航。我国《环境保护法》第六条规定："一切单位和个人都有保护环境的义务"，"公民应当增强环境保护意识，采取低碳、节俭的生活方式，自觉履行环境保护"。[1] 由该规定可知，节俭、环保、低碳是公民的义务。公民应当遵守环境保护法律法规，配合实施环境保护措施，按照规定对生活废弃物进行分类放置，减少日常生活对环境造成的损害。同时，从权利角度看，在环境保护和资源开发利用的过程中，公众享有通过一定的程序或途径参与环境立法，参与一切与环境利益相关的决策和听证，参与环境管理并对环境管理部门以及单位、个人与生态环境有关的行为进行监督的权利。[2]

在具体措施方面，要强化公众参与和监督推进形成低碳生活新时尚。一是完善绿色低碳生活与消费政策体系。加快完善出台绿色低碳生活方式

---

[1] 赵伟、王伟杰、马明亮、李飞星：《雾霾防治中公众参与的困境与出路》，《法制与社会》2016 年第 26 期。

[2] 高阳阳：《治理雾霾公众参与原则研究》，《法制博览》2017 年第 14 期。

指导方案，突出节能低碳，从绿色消费、绿色出行、垃圾分类、保护环境等提出绿色生活准则，鼓励居民践行绿色生活方式；引导公众践行环保义务，帮助公民自觉养成低碳环保的生活习惯。二是构建绿色生活消费积分体系，完善低碳生活奖补机制。设计构建居民绿色低碳生活及消费积分奖励体系，加大垃圾分类补贴力度，实行有奖分类、积分兑奖等方式，提升公众参与的积极性；完善居民用电、用水、用气阶梯价格政策，运用积分奖励反馈与价格杠杆提高全社会低碳节约意识，研究出台支持绿色建筑、新能源与可再生能源产品、设施等绿色消费信贷的激励政策；引导市场主体主动加入绿色行动，运用财政补贴政策鼓励绿色消费，营造良好外部环境。以消费者行为转变结合政府调控机制倒逼供给侧绿色转型，带动绿色供应链的实施。三是健全参与机制，畅通公民参与监督渠道。要制定社会公众参与减污降碳行为指导规范，明确低碳减排生产生活方式与权益，从教育、媒体渠道宣传教育引导公众与社会积极参与到绿色低碳发展进程中去，使社会公众进一步强化对气候变化行为的认知、提升低碳意识；出台保障社会公众参与监督降碳减排的相关法律法规，健全投诉、举报、反馈平台与机制建设与维护，健全监督反馈机制与对平台的"再监督、再评估"机制，推进构建"政府—企业—社会公众"联动监督引导的绿色低碳行动体系；鼓励扶持非营利组织参与推进社会参与咨询机制，提升专业社会组织团体专业性与影响力，加强组织机构管理，助力减污减碳行动在全民体系推进。

二、强化公众参与与专家代理的融合

在环境共治的时代，公众的"双碳"行动与参与减排对于实现"双碳"目标具有特别显著的意义。一方面，公众自身践行的低碳行动将大大减少碳排放源和碳排放量；另一方面，公众参与的作用不仅局限于消费领域、生活领域，还可拓展到生产领域。当前我国"双碳"行动存在政府管理政策和措施向公众解读不足、社会治理工作的公众参与度不足等问题，这不仅不利于“双碳”方案的实施与推进，也不利于付诸具体实践的减碳行动，甚至还会降低社会整体的减碳效能。可见，“双碳”方案的贯彻实施与碳减排活动都需要有专业机构、专业人员的解读与实际参与，因而构建碳领域的专家代理制度也就应运而生。

2018 年，我国发布了《公民生态环境行为规范（试行）》，对于引领公民践行生态环境保护责任起到重要作用。尽管全球性的气候灾难已经在世界各地不断上演，并且影响范围越来越大，但对于大多数公众来说，由于并未直接影响到公民的日常生活，因而感触不深，其参与的意愿亦不足。同时，某民间环保组织的调研结果显示，大多数民众认同地球资源的有限性，也认同不该为自己的利益去损害环境，但却缺乏关于环境美好和气候变化之间关系的知识和共识。尽管人们逐渐认识到低碳消费的益处，但难以判断“低碳与否”和低碳产品较高的消费成本仍然是推动低碳消费的主要障碍。[①] 对此，我们在倡导全面参与的同时，需要有针对性地普及相关理论知识，引入专家代理，特别是在涉及碳排放交易领域或过程中需要专业技术人才的支持。例如，在碳交易市场，应允许相关代理业务的存在。作为“专家代理”的专业人士，应熟悉碳交易的具体运作规则以及风险防范意识，具备碳排放交易业务知识，并具备开展具体代理业务的相关技术与理论知识。通过向企业提供包括二氧化碳在内的温室气体排放交易的服务，为市场主体提供相关项目介绍与服务，同时还可以为其提供碳缓解策略咨询。如《上海市碳排放管理试行办法》规定，交易所实行会员制。在交易所进行碳排放交易的，应当是交易所会员。会员可以直接参与交易，客户则必须通过会员的代理参与交易。会员包括自营类会员和综合类会员，综合类会员可进行相关代理业务，代理客户交易和结算。[②] 此外，解决碳排放交易市场中的代理问题，代理人如何最大限度地维护委托人的

---

①　张伯驹：《推动更多公众参与低碳绿色消费让可持续生活成为习惯》，《可持续发展经济导刊》2021 年第 Z2 期。

②　廖振良：《碳排放交易理论与实践》，同济大学出版社 2016 年版，第 149 页。

利益，需要从法律上具体明确代理人的资质、代理人与被代理人的权利义务关系及其责任问题等。

三、建立和完善上市公司碳排放信息披露制度

上市公司碳排放信息披露，是指上市公司对生产经营活动中产生的二氧化碳等温室气体的排放量以及减排量的信息披露。信息披露，是"政府—企业—社会组织—个人"这一共治体系良好运作的基础，及时公开可靠信息对碳交易体系至关重要。减少碳排放的强度和总量，既需要政府的引导、推进与助力，也需要依赖于市场的力量。市场交易的主体是企业，只有公开可靠的信息，才能有效实施碳减排。依赖政策的碳市场只有明确的需求和供应方能引导市场并理顺碳价格。如果市场不透明，会导致价格波动性大、市场价格发现功能发挥受限、流动性不够充裕等问题[①]。如果市场形同黑市，定价成为猜谜游戏，碳交易运行过程中无法确定有多少配额存在过剩，企业一头雾水，决策出现失误，这不仅会打击企业参与碳减排的积极性，而且也会削弱金融市场各参与主体的积极性。只有在生产的各个环节有可靠的、准确的数据支撑，才能支持企业的管理、技术改造和新技术的应用，才能提高能源利用效率以及减少碳排放。同时，要从源头上控制碳排放总量。排放总量的严格控制，必须通过充分的信息披露，才能规避碳排放总量被人为放大的风险，才能取信于交易企业和社会。

首先，要建立健全碳信息披露制度体系。在披露原则方面，应遵循真实与可核实性、准确与客观性、具体与完整性、连续与一致性、及时性和

---

① 《企业环境信披新规今日生效，上市公司 2021 年度碳排放信披 3 月 15 日前需完成》，2022 年 2 月 8 日，网址：https://baijiahao.baidu.com/s?id=1724178033834700796&wfr=spider&for=pc，2022 年 7 月 14 日访问。

清晰易理解等原则。① 应将碳排放信息披露制度作为生态环境保护领域的一项基本内容加以规定，将碳排放信息披露制度纳入生态环境的整体考虑之中，明确相关主体的权利与义务。在披露责任方面，初步设置强制披露、建议披露（不披露就解释）和鼓励披露三个层次的披露责任。② 在披露主体方面，政府应有披露全国性和省级层面碳排放信息的责任，重点排放单位或上市公司等重点领域的企业应该按照法律要求披露其自身的碳排放信息。在披露的范围和要求方面，信息披露的内容应包含具体清单、核算方法、标准项目、数据核证、财务信息、减碳增汇措施、节能低碳技术、产品推广应用等。在标准化方面，应完善碳效率量化标准，制定一套适合我国市场的碳排放信息披露指标体系和数据统计口径。③ 在披露形式方面，建议采取可持续发展报告、社会责任报告、ESG 报告、企业年报等形式。④ 由于碳排放主体和应披露的信息内容纷繁复杂，因而需要建立基本的制度框架。

其次，应加强碳信息披露内容质量与可信度。建立碳信息披露监督管理部门或岗位，专门针对环境会计信息进行管理，保障信息的真实、有效，提升碳信息披露质量。逐步扩大信息公开内容范围，提高信息公开运作效率和公众参与范围；鼓励上市公司主动披露碳排放报告，通过听证、论证、专家咨询或者社会公示等形式广泛听取意见，积极接受公众监督。应建立覆盖政府机构、企业以及社会组织在内的多渠道、全方位平台。金融机构可以编制适合中国国情的碳效率指数，通过将资本市场资源配置给

---

① 《[今日推荐] 碳中和下的银行保险业气候信息披露制度研究》，2021 年 2 月 19 日，网址：http://finance.sina.com.cn/stock/stockzmt/2021-02-19/doc-ikftssap6809468.shtml，2022 年 7 月 14 日访问。

② 《鲁政委：碳中和下的银行保险业气候信息披露制度研究》，2021 年 2 月 20 日，网址：https://3g.163.com/dy/article/G3AM2VAO0519IGF7.html，2022 年 7 月 14 日访问。

③ 江梦圆、周萌：《关于我国上市公司碳交易信息披露的思考》，《商业会计》2015 年第2 期。

④ 《[今日推荐] 碳中和下的银行保险业气候信息披露制度研究》，2021 年 2 月 19 日，网址：http://finance.sina.com.cn/stock/stockzmt/2021-02-19/doc-ikftssap6809468.shtml，2022 年 7 月 14 日访问。

社会责任表现优异的公司，倡导社会投资的责任理念。① 另外，在舆论导向上，应将传统媒体与新兴媒体相结合，充分利用电视、广播、互联网等多种媒介扩大宣传力度。

再次，完善碳信息披露监管体系建设。加速碳信息披露体系框架规范化建设，完善相关政策和法律法规；提升企业碳信息披露从业人员的能力与专业素养；引入第三方审计与碳评价系统。要建立健全政府公开披露碳排放信息的工作考核制度、社会评议制度和责任追究制度，定期对碳排放信息公开工作进行考核、评议；要精准引导，完善信息公布制度，建立碳排放信息披露的协同监管机制。② 监管机构需要加大相关培训，让更多公司了解并掌握基本的量化方法，并通过上市公司碳排放信息披露指南来进一步普及碳排放信息披露的概念与应用。③ 监管层也应尽快出台重点排放单位或上市公司碳排放信息披露的相关规则，从自愿性、鼓励性披露逐渐转为强制性披露，并对披露指标提出更清晰的要求。④

四、建立和完善碳普惠制度

根据联合国环境规划署（UNEP）发布的《2020 年排放差距报告》，采取更强有力的气候行动须包括私营部门和个人消费行为的改变。⑤ 我国针对居民生活消费领域的碳减排措施，往往以精神道德层面引导和居民自

---

① 《史多丽：对三类公司强制要求披露社会责任报告》，2010 年 12 月 18 日，网址：https://finance.eastmoney.com/a2/201012181111162883.html，2022 年 7 月 14 日访问。
② 邹伟、王芳：《贵州地方政府依法行政动力研究》，《行政法学研究》2010 年第 2 期。
③ 江梦圆、周萌：《关于我国上市公司碳交易信息披露的思考》，《商业会计》2015 年第 2 期。
④ 江梦圆、周萌：《关于我国上市公司碳交易信息披露的思考》，《商业会计》2015 年第 2 期。
⑤ 潘晓滨、都博洋：《"双碳"目标下我国碳普惠公众参与之法律问题分析》，《环境保护》2021 年第 Z2 期。

我约束控制相结合，① 而缺乏法律制度层面的规制。对此，可建立和完善针对公民个人、小微企业、家庭的碳普惠制度。

当前，学术界关于碳普惠制度的概念主要有以下几种观点。如靳国良指出，碳交易普惠制旨在建立一套长期信用体系，采用数据量化积累的办法，鼓励并惠及公益低碳行为，弘扬低碳发展和绿色环保理念，彰显公众的社会主义道德荣誉，推进和创新发展碳市场。② 刘海燕、郑爽认为，碳普惠制是指以识别小微企业、社区家庭和个人的绿色低碳行为作为基础，通过自愿参与、行为记录、核算量化、建立激励机制等，达到引导全社会参与绿色低碳发展的目的。③ 在实务部门，已有相关机关提出了关于碳普惠制度的概念，如广东省发改委提出，碳普惠制是指为小微企业、社区家庭和个人的节能减碳行为进行具体量化和赋予一定价值，并建立起以商业激励、政策鼓励和核证减排量交易相结合的正向引导机制。④ 从理论界的观点和实务部门的界定以及举措中可以看出，碳普惠制是对现有碳排放权交易制度的延伸、拓展和创新，也是对现有碳排放权交易制度的重要补充。其制度构建内容主要表现在：一是从实施对象来看，碳普惠制的实施对象主要为小微企业、社区家庭和个人，这和碳排放权交易作用于工业企业的特征明显不同；二是从实施范围来看，碳普惠制的实施领域主要集中于生活消费领域，而非工业生产领域；三是从激励机制来看，碳普惠制以正向激励机制为导向，这和碳排放权交易以约束和惩罚为导向的机制也存在显著差异。⑤

2020 年实施的《江西省生态文明建设促进条例》，首次从地方性法规

---

① 刘航：《碳普惠制：理论分析、经验借鉴与框架设计》，《中国特色社会主义研究》2018 年第 5 期。

② 靳国良：《碳交易机制的普惠制创新》，《全球化》2014 年第 11 期。

③ 刘海燕、郑爽：《广东省碳普惠机制实施进展研究》，《中国经贸导刊》2018 年第 8 期。

④ 广东省发展和改革委员会：《广东省碳普惠制试点工作实施方案》，网址：http://zwgk.gd.gov.cn/006939756/ 201507/t20150727_594913.html，2022 年 6 月 13 日访问。

⑤ 刘航：《碳普惠制：理论分析、经验借鉴与框架设计》，《中国特色社会主义研究》2018 年第 5 期。

层面上提出要探索建立碳普惠制度。《深圳经济特区绿色金融条例》（2022年）较为完善地明晰了碳普惠制度的运作办法，其第二十九条规定"支持深圳碳排放权交易机构运营管理碳普惠统一平台"，第五十五条规定"市人民政府应当完善碳普惠制度"。同时，该地方性法规还在附则部分对碳普惠的含义进行了界定。① 在我国生态文明建设进入以低碳绿色为重点发展方向、推动减污降碳协同增效的大背景下，碳普惠制度建设亟须纳入法治轨道，需要在立法上明确其法律地位和效力及其实现路径等，以充分调动公众参与碳排放治理的积极性。

对此，一是要确立国家与地方立法相结合的碳普惠立法路径。应在借鉴地方设立碳普惠制度的经验基础上，通过法律或行政法规明确碳普惠制度的法律地位，规定碳普惠制度的具体内容，明确碳普惠与碳市场之间的关系，将碳普惠活动纳入碳市场交易范围内，使个人能够从碳普惠制度与政策中获益。同时，可以考虑适时出台专门关于碳普惠及其管理的行政法规或部门规章，其内容可包含碳普惠的基本原则、具体要求、实施范围、目标对象、监督措施、责任条款等。对于地方而言，各地可根据该地区的实际情况出台相应配套措施，同时做好与上位阶法律法规的衔接，制定关于碳普惠平台运营、积分管理、交易过程等具体操作层面的规定。二是在制度的内容设计上要做好碳积分管理。碳积分是碳普惠制度能否落到实处的关键点。对此，要明确碳积分的法律属性与权属，厘清碳积分与核证减排量的关系。对碳积分可以认定为一种核证减排量的货币化（或财产性）形式。要扩大碳积分的商品兑换范围，畅通碳积分流通机制；同时应由碳排放交易机构专门负责发行碳积分，并注意控制总量和兑换比例，防止碳积分贬值。三是在制度衔接上要确保 PHCER（碳普惠核证自愿减排量）可接入碳市场交易。② 目前，碳普惠平台和碳交易市场对接过程中一个主

① 潘晓滨、都博洋：《"双碳"目标下我国碳普惠公众参与之法律问题分析》，《环境保护》2021 年第 Z2 期。
② 《最近与"碳中和"有关的 9 大高频热点词　你知道哪些?》，2021 年 4 月 16 日，网址：https://huanbao.bjx.com.cn/news/20210416/1147779.shtml，2022 年 7 月 14 日访问。

要难点是，无法确定碳交易市场每年能够消纳多少碳普惠核证减排量。如果碳普惠核证减排量进入碳交易市场的体量过大，会对地方碳价造成冲击，供过于求使得碳价下跌；如果体量过小，履约企业可能会面临供不应求的问题。碳普惠核证减排量以合适的体量进入碳交易市场，需要依靠长期且丰富的碳交易数据来进行确定。国内碳普惠的发展普遍处在初期阶段，仍存在很大的完善空间，碳普惠平台和碳交易市场的对接还需要较长的过程。[①] 要明确规定各地碳普惠制度所产生的减排量的同质性及其在碳市场中的共同适用履约比例，确保个人减排行为顺利对接国家碳市场，使公众广泛参与到实现"双碳"目标的进程中。[②] 四是在进一步拓展和完善方面要扩大国家认可的减碳行为领域，完善相关方法学。激励科研机构、企业事业单位开发配套的碳普惠方法学，确保个人减排行为的真实性、有效性。

---

① 《绿色消费倡议下，碳普惠机制正悄然改变居民生活》，网址：https://baijiahao.baidu. com/s?id=1733784524744720362&wfr=spider&for=pc&searchword=%E7%A2%B3%E6%99 %9%AE%E6%83%A0，2022 年 6 月 11 日访问。
② 潘晓滨、都博洋：《"双碳"目标下我国碳普惠公众参与之法律问题分析》，《环境保护》 2021 年第 Z2 期。

第八章 实现"双碳"目标的国际法治与涉外法治保障

第一节 实现"双碳"目标的国际法治保障

法律作为社会秩序的"稳定器"和重要保障，是公平正义的最后一道防线。小至个体与个体、个体与组织之间，大至国家与国家之间，其利益与公共秩序的维护都需要法律加以明确和保障。国际法是调整国家与国家之间秩序的有效规范，对于维护世界的和平与国家之间的友好合作关系至关重要。而气候变化与全球变暖作为关系到全世界人民共同利益的重要议题，更不乏国际法治的保障。

一、国际气候治理合作的基础

（一）治理需求的紧迫性

自然形成的温室气体是生态系统平衡的一部分。但自工业革命以来，人类生产生活方式的变更使得温室气体排放大量增加，这种急剧变化已然扰乱正常的自然生态和气候变化规律，造成了极端天气频发、臭氧层保护减弱、冰川大面积融化等恶劣气候问题。2019 年 11 月，来自世界各地的 11000 多名科学家共同宣布地球正面临"气候紧急状态"（Bioscience），[①] 研究表明 15 个已知的全球气候临界点，已有 9 个被激活。临界点之间存在关联，它们被激活将触发级联效应，进一步加剧气候风险。[②]2020 年受全球新冠肺炎疫情的影响，人类出行与生产活动减少，二氧化碳的排放总量也预计较以往降低 7%，仅时隔一年之后，2021 年全球平均气温却已达到历史以来最高值。碳排放量在短期内经历骤降又回升，体现了人类活动对大气系统影响的显著性。联合国政府间气候变化专门委员会最新的评估报告表明，若按照现行政策路径，到 21 世纪末全球或将升温 2.9℃，[③] 无法达成《巴黎协定》的要求，显现出当下减排力度仍然薄弱的窘境。这也再一次敲响了人类关于绿色发展、减污降碳的警钟。在全球气候变化形势不容乐观的情况下，越来越多的国家和地区意识到降碳减排的必要性和紧迫性，纷纷在近两年明确本地的"双碳"目标，采取多项措施推进碳减排工作，2021 年也被称为国际社会应对气候变化的"超级年"。[④]

（二）保护法益的共同性

根据学者的观点，环境、自然资源与生态系统是三个不同的概念体。[⑤] 从广义的角度而言，环境包括了自然环境，也包括了其中的经济、社会成分；对于自然资源，联合国环境规划署（United Nations Environment Programme, UNEP）将其定义为"在一定时间条件下，能够

---

① William J., Ripple M., Christopher Wolf, et al., "World Scientists Warning of a Climate Emergency", *Bioscience*, 2020, Jan., Vol.70: 8-12.

② Timothy M., Lenton, Johan Rockström, et al., "Climate Tipping Points - Too Risky to Bet Against", *Science*, 2019, Nov., 575（7784）: 592-595.

③ IPCC, "AR6 Climate Change 2021: The Physical Science Basis", 网十：https://www.ipcc.ch/report/ar6/wg1/#FullReport，2022 年 1 月 8 日访问。

④ 董亮：《"碳中和"前景下的国际气候治理与中国的政策选择》，《外交评论》2021 年第 6 期。

⑤ 汪劲：《环境法学》（第四版），北京大学出版社 2018 年版，第 3 页。

产生经济价值，提高人类当前和未来福利的自然环境因素的总称"①；而生态系统则是一种动态的过程，体现的是生物与其生存环境、生物与生物之间的种种相互作用。② 环境与生态系统都是整体性的概念，而自然资源基于其经济性特征，范围较环境与生态系统更小。对于人类来说，碳排放的直接后果是引起温室气体增加，从而引起全球变暖以及气候系统的紊乱。这种紊乱改变的不仅仅是大气层的物质机理，更会对人类整体的生存环境与生态系统产生影响，如全球变暖将会导致北极地区及高海拔地区冰川融化，这种变化又进而将引致海平面上升、洋流改变，对地球的物质循环、能量流动产生影响，使极端气候的发生概率大增，低海拔的国家与地区也将面临着被淹没的危险。而对生态系统中的其他生物而言，大气环境的不利改变也将危及其生存，产生生物多样性减少的生态问题。在另一种角度，大气作为一种自然资源，对人类经济发展（如农业生产等）也有一定的支持作用，若大气环境恶化，其所能为人类提供的经济价值也必将削弱。基于环境与生态系统的整体性，以上所说的各种影响，都不啻限于某一地区或国家，人类唯有合力减少碳排放，才能保证自身所赖以生存的环境、自然资源与生态系统不受破坏。

（三）全球大气的非固定管辖性

造成全球温度上升的主要原因是温室气体（Greenhouse Gas，GHG）排放增多。根据《京都议定书》的定义，温室气体包括：二氧化碳（CO_2）、甲烷（CH_4）、氧化亚氮（N_2O）、氢氟碳化物（HFCs）、全氟碳（PFCs）、六氟化硫（SF_6）。温室气体作为大气环境的一部分，其在适宜的当量范围内有助于维护全球生态系统的平衡，但随着现代工业的崛起，各类高碳能源广泛使用、化学材料大量燃烧使得大气中温室气体含量急剧上升。各地排放的温室气体汇集，最终整体对大气环境产生影响。基于大气环境的循

① 刘天齐主编：《环境保护通论》，中国环境科学出版社1997年版，第82页。
② 汪劲：《环境法学》（第四版），北京大学出版社2018年版，第3页。

环性、非固定性等物理特征，其并不能被任一国家所控制，因而也并非受某一国家的独断管辖。因此，基于这一性质，温室气体治理，也即大气环境治理，是全人类需要共同面对的问题。对此，各个国家必须团结起来，采取一致的行动，维护人类社会赖以生存的环境。正如学者所言，对于温室气体问题，所有的国家都既是受害方，也是加害方，因此各国必须以非对抗性的形式开展气候变化应对的全球合作。[①] 在这场合作中，大气治理作为对全人类法益有共同影响的一项事务，各个国家和组织依据相应的约定机制，享有知情权、参与权和申诉权等权利，遵守并履行相关的温室气体控制义务。唯有通力合作并采取有力的措施限制二氧化碳等温室气体的排放，才能实现对整体大气环境的治理与保护，从而有效地应对全球气候变化。

二、国际气候治理体系的形成

研究表明，关于大气保护的国际意义上的关注可追溯至 20 世纪 60 年代甚至更早。[②] 世界气象组织（World Meteorological Organization，WMO）的成立以及《增长的极限》的发布为国际气候保护奠定了基础。1972 年联合国在斯德哥尔摩召开的人类环境会议（The United Nations Conference on the human environment）更是在官方层面提示环境变化是人类需要共同面对的问题，[③] 但在此时，气候变化应对尚未被提上国际讨论的议程。直到 1979 年第一次世界气候大会发布《世界气候大会宣言》，气候变化议题才开始正式被国际社会所关注。为进一步巩固第一次世界气候大会的成果，增强人类对应对气候变化的共识，在 1988 年 WMO 与联合国环境规

[①] 秦天宝、侯芳：《论国际环境公约遵约机制的演变》，《区域与全球发展》2017 年第 2 期。

[②] 李化：《论国际气候变化法的生成》，《中国地质大学学报》(社会科学版) 2017 年第 6 期。

[③] 李挚萍：《环境基本法的发展脉络——从"人类环境会议"到"环境与发展会议"》，《中国地质大学学报》（社会科学版）2012 年第 2 期。

划署共同成立了政府间气候变化专门委员会（IPCC），并由 IPCC 推进减缓气候变暖的共识宣传与国际交流合作。同年，联合国大会也通过了《为人类今世后代保护全球气候的决议》，将气候变化确立为"人类共同关切事项"，为其后的国际合作提供了明确的法律基础。

在这些努力之上，关于应对气候变化，特别是以温室气体减排为重点的国际法治体系开始建立并巩固。1992 年，联合国环境与发展大会通过《联合国气候变化框架公约》（*United Nations Framework Convention on Climate Change*，UNFCCC，以下简称《公约》）。《公约》作为历史意义上订立的第一部有关共同应对气候变化的国际条约，首次勾勒出了气候治理国际合作的原则与总体框架，因而也被认为具有"气候宪法"的国际法地位。[①] 从 1995 年开始，联合国每年都会举办一次《公约》的缔约方会议（UNFCCC Conference of the Parties，COP），以缔约方会议作为《公约》的最高议事机构，对气候治理的合作事项、成效等作出讨论，为国际气候治理行动作出指引。在这些缔约方会议中最具代表性的是分别于1997 年、2007 年、2009 年及 2015 年召开的京都气候大会（COP3）、巴厘岛气候大会（COP13）、哥本哈根气候大会（COP15）与巴黎气候大会（COP21）。京都气候大会作为第 3 次缔约方会议，通过了《京都议定书》（*Kyoto Protocol*），《京都议定书》是自《公约》签订以来通过的第一份具有法律约束力的气候协定；巴厘岛气候大会虽然未签订相关的国际条约，但是本次大会确立了"巴厘路线图"（*Bali Roadmap*），"巴厘路线图"以双轨谈判机制明确了发达国家与发展中国家分别对于《公约》的行动义务；相较于前两者，哥本哈根气候大会的作用更多在于通过巩固合力应对气候变化的政治意愿推动气候谈判朝着积极的方向发展，《哥本哈根协议》即是本次大会的成果与见证。但与《京都议定书》不同的是，《哥本哈根协议》仅基于政治合意，并不具有法律约束力，以至于其中提出的一些设想，如

---

① 郭美含：《低碳经济背景下中国应对气候变化法律框架研究》，群众出版社 2020 年版，第 150 页。

绿色气候基金制度至今也未能真正落实。而直到巴黎气候大会召开,第二份具有法律约束力的气候协议——《巴黎协定》(*The Paris Agreement*)才正式出台,《巴黎协定》以更具可期待性的温控目标与更科学的气候治理机制弥补了《京都议定书》减排义务分配过于强硬、技术路线不符合新时期变化等缺憾,成为指导各国进行气候治理的重要国际法渊源。

三、国际气候治理法治体系的主要内容

鉴于气候变化对人类影响的整体性,各国逐渐意识到碳减排是全球需要共同应对的议题。故而关于气候治理的国际合作与国际交流日渐增多,在此过程中,应对气候变化的国际法体系也逐渐形成。总体而言,其框架主要由《公约》《京都议定书》和《巴黎协定》构成。

(一)《联合国气候变化框架公约》

具体而言,《公约》的内容包含以下几个方面。

首先,《公约》确定了应对气候变化的几个主要原则。一是"共同但有区别的责任"(Common but Differentiated Responsibilities,CBDR)原则(以下简称"共区原则")。"共区原则"的内涵包括两个方面,"共同"是指全人类(无论是发达国家还是发展中国家)对于应对气候变化负有共同责任。"区别"则在于,一方面发达国家应当对碳减排承担主要责任,这是因为,在过去的百年间,发达国家工业扩张所排放的温室气体至少造成现有积累的三分之二,[①] 而如今其将高排放、高污染的产业转移至发展中国家后,再要求发展中国家负担减排责任,显然并不公平;另一方面,发达国家与发展中国家基于自身发展情况,其所能付出的减排力度不同,因

---

① 李志斐、董亮、张海滨:《中国参与国际气候治理30年回顾》,《中国人口·资源与环境》2019年第9期。

此减排责任要视各自的减排能力而定。"共区原则"并非于《公约》首次出现，实际上，在《公约》达成的三年前，国际大气污染和气候变化部长级会议便在其达成的《诺德韦克宣言》中，显现了"共区责任"的身影，这一宣言也为《公约》的内容奠定了基础。二是公平原则，即部分缔约的发展中国家极容易处于气候变化的威胁当中，世界上已经产生了图瓦卢——第一个即将受气候变化影响而消失的国家，而类似于图瓦卢的一些小岛国家，如基里巴斯、托克劳等，也时刻处于海平面上升的威胁中。① 由此可见，气候治理成功与否将会对某些处于特殊情势的国家起着决定性影响，因此在缔约和履约过程中，应当对这些国家的现实情况与现实需要予以特别考虑。三是风险预防原则。此原则也是国际环境法的一般原则之一，基于环境问题事后处理的复杂性与损害扩大性，应当预先对可能引起气候变化的各种原因进行预测与防范，避免不利情形的发生。四是可持续发展原则。应对气候变化不仅仅是对当代人代内利益的维护，还关系到当代人与未来人的代际利益——人类的子孙后代永续生存的条件的保障，因而必须转变发展方式，采取行动发展低碳经济，维护生存环境。

其次，在这些指导性原则的基础上，《公约》还指明了应对气候变化的各项具体制度措施。如《公约》第4条规定了缔约方应当采取行动落实管制清单制度、区域规划制度、技术合作制度、信息公开制度等。除此之外，《公约》还将部分发达国家列入附件一及附件二，这些国家相较于非附件国家需承担更多的约定义务。如附件一的缔约方必须制定政策、采取行动限制温室气体的人为排放，并且保护温室气体的库和汇；定期提供有益于减缓、控制温室气体排放的信息等，而在附件二之中的发达国家更是负有向那些需要特殊考虑的、极易受气候变化影响的发展中国家缔约方提供资金援助、无害技术转让的特殊义务。

---

① 冯寿波：《消失的国家：海平面上升对国际法的挑战及应对》，《现代法学》2019年第2期。

（二）《京都议定书》

《京都议定书》的全称为《联合国气候变化框架公约的京都议定书》。顾名思义，《京都议定书》是《公约》下的附属法律文件，其与《公约》有着不可分割的关系。一方面，《京都议定书》的产生基础来源于《公约》第 17 条，[①] 也即《公约》本身便为《京都议定书》的达成进行了铺垫。另一方面，《京都议定书》大部分的理念与原则同《公约》保持一致，如《京都议定书》第十条对《公约》确立的"共区原则"进行了确认，同时《京都议定书》还对"共区原则"作了进一步细化解释。

《京都议定书》对于"共区原则"的执行采用的是明显的二分方法，即将发达国家与发展中国家的减排义务明确区分。《京都议定书》具体列明了发达国家的减排幅度，即在第一承诺期中，缔约国的温室气体排放至少要比 1990 年减少 5.2%，而在第二承诺期中，这一目标更是提高到了18%。[②] 发展中国家则不受这一温室气体限排义务的限制。

除坚持"共区原则"外，《京都议定书》更具特色的是，发展了一些新的有益于全球气候治理的制度与机制。

一是《京都议定书》开放了以"净排放量"计算排放额度的新机制。即各国的排放量计算不再仅仅是考虑温室气体具体排放了多少，而是将森林碳汇所抵消的二氧化碳等温室气体的额度也包括进来。这一机制有益于鼓励各缔约方国家积极开展植被保护与植树造林，以修复地球自身的生态能力来改善气候环境。

二是规定了发达国家之间的"排放权交易"（Emission Trading，ET）制度。即未达成温室气体排放限制指标的发达国家可以从已经超额完成限排任务的发达国家购买其剩余的排放额度，这一制度利用灵活的市场机制鼓励缔约方国家积极实现温室气体的减排目标，为缔约方国家提供了更丰

---

① 《公约》第 17.1 条："缔约方会议可在任何一届常会上通过本公约的议定书。"

② 何晶晶：《从〈京都议定书〉到〈巴黎协定〉：开启新的气候变化治理时代》，《国际法研究》2016 年第 3 期。

富的减排路径与履约出口。虽然在《京都议定书》时代对碳排放权交易仅限于发达国家与发达国家之间进行，但碳排放权交易制度无疑对世界进入碳市场化有开创性与奠基性意义。

三是具有特色的"清洁发展机制"（Clean Development Mechanism，CDM），清洁发展机制被称为是《京都议定书》取得的巨大成就之一。如果说碳排放权交易是发达国家与发达国家之间的交易合作，那么清洁发展机制的作用就是将发达国家与发展中国家的应对气候变化行动联系起来。清洁发展机制承诺，若某一缔约方国家在他国投资能够减少温室气体排放的项目，则其项目的减排数额可以抵消本国的相应排放额。鉴于减排技术与投资能力多掌握在发达国家手中，且通过清洁发展机制减排的代价往往小于碳排放权交易与自身减排，故大多数发达国家缔约方更愿意通过向发展中国家进行技术投资来完成减排任务，这一特色机制既能充分利用发达国家的技术优势与资金优势，也能促成发展中国家进入减排行动。

四是"联合履约机制"（Joint Implementation，JI），联合履约机制允许一些特殊的国家，以整体计排的形式计算碳排放量。如欧盟作为一个在经济、政治上都密不可分的联合体，其温室气体排放也必然"牵一发而动全身"，故而对于这些组织中的缔约方国家，可以不单独计算某一国家的排放额度，而是以其排放总量衡量是否达成减排目标。在联合履约机制下，欧盟等联合体的整体减排成效显著。

《京都议定书》作为第一个具有法律约束力的专门应对气候变化的国际法文件，其意义重大。在"共区原则"的基础上，《京都议定书》为《公约》的执行探索了许多制度先河。对于发展中国家而言，《京都议定书》无疑为其提供了更多的发展空间，但对发达国家而言，《京都议定书》强硬的"二分法"减排机制令其倍感不公，认为自身承担的国际减排义务远远超出在前工业时代积累的责任限度，且在他们的认知中，发展中国家现阶段碳排放总量远远高于发达国家，其不承担强制减排义务的规定更是使得《京都议定书》的目标几乎不可能实现。因而在第一承诺期中，许多发达国家纷纷表示不再参与第二承诺期并退出《京都议定书》，以致最后《京都议定书》可适用的国家竟只剩下 30 多个国家。[1]《京都议定书》框架下各国减排意愿与减排行动的低迷，也宣告《京都议定书》时代近乎败落。

（三）《巴黎协定》

鉴于《京都议定书》所存在的实践困境，继续以《京都议定书》来实现《公约》目的已不可能，必须尽快订立一份新的具有可操作性与法律约束力的文件，才能继续推动国际气候治理。由于《京都议定书》是《公约》的附属法律文件，《京都议定书》的缔约方必须与《公约》保持一致，[2]当大多数国家宣布退出《京都议定书》时，也意味着《公约》的公信力会受到某种程度的影响，这种尴尬的局面不仅是对《京都议定书》的否定，更重要的是会对《公约》愿景造成打击，若《公约》失去了其执行的意愿基础，那么好不容易建立起来的全球气候治理信心将就此丧失，甚至倒退回几十年前的情势。因此，在哥本哈根气候大会上，各国呼吁这份即将新订立的气候条约不要延续《京都议定书》的《公约》附属形式，而应当作为一份独立的法律文件，以使其更具执行优势。

2015 年 12 月，《巴黎协定》在巴黎气候大会上订立，它是继《京都议定书》后第二份具有明确的法律约束力的应对气候变化的国际法文件。脱离了《公约》的附带形式，作为一份独立的法律文件，《巴黎协定》可以以灵活的加入形式吸引更多国家参与缔约，最终共有 178 个国家签署《巴黎协定》，以《巴黎协定》为准星的新的国际气候治理秩序开始形成。

虽然《巴黎协定》并非《公约》的附属，但实际上《巴黎协定》也与《公约》保持着密切的纽带联系。如在内容上，《巴黎协定》始终与《公约》

---

[1]　戴宗翰：《论〈联合国气候变化框架公约〉下相关法律文件的地位与效力——兼论对我国气候外交谈判的启示》，《国际法研究》2017 年第 1 期。

[2]　《公约》第 17.4 条规定："只有本公约的缔约方才可成为议定书的缔约方。"《京都议定书》第二十七条第三款："退出《公约》的任何缔约方，应被视为亦退出本议定书。"

的原则与宗旨保持一致。《巴黎协定》的重点之一在于使《公约》的目的得以落地执行，因此，《巴黎协定》也对《京都议定书》部分内容有所优化。一方面，在坚持"共区原则"与"公平原则"的基础上，《巴黎协定》摒除了《京都议定书》"二分法"对发达国家与发展中国家减排关系的强硬分割，而是以"国家自主贡献"（Nationally Determined Contributions，NDC）重新定义温室气体减排的国际模式。相较于"二分法"模式，国家自主贡献强调的是"自下而上"的治理而非"自上而下"的治理。在国家自主贡献模式下，《巴黎协定》中的减排机制更具灵活性与适应性。《巴黎协定》只规定了总体目标是在 2050 年前实现净零排放，将温度"控制在工业化前水平以上低于 2℃之内，并努力将气温升幅限制在工业化前水平以上 1.5℃之内"，至于如何实现以及是否能实现，则由各缔约国根据自身实际情况定期向联合国上报本国的减排目标并按《联合国气候变化框架公约》进行评估。

当然，为了避免缔约方国家依靠国家自主贡献懈怠减排责任，《巴黎协定》也设定了关于国家自主贡献的促进程序。如《巴黎协定》第 4.3 条表示，各缔约方国家应当在各自能力的基础上尽可能大地上报自主贡献目标，且自主贡献应当是逐步增长的。[①]《巴黎协定》第 4.9 条也表明，各缔约方国家应当根据全球总结的结果，每隔 5 年更新国家自主贡献。[②] 督促各缔约方国家制定合理的、有力的国家自主贡献目标。除此之外，为避免"自下而上"的框架成为政治作秀的平台，《巴黎协定》还设定了对国家自主贡献的监督与评估机制。《巴黎协定》第 4.8 条规定，缔约方国家应提供充分的信息使上报的自主贡献目标建立在清晰、透明和了解的基础

---

① 《巴黎协定》第 4.3 条："各缔约方下一次的国家自主贡献将按不同的国情，逐步增加缔约方当前的国家自主贡献，并反映其尽可能大的力度，同时反映其共同但有区别的责任和各自能力。"

② 《巴黎协定》第 4.9 条："各缔约方应根据第 1/CP.21 号决定和作为《巴黎协定》缔约方会议的《公约》缔约方会议的任何有关决定，并参照第十四条所述的全球总结的结果，每五年通报一次国家自主贡献。"

上。[①] 这一条款也成为国际气候治理中透明度建设的主要法律依据。

除国家自主贡献外,《巴黎协定》依然延续了《公约》及《京都议定书》的某些机制,如发达国家需对发展中国家提供资金和技术支持的方向,鼓励实行气候融资和技术开发转让等。[②]

《巴黎协定》弥合了《京都议定书》时代下发达国家与发展中国家的意见分歧,使各国的减排意愿重新回温。一方面,由于《巴黎协定》是以单独条约的形式呈现,其法律约束力较《京都议定书》更弱,生效门槛更低,[③] 也因此在后续合作过程中更容易根据实际情况协商修订,发达国家对义务分配的顾虑也降低;另一方面,在《巴黎协定》模式下,发展中国家也有更强烈的意愿提高本国减排力度。这是因为,在《巴黎协定》确立的"国际转让的减排成果机制"(Internationally Transferred Mitigation Outcomes,ITMOs)和"核证减排机制"(Sector-based Clean Development Mechanism,S-CDM)下,发展中国家也可借此契机打开本国的碳交易市场,不断升级本国的绿色技术,提高本国在全球化中的适应能力。

四、实现"双碳"目标与国际气候法治的关系

随着中国实力和国际话语权的不断提升,中国在国际治理中的地位愈发显现。特别是自中国加入 WTO 以来,中国在全球化中的作用更是不断凸显。

---

① 《巴黎协定》第 4.8 条:"在通报国家自主贡献时,所有缔约方应根据第 1/CP.21 号决定和作为《巴黎协定》缔约方会议的《公约》缔约方会议的任何有关决定,为清晰、透明和了解而提供必要的信息。"

② 参见《巴黎协定》第 9 条和第 10 条。

③ 李春林、王耀伟:《〈巴黎协定〉义务的基本构造与制度启示》,《东北农业大学学报》(社会科学版)2018 年第 6 期。

中国作为碳排放量趋高的国家之一，并未因顾及自身经济体量的发展而逃避气候减排的责任。在《公约》《京都议定书》及《巴黎协定》中，中国皆作为重要的参与者见证与帮助建设良好的国际气候法治环境，积极落实其中应对气候变化的各项治理原则与措施。

1990 年，中国发布《关于全球环境问题的原则立场》，为加入《公约》事先作好了政策铺垫。《公约》通过后，中国随即积极地批准加入，成为《公约》最早的 10 个缔约国之一。[①] 由于气候治理涉及诸多利益，因而在国际气候法治的形成过程中国际气候谈判是一个艰难的过程，当部分发达国家企图以反对"共区原则"逃避历史责任时，中国坚定的坚持发展中国家在短时间内不可承担任何强制义务，并敦促发达国家尽快履行其资金与技术支持的责任，为广大的发展中国家争取了国家能力建设的空间与时间。

在自身碳减排贡献上，中国国家主席习近平在领导人气候峰会上宣布中国的"双碳"目标为："2030 年前实现碳达峰、2060 年前实现碳中和"（为行文方便，以下简称"30/60 目标"）。虽然有观点认为，这种承诺本不具有任何正式的国际法律效力，因为"30/60 目标"仅仅是中国在国际会议上作出的口头承诺。[②] 但实际上，"30/60 目标"并非虚谈，中国需承担实现"30/60 目标"的国际责任。这是因为：一方面，根据《宪法》第八十一条的规定，国家主席代表中华人民共和国参加的活动为国事活动。而"30/60 目标"是我国国家主席在参加国事活动时作出的，具有国际意义。另一方面，在国际环境保护法律制度上，中国是《公约》《京都议定书》《巴黎协定》等关于气候治理的国际条约的缔约国，这些文件在国际法中都具有重要地位。在中国的法律体系中，经批准的国际条约系具有法律效力的法律渊源，因而在"条约必须遵守"[③] 的国际法原则之下，中国对其签订、

---

① Wang Changjian, Wang Fei, "China Can Lead on Climate Change", *Science*, 2017, 357（6353）:764.

② 此观点是在某次国际学术会议上有学者提出的疑论，特作此解释说明。

③ 参见《维也纳条约法公约》第 26 条。

参与的国际条约负有遵循与履行的义务。不仅如此，中国在国内也通过一系列政策和相应的法律制度安排，呼应了习近平主席在领导人气候峰会作出的"30/60 目标"承诺。如中共中央制定的"十四五"规划明确"30/60 目标"是中国未来发展的重要锚点，随后国务院也发布了《中共中央　国务院关于完整准确全面贯彻新发展理念做好碳达峰碳中和工作的意见》《2030 年前碳达峰行动方案》《中国应对气候变化的政策与行动》《碳排放权交易管理办法（试行）》等文件，对"30/60 目标"作了具体指导与规划。由此可见，中国的气候治理决心不仅仅是简单的国际发言承诺，而是已经将其落实于具体的政策文件和法律规制体系当中。可见，我国提出的碳达峰、碳中和目标愿景，体现了中国主动承担应对气候变化国际责任、推动构建人类命运共同体的责任担当，但也应充分认识到此项工作在我国所面临的过渡期短、经济发展水平总体不高、排放基数大、资源禀赋不足、成本高昂等诸多挑战与困难，也需要国际社会的充分理解和支持。①

五、实现"双碳"目标的国际法治困境

（一）法律规制的缺乏

契约的内核在于实践。如果仅仅是订立了契约，而不将其落地于现实，那么再完美的愿景与规则设计都只能是空中楼阁，无法有效发挥它的作用。非强制性作为国际法治的一大特色，虽能使有需要的国家减少顾虑，积极参与合作，但这也恰恰造成了它的缺憾——无法保证参与国百分之百的发挥合力，甚至在国情与利益的博弈中，部分参与国可能会态度大变（奥斯丁认为法律源于主权者的命令，而由于国际法中没有绝对的命令

---

① 参见鲁成钢、莫菲菲、陈坤：《主要国家碳达峰、碳中和比较分析》，《环境保护》2021年第 Z2 期。

者，因此有些国家就会"恶名昭彰的随意漠视这类法律的要求"①）。在应对气候变化的国际法治合作中，即有如此付诸东流之先例（如《京都议定书》后期体系的幻灭、美国基于本土保护主义退出《巴黎协定》）。可见，单靠政治合意形成的条约框架并不能完全规制实践。为了使国际条约落于实处，还需要各国完善国内法的配套设置，将基于政治的国际条约转变为具有强制性、稳定性的法律。就目前而言，丹麦、瑞典、匈牙利等国已出台法律推进"碳中和"，我国与美国、马来西亚等国暂时通过政策推动，但还尚有近100个国家与地区既无法律也无政策因应"双碳"发展需求，这些国家或正在讨论，或无力付诸行动。总体而言，"双碳"目标的实现在全球范围内仍缺乏行动力，降碳减排的任务仍任重道远。

（二）对"共区原则"的认知分歧

如前文所说，"共区原则"是国际气候治理的最重要与最基本的原则，这一原则奠定了应对气候变化合作的责任分配基调，此后《公约》《京都议定书》与《巴黎协定》中一些具体的制度、机制，也是基于这一原则衍生而来。但是长期以来，发达国家对"共区原则"的认识与发展中国家存在区别，这也是导致国际气候谈判屡屡需要进行"车轮战"的主要原因之一。发展中国家认为，发达国家在前工业时代的碳排放积累是造成现在地球气候问题的主要原因，甚至有观点认为发达国家至少需要承担80%以上的温室气体减排责任。② 除此之外，发展中国家还认为，虽然发展中国家的碳排放量普遍高于发达国家，但这也是由于发达国家在过去的几十年间疯狂向发展中国家转移工业生产造成的，不应该在此时反咬一口，要求发展中国家承担减排的主要责任。因此，在"共区原则"下，发展中国家认为发达国家要承担大部分的减排国际责任。与发展中国家的观点不同，

---

① ［英］雷蒙德·瓦克斯：《法哲学：价值与事实》，谭宇生译，译林出版社2013年版，第56页。

② 温家宝：《凝聚共识　加强合作　推进应对气候变化历史进程》，《人民日报》2009年12月19日。

发达国家认为，其在过去的国际气候治理中所承担的减排责任已经足够抵消其排放积累，且前有金融危机，后又有新冠肺炎疫情的双重打击，发达国家已无力对发展中国家进行无条件的帮助与支持，不应当永无止境地将气候治理责任归责于发达国家。

（三）绿色气候治理基金短缺

自《公约》开始，就有发达国家需对发展中国家提供资金帮助的规定，以保障发展中国家可以有足够的费用实现降碳减排气候融资的相关规定。如《公约》第4.3条表示，"附件二所列的发达国家缔约方和其他发达缔约方应提供新的和额外的资金，以支付经议定的发展中国家缔约方为履行第十二条第1款规定的义务而招致的全部费用……"该条文特别强调了发达国家应为发展中国家提供"新的与额外的"资金支持。根据《公约》机制，绿色气候基金的形式包括全球环境基金信托基金、气候变化特别基金、最不发达国家基金以及适应基金四种。可见，在《公约》的框架下绿色气候基金应当通过赠与、转让的方式实现，也就是该资金应当完全是公益性质的。但就实践而言，发达国家为了更大程度保有自身利益，除少数赠款外，其向发展中国家提供资金的形式往往为贷款或者贴息等，[①] 也就是说，通过这些非直接的形式应付绿色气候基金要求，发达国家不仅可以从发展中国家手中收回前期投资的成本，甚至还能从中得利，不需付出任何代价，这对发达国家可谓是"双赢"。而对发展中国家而言，这种资金投资的行为或可解决其资金短缺的燃眉之急，但长此以往，发展中国家的负累必将越来越大。

除此之外，发达国家的绿色气候基金承诺也往往不能完全兑现。如在德班气候大会（COP17）上发达国家集体承诺将在2010年至2012年间每年向发展中国家提供300亿美元、2013年至2020年间每年提供1000亿美元的气候资金支持，但无一例外，这些绿色气候基金承诺都没有被实

---

① 高翔：《应对气候变化不能"光说不练"》，《光明日报》2021年11月3日。

现，美国、加拿大、新西兰等国家有时甚至连一半的应付资金都无法提供。① 在 2021 年的格拉斯哥气候大会（COP26）上，最新的妥协成果为继续保持发达国家对发展中国家 1000 亿美元的气候治理基金资助，但观照此前经验，这一资助目标能否落实亦犹未可知。

（四）发达国家的贸易壁垒与技术限制

近年来发达国家大有利用贸易壁垒片面减排之势，主要体现为缩紧进口产品的条件，提高碳关税。如欧盟委员会在 2019 年颁布《欧洲绿色协议》（*European Green Deal*），该协议设立了碳边界调整机制（Carbon Border Adjustment Mechanism，CBAM），在碳边界调整机制下，欧盟在进口铝、钢铁和水泥等高排放产品时将对某些国家增收碳关税，这些被征收碳关税的国家主要是碳排放限制相对宽松的发展中国家。碳关税进可以增加经济收入，退则可以减少高碳排放产品对本土碳排放量的占用，对欧盟而言"百利而无一害"，在这种诸多利益的吸引下，美国与加拿大等国也表现出加入碳关税联盟的强烈愿望。虽然乍看欧盟设立碳边界调整机制是为了契合碳减排的国际趋势，但实际上这一举措违反了《公约》确立的"共区原则"、公平原则与各自能力原则，碳边界调整机制实际上是通过片面减排的方式帮助发达国家逃避自身履约责任。当下以发展中国家的能力和产业格局，实现绿色发展是一个长期的改革过程，在国际贸易中必然工业产品占多数，若碳关税联盟持续扩大，发展中国家无疑会被发达国家设置的碳税门槛绊倒于门外，难以融入全球经济交互当中，这些早期被工业转移的发展中国家，也将再一次成为发达国家利益狂欢下的牺牲品。

此外，发达国家长期的技术封锁也是制约温室气体减排进程的重要原因之一。《巴黎协定》第 6.8 条表示应当提供一部分的"非市场方法"（如技术转让），帮助部分能力不足的缔约方国家执行与提高国家自主贡献

---

① Julie Bos, Lorena Gonzalez and Joe Thwaites, "Are Countries Providing Enough to the $100 Billion Climate Finance Goal?", *World Resources Institute*, 网址：https://www.wri.org/ insights/developed-countries-contributions-climate-finance-goal, 2022 年 1 月 19 日访问。

（NDC）。在降碳减排的强烈需求下，发展中国家实现绿色转型发展的需求是迫切的，但是囿于自身条件，部分低碳技术难以突破。2019 年中国与 77 国集团向发达国家寻求低碳控制的技术援助，但由于发达国家不予配合，这项提议最终落空。又如近两年发展中国家急切盼望发达国家将某些有益于全球减排目标实现的低碳技术（如碳捕获与碳封存技术）转变为公共技术，但发展中国家的这一需求至今也没有得到回应。

（五）国家自主贡献力度不足

联合国环境规划署（UNEP）于 2021 年发布的《排放差距报告》表示，地球的温度上升极有可能在未来的 20 年突破 1.5℃。除非迅速地以极大幅度地降低碳排放，否则实现《巴黎协定》约定的 1.5℃ 理想目标及 2℃ 的升温目标的可能性极低。这表明完成国际减排任务的时间十分紧迫。自《巴黎协定》确定国家自主贡献模式以来，各国完成减排任务的自由度增加，不过这种自由也增加了减排力度下降的风险。据估计，到 2030 年，许多国家的碳排放量可能高于 2010 年。[①] 这表明虽然后期《京都议定书》确立的减排模式有所僵化，但也不能否认它曾经对全球温室气体排放控制的卓越贡献。2021 年 9 月 UNFCCC 大会发布的一份国家自主贡献综合报告表明，截至 2021 年 9 月 30 日，已有 121 个缔约方向大会通报了其国家自主贡献度，其中不少国家更新了国家自主贡献或提交了新的国家自主贡献。根据各国提交的最新的国家自主贡献估算，各国最新的国家自主贡献将使 2030 年全球温室气体排放总量减少约 29 亿吨二氧化碳当量（GtCO$_2$e）。这一估算包括由其他因素造成的约 0.3 亿吨二氧化碳当量的减少（如国际航空和航运排放预测的降低，以及预计将超额实现国家自主贡献目标的国家贡献）。如果把中国、日本和韩国宣布的承诺国家自主贡献（尚未正式向《联合国气候变化框架公约》通报）也计算在内，这一总减

---

① UNEP, UNEP Copenhagen Climate Centre（UNEP-CCC），"Emissions Gap Report 2021: The Heat is On-A World of Climate Promises Not Yet Delivered"，网址：https://www.unep.org/resources/emissions-gap-report-2021，2022 年 1 月 19 日访问。

排量将增加略高于 4 亿吨 GtCO$_2$e。但尽管如此，目前国家自主贡献的总体影响仍然有限，仅依靠现有的自主贡献力度难以实现《巴黎协定》的温控总目标。除此之外，《排放差距报告》还特别指出，G20 成员国排放的温室气体占总量的 80%，只有当他们明确了国家自主贡献是短期内实现净零排放并且以强力的决心加以实现时，对全球变暖进程的控制才有可能向明朗的方向发展。但 G20 成员国最新提交的国家自主贡献几乎没有一个能朝着净零排放的目标明确迈进。在目前的政策下，G20 只有 10 个成员（阿根廷、中国、欧盟 27 国、印度、日本、俄罗斯联邦、沙特阿拉伯、南非、土耳其和英国）有可能实现其最初的国家自主贡献目标。其中，印度、俄罗斯和土耳其预计将在现行政策下将其排放量降低到至少比以前的国家自主贡献排放目标水平低 15% 的水平。综上所述，各国提供的国家自主贡献还有待提升，同时也还需要更透明、更完善的监督机制保证国家自主贡献模式的有效运转。

六、实现"双碳"目标的国际法治保障及其机制构建

（一）完善国际法与国内法的转化衔接机制

虽然大多数国家还尚未出台"双碳"相关法律，但中国作为在"双碳"领域具有代表性的国家之一，可以率先完善相关法律配套，为其他国家"双碳"法治完善起到引导与推动作用。中国因应"双碳"目标已出台多部专项政策，但总体而言，政策仅具有引导性与指导性的作用，中国作为传统的成文法国家，与"双碳"的国际法治相接轨还需要有明确的法律规定。2009 年 8 月，十一届全国人大常委会第十次会议通过了《全国人民代表大会常务委员会关于积极应对气候变化的决议》。该决议指出，应将应对气候变化立法作为一项重要的立法任务纳入工作议程，其后数年虽然对《气候变化应对法》的制定进行了征集社会意见、发布草案等铺垫，

但基于现实的复杂原因,《气候变化应对法》至今未能落地。[①] 直至全国人大常委会发布 2021 年度立法工作计划,尽管其中强调未来立法将以"绿色发展""人与自然和谐共生"为重点,却都仅限于野生动物保护、湿地保护、防治环境噪声等领域。可见,按当前的立法计划安排,启动全国性的应对气候变化立法或者促进"双碳"立法还有一定难度。但值得一提的是,2021 年度立法工作计划表明将修改环境保护法。我们可以此为突破点,借环境保护法的修改之机考虑加入低碳发展原则(目前仅有保护优先、预防为主、综合治理、公众参与、损害担责作为基本原则)与气候环境治理的内容,为往后进行应对气候变化或促进"双碳"的专项立法提供基础。在进行应对气候变化或促进"双碳"立法时,应重点与《公约》《巴黎协定》《格拉斯哥气候公约》等国际条约相接轨,以"共区原则"为基础,结合我国实际情况科学确定国内法律的内容。

(二)气候谈判中坚持"共同但有区别的责任"原则

中国在国际气候谈判中发挥了重要作用,为发展中国家适应气候治理争取了宝贵的空间。在过去的几十年间,发达国家屡次试图削弱"共区原则"给自身带来的义务负担,并要求发展中国家承担强制减排责任(如在联合国气候变化大会第 4 次缔约方会议上发达国家要求发展中国家作出减排承诺、在联合国气候变化大会第 8 次缔约方会议上欧盟要求 2012 年后对发展中国家实施限排等),这样的治理逻辑显然是不合理、不公平的,中国在气候谈判中均表示明确反对。其实,早在《公约》制定前,中国就通过国务院环境保护委员会发布了《我国关于全球环境问题的原则立场》文件,该文件强调"发达国家是世界资源的主要消耗者和污染物的主要排放者",并且对人类拥有的资源进行了"长期且无偿"的使用,在资源消耗与破坏的基础上它们的经济与技术才得以迅猛发展,因此无论从哪

---

① 龚微:《气候变化国际法与我国气候变化立法模式》,《湘潭大学学报》(哲学社会科学版) 2013 年第 3 期。

个角度而言，发达国家都应当承担更多的义务。这表明，我国从一开始就坚定气候治理中的"共区原则"，并以其为宗旨推动《公约》制定。时至今日，最新的一次缔约方大会即联合国气候变化大会第 26 次缔约方会议（COP26）于 2021 年 11 月在英国格拉斯哥落下帷幕，由于各国实际情况差异，该会议又是对气候融资、能源使用等历史遗留的义务性议题进行的深度讨论，因而联合国气候变化大会第 26 次缔约方会议（COP26）是一场艰难的谈判。在这场谈判中，发达国家要求中国、印度等发展中国家定下逐步淘汰煤炭和化石能源等低效能源使用的目标，然而，在经历工业转移后，发展中国家并无条件向着这一结果迈进，这一要求无疑是对发展中国家产业与经济进行裹挟的筹码。因此，在中国的不懈努力与坚持下，最终联合国气候变化大会第 26 次缔约方会议（COP26）达成的共识为"逐步减少"煤炭等高耗能能源的使用，会议签署了《格拉斯哥气候公约》（Glasgow Climate Pact），作为《巴黎协定》的实施细则。但尽管如此，本次缔约方大会的会议主席阿洛克·夏尔马也仍认为某些代表团使协议的措辞不够强烈，并对此结果表示"深感失望"。[①] 由此可见，在国际气候谈判中发展中国家常常处于不利地位，发达国家难以设身处地地考虑发展中国家在应对气候治理中的两难困境，而且有些代表团还大肆利用其在气候谈判中的强势地位，要求发展中国家承担不对等的国际责任及国际义务。对此，中国必须与其他发展中国家一起，在国际气候谈判中重申"共区原则"，为形成合理、公平、实际有效的气候治理体系作出努力。

（三）以公约外机制辅助落实气候行动义务

实际上，在国际气候治理领域，除了《公约》外，还有各国自发形成的公约外机制。这一机制多以零散性合作为特征，由某个国家发起，其他国家自愿参与。譬如，在 21 世纪初美国就曾与中国、澳大利亚、印度等六

[①] 可持续发展经济导刊编写组：《COP26 要闻全纪录》，《可持续发展经济导刊》2021 年第 11 期。

个国家启动了一项名为"亚太清洁发展与气候伙伴计划"的气候治理合作，虽然参与该计划的国家寥寥可数，但这些参与国都是当时全球温室气体的主要排放体与能源资源的主要消耗体（约占全球总量的一半），因而该行动也一度被认为对走向衰败的"京都体系"具有替代意义。① 在 2007 年，当时的美国总统小布什也曾邀请了 15 个主要温室气体排放国参与有关的国际会议，并在不久后由下任总统奥巴马带领举办了"主要经济体能源与气候论坛"（Major Economies Forum，MEF），这一论坛一直延续至今，成为有关公约外的主要多边谈判机制与协商机制。当然，除"主要经济体能源与气候论坛"外，还有一些国际组织与集团并不直接形成专门的气候谈判与协商体系，但它们在运作时对应对气候变化的议题也会有所涉及，这也是公约外机制的一部分。如八国集团（G8）、二十国集团（G20）、亚太经济合作组织（APEC）等，它们基于自身需要也会通过发布有关气候变化的立场、决议文件等形式推动国际气候治理体系的发展。② 虽然公约外机制并不能替代公约机制，但并不等同于这两者是相互对立的关系，更进一步地说，公约外机制对推动公约机制发展有着极大影响。因此，在应对气候变化的全球环境治理中大可以利用公约外机制鼓励各国对气候治理议题进行广泛的多边谈判与协商，从而为形成公平、合理的国际气候治理体系助力。

故而，除了在《公约》框架下坚持"共区原则"外，我国还可以通过公约外机制与其他国家加强联系，巩固"双碳"国家发展行动的国际法治保障。譬如，可以依托现有的"一带一路"倡议平台，与沿线国家积极开展"南南合作"，打破当前南北国家全球气候治理权利义务不平衡的尴尬局面，搭建注重发展中国家气候治理与利益保护的公约外机制，并以公约外机制配合公约机制督促发达国家尽快落实气候融资与技术支持等义务，为发展中国家在国际气候治理中争取更多的有利空间。

---

① 王瑞彬：《国际气候变化机制的演变及其前景》，《国际问题研究》2008 年第 4 期。
② 高翔、王文涛、戴彦德：《气候公约外多边机制对气候公约的影响》，《世界经济与政治》2012 年第 4 期。

（四）在能力范围内尽可能提高国家自主贡献

《巴黎协定》的决定文本（1/CP.21）要求在 2025 年之前制定国家自主贡献的缔约方要通报新的国家自主贡献，而 2030 年之前应当通报或更新 2020 年的国家自主贡献。截至 2021 年 9 月 30 日，已有 121 个缔约方（包括提交单一自主减排目标的欧盟及其 27 个成员国）提交 94 个新的或更新的自主减排目标。中国虽然暂时没有正式向联合国气候变化大会（UNFCCC）提交国家自主贡献文本，但已经作出了加强减排的承诺。在这一百多个《巴黎协定》的缔约方之中，中国是承诺削减碳排放最多的国家之一（约 1.2 GtCO$_2$e）。在原始的国家自主贡献中，中国的减排目标为：2030 年前后二氧化碳排放量达到峰值；2030 年将二氧化碳/GDP 比 2005 年降低 60% 至 65%，非化石燃料占一次能源消费比重提高到 20% 左右；以及 2030 年森林蓄积量增加约 45 亿立方米。而在 2021 年，中国更新了国家自主贡献承诺，将自主贡献目标更新为：二氧化碳排放量在 2030 年之前达到峰值；到 2030 年，将二氧化碳/GDP 比 2005 年的水平降低 65%；到 2030 年，将非化石燃料在一次能源消费中的份额提高到 25% 左右；到 2030 年，增加森林蓄积量约 60 亿立方米；到 2030 年，将风能和太阳能的装机容量提高到 1200 万千瓦。可以看出，中国这一次宣布的国家自主贡献内容更丰富、更确切也更强力。但是，要实现这一目标并非易事。虽然新冠肺炎疫情的发生曾短暂地使得中国碳排放呈下降趋势，但在疫情得到有效控制后，社会生产恢复正常，中国的温室气体排放又迅速且强劲地反弹。基于此，国外的一些研究认为，在现有的政策下，中国可以实现其原始的国家自主贡献目标，但更新的国家自主贡献其难度更大（或将难以如期实现），因为它在制定时没有考虑到这一强于预期的反弹〔即新冠肺炎疫情的大流行导致 2020 年全球二氧化碳排放量前所未有地下降了 5.4%，但同期中国化石能源消耗产生的二氧化碳排放量却仍然增长了 1.3%（主要在下半年）〕。这表明，中国还未真正地进入低碳发展阶段。新冠肺炎疫情的发生使得人们的生命和财产遭受极大的损失，这是人们心中的遗憾。

但从 2020 年碳排放曾短暂下降的经验来看，国家实现低碳创新和绿色转型并非不可能，国家可以以财政支出、政府补贴的方式支持企业开发绿色产品，鼓励居家办公等方式形成绿色经济模式。

第二节　实现"双碳"目标的涉外法治保障

一、涉外法治的概念

涉外法治建设是我国推进全面依法治国的重要一环。早在 2014 年党中央便通过了《中共中央关于全面推进依法治国若干重大问题的决定》，强调要"适应对外开放不断深化，完善涉外法律法规体系。"近年来，无论是"十四五"规划，抑或《法治中国建设规划（2020—2025 年）》等，都将涉外法治体系建设、涉外领域立法作为法治完善的目标之一，表明国家对涉外法治建设十分重视。

那么，何为"涉外法治"？这是研究涉外法治保障首先需要厘清的问题。

我国涉外法治概念提出较晚，且暂无官方说明解释，以至于对这一新颖的概念的阐释呈现不同的论调。有学者认为，"国内法治""国际法治"是与涉外法治最相关联，也最容易混淆的两个概念。涉外法治在某种程度上起源于国内法治与国际法治，但又与这两者有所区别。在这一概念体系中，涉外法治是国内法治与国际法治的连接桥梁。对于国内法治而言，涉外法治主要处理与外国（境外）[①] 有关的事务，如解决与本国有关的国际争端、管理国际投资、国际贸易等，这类涉外法治建设需要对外

---

① 有鉴于"一国两制"政策的实施，我国的涉外法治还包括与香港、澳门、台湾地区的对接，对此，本文统一以"境外"加以论述。

国（境外）法或国际法在本国的转化适用加以分析，并完善本国相关的立法、执法、司法，从而实现国内与国（境）外的法治接轨。而对于国际法治而言，涉外法治则致力于实现本国法在域外的延伸适用，以涉外法治的力量争取国际话语权，实现全人类共同利益，推动人类命运共同体建设。[①] 也有论者着重于涉外法治的国际意义，称涉外法治建设分为维护本国利益和型构国际秩序两部分。一方面，由于涉外法治是从某一特定国家的视角出发，因而涉外法治建设应以维护主权、安全和发展利益为基准；另一方面，涉外法治建设也应以打破以往由霸权主义国家主导的国际法秩序为目标，在世界范围内建立平等、合理的国际合作交流机制。[②] 在这些基础上，也另有论者提出涉外法治的重要内核是涉外法规范，而与之配套的是涉外法律教育、涉外法律服务、涉外司法与执行等，这些共同构成涉外法治的范围。该学者还对涉外法以广义与狭义划分，在广义上，所有具有涉外因素的法皆为涉外法；而在狭义上，涉外法仅指与对外事务相关的规范部分。[③]

二、涉外法治与实现"双碳"目标的关系

（一）涉外法律体系与实现"双碳"目标

涉外法律体系是涉外法治的核心。对涉外法律体系的理解，可以从冲突规范、实体规范和其他规定三个维度出发。

就冲突规范而言，主要是《中华人民共和国涉外民事关系法律适用法》（以下简称《涉外民事关系法律适用法》）。《涉外民事关系法律适用

---

① 黄惠康：《准确把握"涉外法治"概念内涵 统筹推进国内法治和涉外法治》，《武大国际法评论》2022 年第 1 期。
② 何志鹏：《现代化强国的涉外法治》，《吉林大学社会科学学报》2022 年第 2 期。
③ 张謇：《涉外法治的概念与体系》，《中国法学》2022 年第 2 期。

法》作为我国第一部关于涉外民事关系法律适用问题的单行法，就其法律性质而言，既不能将其归入传统的实体法，也无法将其视为程序法。[1] 但是在实体法与程序法之外，还存在着一种特别的法，即用于调适法律冲突（conflicts of law）的法律适用法，也即冲突规范。随着全球化进程加快，不同国家的交流联系日益紧密，其中也必然伴随着不同社会制度、不同文化背景下的纠纷与矛盾，由于这种法律关系往往涉及两个或两个以上的法律体系，如何确定最终适用与引致的法律，成为国际私法的首要问题。[2] 对此，大多数国家和地区制定了相应的冲突规范，来确定何时、何种情况适用何者法律。[3] 我国则是通过制定《涉外民事关系法律适用法》来作为我国的冲突调整规范。

《涉外民事关系法律适用法》由全国人大常委会制定，于 2011 年 4 月 1 日起施行。其作用主要是帮助当事人和法院确定涉外案件在适用法律时应参考的连接点方向，内容涉及家庭关系、继承关系、物权关系、债权关系以及知识产权关系等常见的涉外法律关系。以"双碳"方案实施为例，《涉外民事关系法律适用法》中的知识产权关系（如某些涉外专利的归属、保护与转让）、债权关系（如涉外合同、侵权责任、产品责任）、物权关系（如设备动产权属、交易）等，都是"双碳"方案实施过程中可能涉及的涉外民事法律关系。如产生相关的跨国（境）争议和纠纷，便需要参照《涉外民事关系法律适用法》的冲突调整规范，确定适用哪一方的法律。

涉外法律的实体法，主要是对涉外民事事务的促进、保护、管理和法律责任等实质性问题作出规定，因而在涉及这类涉外法律关系时，可

---

① 最高人民法院：《最高人民法院民四庭负责人就〈关于适用《中华人民共和国涉外民事关系法律适用法》若干问题的解释（一）〉答记者问》，网址：https://www.court.gov.cn/shenpan-xiangqing-5275.html，2022 年 6 月 5 日访问。

② 徐伟功：《我国冲突法立法局限性之克服》，《社会科学》2022 年第 3 期。

③ 如《海牙关于离婚与别居的法律冲突和管辖权冲突公约》，日本《关于遗嘱方式准据法》，美国《冲突法重述》等。

以直接以该法为依据。在这类法律中，与"双碳"实现相关的有《外资企业法》《外商投资法》《对外贸易法》《海商法》《出口管制法》等，这些法律主体、客体、权利义务涉及大量国（境）外法律要素，且其调整主要为"双碳"实现所必然涉及之对外市场开放、外资引进、出口贸易等领域，故而此类法律也是"双碳"方案实施的涉外法治保障的重要部分。

涉外法律体系中的其他内容，是指部分部门法中含有的涉外法律条文，这些涉外法律规定中，有些内容也与"双碳"方案实施紧密相关。如民法、知识产权法、经济法虽然主要调整的是域内法律关系，但由于民事关系主要基于意思自治，受地域限制较小，故这些法律中也必须对涉外法律关系作出一定的回应。如在民法典中，虽然并没有专编的涉外规范，但某些涉外事项（如国际货物买卖合同诉讼时效、涉外经济保证）在民法典中有确切条文。① 这些条文规定为"双碳"方案实施过程中的涉外民事事务进行提供了法律基础。此外，诸如《著作权法》《商标法》《专利法》等知识产权法中有关外国（境外）知识产权的保护、转让的规定，② 经济法中有关外国（境外）企业纳税、外国（境外）人员来华劳动就业等规定，也是"双碳"涉外法律体系的组成部分。

（二）涉外法律实践与实现"双碳"目标

如果说涉外法律体系是涉外法治的核心，那么将这些核心内容应用于实践便是涉外法治的"鸟之两翼、车之两轮"。正所谓"徒法不足以自行"。法律必须与实践相结合，才能真正地体现其对社会的效用。涉外法律实

---

① 《中华人民共和国民法典》第五百九十四条规定："因国际货物买卖合同和技术进出口合同争议提起诉讼或者申请仲裁的时效期间为四年。"第六百八十三条规定："机关法人不得为保证人，但是经国务院批准为使用外国政府或者国际经济组织贷款进行转贷的除外。以公益为目的的非营利法人、非法人组织不得为保证人。"

② 如《中华人民共和国著作权法》第二条："外国人的作品首先在中国境内发表的，依照本法享有著作权。外国人在中国境内发表的作品，根据其所属国同中国签订的协议或者共同参加的国际条约享有的著作权，受本法保护。"

践，主要体现在涉外法律服务、涉外司法与涉外多边合作等方面。

1. 涉外法律服务

2016 年 5 月，中央全面深化改革领导小组讨论通过《关于发展涉外法律服务业的意见》（以下简称《意见》）。《意见》表示，就我国而言，涉外法律服务的短板在于业务还不够广泛、国际竞争力不强、配套政策与措施不全。在全球化不断深入、对外开放不断发展的当下，涉外法律服务是我国适应国际变化所必须之工具。因此，《意见》对涉外法律服务业提出了建设要求，即到 2020 年，需形成较为健全的涉外法律服务机制、拓宽服务领域与提升服务质量。在具体事项上，我国的涉外法律服务队伍要具有国际眼光、知晓世界规则，这样才能建设高水准、高素质的涉外法律服务体系。[1] 在国家的大力推动与支持下，涉外法律服务逐渐受到重视，相较于《意见》提出之时，目前涉外法律服务从业人员数量已有一定扩大，[2] 不少律师事务所也开设了专门的涉外业务。[3]

涉外法律服务业的发展，不仅是国际背景的需求，更是我国实施"双碳"方案的内在要求。"双碳"方案的法治保障与涉外法律服务接壤是现实之必然，这是因为，涉外法律关系是"双碳"议题中必然会涉及的部分，"一带一路"也是"双碳"实现的重要依托。就国内视角而言，"双碳"的实现少不了与外国（境外）的交流（如技术引进、贸易、投资上市等），这些过程包含众多的涉外因素，一般主体难以对其中涉及的涉外法律知识有全面的了解，需要借助涉外法律服务进行指引。而就

---

① 中华人民共和国中央人民政府：《关于发展涉外法律服务业的意见》，网址：http://www.gov.cn/xinwen/2017-01/09/content_5158080.htm，2022 年 3 月 20 日访问。

② 如广州已有涉外律师近 1000 人，到 2025 年预计增加到 2500 人。广州市司法局：《全市服务业"十四五"规划：广州涉外律师到 2025 年将超 2500 人》，网址：http://sfj.gz.gov.cn/gkmlpt/content/7/7819/post_7819581.html#14280，2022 年 3 月 25 日访问。

③ 成都、西安等城市为促进涉外法律服务业发展，出台政策为提供涉外法律服务的机构提供奖励补贴。参见《中共成都市委成都市人民政府关于加快构建国际门户枢纽 全面服务"一带一路"建设的意见》《西安市关于加快发展涉外法律服务业的若干意见》《西安市加快推进新时代对外开放补充政策》等政策文件。

国（境）外视角而言，国（境）外企业对来华进行工程建设、技术转入、税收政策等事项也不甚了解，需要涉外法律服务队伍为其提供帮助，才能更大程度地发挥国内法治的国际公信力，保证低碳发展领域国际互动的有序进行。

2. 涉外司法

涉外司法，指的是与涉外案件有关的司法裁判活动。我国对于涉外案件的认定，在最高人民法院对《民事诉讼法》和《涉外民事关系法律适用法》的司法解释中有明确的判断标准。[①] 这两个司法解释在条文表述上虽略有差别，但对涉外案件判断的主旨保持一致，学界也将这一标准总结为主体、客体及权利义务这些法律因素是否涉及外国（境外）。[②]

司法是法治的最后一道防线。对于涉外案件，必须以完善的司法体制作出公正的判决，才能创造良好的营商环境。在涉外司法领域，特别是针对"一带一路"国家的涉外司法建设，我国尤其重视。自 2015 年起，最高人民法院分别发布了三批涉"一带一路"建设典型案例。在这些典型案例中，能源发展和环保相关的司法案件占较大比重。如在 2015 年公布的"人民法院为'一带一路'建设提供司法服务和保障的典型案例"中，八个案例中便有两个与环保科技投资和能源技术转让相关。[③] 在 2017 年公布

---

① 《中华人民共和国民事诉讼法》司法解释第五百二十二条表示，有下列情形之一，人民法院可以认定为涉外民事案件：（一）当事人一方或者双方是外国人、无国籍人、外国企业或者组织的；（二）当事人一方或者双方的经常居所地在中华人民共和国领域外的；（三）标的物在中华人民共和国领域外的；（四）产生、变更或者消灭民事关系的法律事实发生在中华人民共和国领域外的；（五）可以认定为涉外民事案件的其他情形。《涉外民事关系法律适用法》司法解释第一条认为，民事关系具有下列情形之一的，人民法院可以认定为涉外民事关系：（一）当事人一方或双方是外国公民、外国法人或者其他组织、无国籍人；（二）当事人一方或双方的经常居所地在中华人民共和国领域外；（三）标的物在中华人民共和国领域外；（四）产生、变更或者消灭民事关系的法律事实发生在中华人民共和国领域外；（五）可以认定为涉外民事关系的其他情形。

② 陈利强主编：《"一带一路"涉外法治研究 2021》，人民出版社 2021 年版，第 18 页。

③ 分别为"新加坡中华环保科技集团有限公司与大拇指环保科技集团（福建）有限公司股东出资纠纷案"以及"浙江逸盛石化有限公司与卢森堡英威达技术有限公司申请确认仲裁条款效力案"。

的第二批典型案例和 2022 年公布的第三批典型案例中，也有"中国建设银行股份有限公司广州荔湾支行与广东蓝粤能源发展有限公司等信用证开证纠纷再审案""中国水利水电第四工程局有限公司与中工国际工程股份有限公司独立保函欺诈纠纷案"涉及能源发展金融支持与工程开发。当然，除了这些专门与能源环保相关的案例外，其他案例对"双碳"领域的涉外司法也具有一定参考意义，如一些关于合同纠纷、股权转让、涉外法律查明、跨境司法协助的裁判，也是"双碳"方案实施过程中的司法案件可能涉及的类案。在这些典型案例中，各地法院根据《涉外民事关系法律适用法》准确适用准据法，实现了对涉外案件的公正裁判，为涉外司法的实践提供了参考方向。

3.涉外多边合作

我国的涉外法治建设致力于与各国一起构建共商共治的多边协商秩序。在与"双碳"方案实施相关的应对气候变化领域，我国作为缔约国参与了《公约》《京都议定书》以及《巴黎协定》，这些条约中的多边机制与人类命运共同体构建息息相关，属于涉外法治中具有国际性质的内容。

现有的气候合作治理，虽然看似是全世界共同参与的多边协商，但实则仍是发达国家主导的利益走向。一方面，他们曾多次试图打破"共区原则"，要求发展中国家承担强制减排责任。另一方面，对于多边合作机制中的自身义务，他们也用尽其极地逃避（例如此前谈及的绿色治理基金与技术转让的落空）。甚至当这些规则可能会累及其自身发展利益时，他们会毫不犹豫地破坏、瓦解好不容易建立起来的气候治理基础（如"京都体系"的败落）。由此可见，涉外法治的建设不仅仅是为了保护我国公民、企业在外的合法权益和为来我国发展、投资的外国（境外）企业提供优良的法治环境，更是为了提高我国在国际舞台的影响力、号召力与公信力，打破以往由发达国家甚至是霸权主义主导的国际治理秩序，实现求同存异、平等互利的国际秩序格局。

三、实现"双碳"目标的涉外法治保障及其机制构建

（一）完善"双碳"涉外法律规范体系

现有的涉外法律规定，为我国"双碳"方案实施提供了一定的基础支持，但在全球化的背景下，国内（境内）与国外（境外）的法律关系势必涉及更多领域、更深层次。因此，需要更丰富、完备的涉外法律体系来为"双碳"方案的实施保驾护航。由此，涉外法律体系的体系化建设也必须被提上日程。

全国人大常委会 2021 年度立法工作计划表明，加强涉外法律体系建设是未来的立法工作重点之一，要确保国内法治和涉外法治"双管齐下"，形成完备的法律体系。就目前而言，我国的"双碳"涉外法律体系构建可从以下几个方面入手。

一是构建完备的涉外法律体系。目前，我国相关的涉外法律规范数量较少，需要形成完整的涉外法律链条。"双碳"作为我国发展的新兴议题，其配套的法律规范本就处于奠基完善阶段，且不论国内法治相关的法律中，"双碳"有关的基础性规则和标准尚无定论，涉外法治在近几年才开始强调建设，本身较之国内法治还有更大的完善空间，可想而知，涉外法律体系中的"双碳"引导规范是少之又少。因此，对于"双碳"涉外法律体系的建设，首先要从加强涉外立法着手。一方面，根据"双碳"实施重点领域的需求，修改《涉外民事关系法律适用法》。"双碳"行动的推进需要加强与其他国家在低碳领域中的经济交流，其中最常涉及的即是涉外合同与涉外技术合作，但在现有的《涉外民事关系法律适用法》中，仅以第四十一条笼统地将涉外合同归于债权关系部分，对涉外技术虽有专章规定知识产权关系的处理与法律适用，但该章节的条文却仅有三条，与其他涉外关系的法律适用规范相比，明显未被重视。因此，有必要增加相关的涉外法律条文，为"双碳"方案实施提供涉外法治保障。另一方面，在实体

法层面，补充相关的涉外立法。综观涉外实体法可知，现有的涉外法律内容更多的是规范外国（境外）企业、法人在我国进行的经济活动，而对于我国对外的投资、开发等却鲜有立法调整和保护我国政府、企业、法人与公民的在外法律权益，这一现象不免使相关主体对涉外活动有所顾虑，为"双碳"方案实施带来阻力。故而，在涉外实体法中，还需要从这些层面出发进行涉外立法，鼓励中国企业大胆的"走出去"，也吸引更多的外国（境外）企业来华投资，促进能源结构转型、绿色低碳技术要素流通与绿色低碳经济发展。

二是建立有效的国内的涉外法与国际法衔接机制。明确国际条约的域内效力，也是涉外法律体系建设的重要环节。国际条约的缔结与参与，意味着该条约即对我国产生约束力，依据条约可以享有权利并应承担相应的责任与义务。在气候治理领域，我国作为《公约》和《巴黎协定》的缔约方，依据这一体系制定国家自主贡献目标并作出"双碳"承诺，表明我国在国际法治层面已经作出了正向的表率。但即如前述，国际法治与涉外法治并不完全相同，对"条约必须信守"原则的践行，显现了我国在国际法治层面的大国担当与法治信念，但在此基础上，还需要将国内法治与国际法治相衔接，实现对国际条约的国内法转化，才能真正实现涉外法治的效用。国际条约的国内法转化，可通过国内立法和承认国际条约的国内适用效力两条路径来实现。对于前者，需要将国际条约的内容在国内立法的条文中明确；而对于后者，则需要赋予国际条约以一定的国内法律效力。确定国际条约的域内效力，是否代表应当宽泛地将所有国际条约都纳入国内法体系？实则不然。在全球化盛行的今天，国家与国家之间关系更为紧密，签订的国际条约数不胜数，若对所有的国际条约都进行本土适用，不仅会加重立法压力，更是会扰乱国家的法律秩序。因此，仅需要对符合条件的国际条约进行国内法转化，便足以满足涉外法治的需要。在范围上，根据《宪法》和《缔结条约程序法》的规定，仅有全国人大常委会、国务院和中央政府部门批准和缔结的条约才属于我国承认的国际条约（港澳的对外交往和签订的条约以港澳的法律和中央的规定为准）。在效力层级上，这些国际条约的效力必然在《宪法》之下，再根据参与缔约主体层级的不同，分别厘定其法律效力。如，对于全国人大常委会批准和决定加入的条约，可等同于一般法律，而对于国务院和中央政府部门在职权范围内订立的国际条约或协定，则可分别视同于行政法规与部门规章的法律效力加以对待。[①]

（二）建设"双碳"涉外法治的配套措施

1.培养专业涉外法律服务队伍

尽管在政策的大力支持下，我国涉外法律服务在近几年受到重视并有了一定发展，但与其他领域的法律服务相比，涉外法律服务业总体国际竞争力不占优势、涉外法律工作者专业性有待加强，其仍是我国法律领域的短板。[②] 而究其根源，主要是涉外法律服务人才的缺乏，因此应当加大力度培养多领域涉外法律服务人才。在实现"双碳"目标的背景需求下，必然需要越来越多的涉外法律服务人才与机构投身于"双碳"相关涉外业务中，故而涉外法律服务总体能力的上升，也是"双碳"涉外法治保障的基础。

现有的涉外法律服务人员主要来自两大类人群，其一是具有外语专业背景的人员，其二是传统法律专业毕业的人员。这样的涉外法律服务人员组成有一定的局限性，即这两大类人群都无法提供完整的涉外法律服务。具有外语专业背景的人虽然可以理解相关外文法律文件的表述，但由于缺乏对法律专业知识的了解，难以为需求方处理实际的涉外法律关系。因此，这类人群在涉外法律服务中的定位主要是提供涉外法律文件的翻译、整理服务。而后者虽然具有更系统的法律知识储备，对法律内涵与逻辑更为了解，但其外语基础薄弱，在涉外法律实务中语言表达与知识运用存在短板。[③] 故而，

---

① 参见黄惠康：《准确把握"涉外法治"概念内涵　统筹推进国内法治和涉外法治》，《武大国际法评论》2022 年第 1 期。

② 王俊峰、白鸥：《加强涉外法律服务人才队伍建设》，《检察日报》2022 年 3 月 28 日。

③ 李志强：《我国涉外法律服务业发展之管见》，《中国司法》2021 年第 8 期。

为了打造更加专业化、系统化的涉外法律服务体系，就必须打破以往的人才限制，培养既能熟练使用外语，又能准确运用法律知识的涉外法律服务人才。当下，一些高校启动了专门的涉外法律服务人才培养计划，开设涉外法律研习班，结合两类人才的专业优势，为涉外法律服务业培养更具有国际竞争力的专业人才。但是，这种涉外法律人才培养模式尚未规模化。从教育部教研司 2021 年发布的《关于实施法律硕士专业学位（涉外律师）研究生培养项目的通知》可知，目前我国众多高校中仅有北京大学、清华大学、中国政法大学等 15 个高校具有涉外法律专业的培养资格，显然还需要更大的力度适应庞大的社会需求。因此，应当鼓励更多具备条件的单位加入涉外法律服务人才培养队伍，以涉外法律服务的发展为实现"双碳"目标提供后备支持。

2. 优化涉外司法体制

在现阶段，涉外司法毋庸置疑地维护了我国国家主权、安全与发展利益，故其首要任务已经实现。但是，如果要更大程度地发挥涉外司法的作用，还需要对其中的某些细节进行优化。涉外司法，主要涉及涉外法律适用与涉外司法承认等问题。这些问题突出地表现在：

首先，在涉外法律适用层面，存在较为突出的涉外案件"本土法化"现象。有关研究对 2013 年来的涉外民商事案件进行了样本分析，在其随机抽取的 100 件案件中，有 81 件适用的法律为"法院地法"，这表明在涉外案件中，有绝大多数的案件在司法裁判时适用的是我国的本土法律，对域外法的适用极少。[①] 在处理涉外案件时适用本土法律虽然有利于提高司法裁判效率，也有助于办案法官对适用的法律有更便利的了解，但过度的"本土法化"实则不利于我国法治发展与全球化的发展背景相接轨。这是因为，如果在存在法律冲突的案件中一律适用本地法，不仅不能实现司法裁判的准确性，还将累及我国司法的国际公信力。涉

---

① 刘婷：《"一带一路"战略下涉外民商事案件法律适用的审判实务研究——以"本地法化"现象为视角》，《天津法学》2018 年第 3 期。

外司法"本土法化"的一大重要原因即是外国（境外）法查明困难。许多法官由于难以了解到某些国家的法律信息，便笼统使用意思自治与最密切原则，确定准据法为本土法律，或者将外国（境外）法查明的义务转嫁给当事人，以当事人未能提供涉外法律资料为由适用本土法律。[①] 对此，必须明确外国（境外）法查明的主要义务方为法院，并有且仅有穷尽手段仍然无法查明外国（境外）法时才能以"外国（境外）法无法查明为由"适用本土法律。同时，还需要丰富外国（境外）法的查明途径，建设外国（境外）法专家库和司法互助平台，[②] 在信息充分的基础上准确运用《涉外民事关系法律适用法》的法律适用规则，才能推进我国涉外司法的发展。

其次，在涉外司法裁判的承认与执行方面，由于我国没有加入《国际民商事案件中外国判决的承认和执行公约》，目前主要是通过双边合作协议的方式实现司法协助。对于已经签订司法互助协议的国家与地区的司法裁判，我国予以承认与执行，如在"波兰弗里古波尔股份有限公司申请承认和执行波兰共和国法院判决案"中，宁波市中级人民法院便依据我国与波兰签订的《关于民事和刑事司法协助的协定》承认波兰弗罗茨瓦夫上诉法院作出的判决有效，不偏不倚地维护涉外司法的公平性。目前我国虽与八十余个国家和地区签订了引渡条约与司法协助条约，[③] 但在涉外活动纷繁复杂的背景下，这些条约不一定能满足所有的涉外司法需要。特别是气候治理作为一项全球性事务，其所涉及的涉外主体更多、涉外关系更为多样化。因此，如若需要为实现"双碳"目标提供更完备的涉外法治保障，还需探索更多涉外司法裁判的承认与执行合作空间，

---

① 刘婷：《"一带一路"战略下涉外民商事案件法律适用的审判实务研究——以"本地法化"现象为视角》，《天津法学》2018 年第 3 期。

② 张建：《外国法查明问题的各国实践与典型案例——基于若干样本的考察》，《海峡法学》2016 年第 3 期。

③ 龚志军、欧亮：《我国境外追赃间接追回机制的法治优化》，《湖南人文科技学院学报》2022 年第 3 期。

适当地扩大司法协助的范围。

3. 坚持构建平等的国际秩序

在这一层面的涉外法治,我国已经作出了不少努力。如在气候谈判中,我国坚持重申"共区原则",使发展中国家免受发达国家的利益挤压。除此之外,中国也通过发展"一带一路"倡议,对沿线国家的发展提供大力支持,仅在 2021 年中国企业向"一带一路"沿线国家的非金融类投资便已高达 203 亿美元。[①] 截至 2021 年底,已有 145 个国家和 32 个国际组织与我国签署了共建"一带一路"合作文件。可见,世界上大部分国家和组织有强烈的意愿加入"一带一路",与中国建立合作关系,共谋发展。但是,在某些西方发达国家的眼中,却对"一带一路"的性质发生了扭曲。它们认为,由于"一带一路"沿线国家石油、化石能源丰富,中国通过"一带一路"将沿线国家作为高碳产业的转移地,因此这一战略的推进仅仅是为了满足中国的自身发展,却增大了能源消耗,增加碳排放负担。[②] 但实际上,我国"一带一路"的推进是为了通过"南南合作"打破以往南北国家差异造成的国际责任与国际秩序的不平等现象,在"一带一路"进程中也致力于以绿色低碳发展为原则,带动周边沿线国家利用资源优势共同实现低碳转型。当前,由于经济结构与社会情况的实际,在一定时期内我国与"一带一路"沿线国家呈现高碳表象是阶段发展之现实,但这并非代表这种现象会长期存在。2017 年,我国环境保护部、外交部、国家发展改革委、商务部联合发布《关于推进绿色"一带一路"建设的指导意见》,2021 年"一带一路"国家也共同发表了《"一带一路"绿色发展伙伴关系倡议》,表明今后将在清洁能源开发利用、减缓气候变化等方面作出努力,通过"一带一路"实现更多国家的可持续发展。由此表明,与以往西方发达国家主导的双边或多边协商机制不同,我国推进"一带一路"不是为了通过成为规则的制定者而从其他国家汲取利

---

① 王俊峰、白鸥:《加强涉外法律服务人才队伍建设》,《检察日报》2022 年 3 月 28 日。

② 李慧明:《绿色"一带一路"建设与中国在全球气候治理新形势下的国际责任》,《阅江学刊》2020 年第 4 期。

益，而是主张通过"共商共治"充分发挥每一个参与者的优势，实现互利共赢。基于此，中国必须坚持"一带一路"，发挥多边合作与协商机制中的中国力量，构建人类命运共同体，助力平等、友好的国际新秩序形成。

附录："双碳"法律法规或规章与政策文件

第一部分：全国性法律、法规和规章及中央政策文件

1. 综合类

中共中央　国务院关于完整准确全面贯彻新发展理念做好碳达峰碳中和工作的意见

2030年前碳达峰行动方案

2. 应对气候变化

中华人民共和国大气污染防治法

中国应对气候变化的政策与行动（2021）

中国应对气候变化国家方案

强化应对气候变化行动——中国国家自主贡献

中共中央国务院关于深入打好污染防治攻坚战的意见

"十四五"节能减排综合工作方案

生态环境部、国家发展和改革委员会、中国人民银行等关于促进应对

气候变化投融资的指导意见

关于统筹和加强应对气候变化与生态环境保护相关工作的指导意见

应对气候变化南南合作物资援助项目管理暂行办法

企业温室气体排放报告核查指南（试行）

工业炉窑大气污染综合治理方案

重点行业挥发性有机物综合治理方案

3. 循环经济

中华人民共和国循环经济促进法（2018年修正）

国务院关于加快建立健全绿色低碳循环发展经济体系的指导意见

"十四五"循环经济发展规划

关于加快发展农业循环经济的指导意见

4. 清洁能源

中华人民共和国节约能源法

生态环境部关于加强高耗能、高排放建设项目生态环境源头防控的指导意见

国家发展改革委国家能源局关于加快推动新型储能发展的指导意见

关于开展重点行业建设项目碳排放环境影响评价试点的通知

完善能源消费强度和总量双控制度方案

国家发展改革委等部门关于严格能效约束推动重点领域节能降碳的若干意见

关于促进钢铁工业高质量发展的指导意见

氢能产业发展中长期规划（2021—2035年）

生态环境部关于在产业园区规划环评中开展碳排放评价试点的通知

水泥玻璃行业产能置换实施办法

钢铁行业产能置换实施办法

节能低碳技术推广管理暂行办法

节能低碳产品认证管理办法

5. 碳交易市场

中共中央国务院关于加快建设全国统一大市场的意见

关于建立健全生态产品价值实现机制的意见

关于深化生态保护补偿制度改革的意见

碳排放权交易管理办法（试行）

碳排放权登记管理规则（试行）

碳排放权交易管理规则（试行）

碳排放权结算管理规则（试行）

碳排放权交易有关会计处理暂行规定

全国碳排放权交易市场建设方案（发电行业）

国家林业局关于推进林业碳汇交易工作的导意见

碳排放权交易管理暂行条例（草案修改稿）

6. 绿色发展

全国重要生态系统保护和修复重大工程总体规划（2021—2035 年）

国家发展改革委等部门关于推进共建"一带一路"绿色发展的意见

"十四五"工业绿色发展规划

"十四五"全国农业绿色发展规划

“十四五”生物经济发展规划

关于营造更好发展环境支持民营节能环保企业健康发展的实施意见

工业和信息化部人民银行银保监会证监会关于加强产融合作推动工业绿色发展的指导意见

污染治理和节能减碳中央预算内投资专项管理办法

农业绿色发展中央预算内投资专项管理办法

重点区域生态保护和修复中央预算内投资专项管理办法

生态保护和修复支撑体系中央预算内投资专项管理办法

7. 绿色金融与绿色消费

关于构建绿色金融体系的指导意见

金融标准化“十四五”发展规划

对外投资合作绿色发展工作指引

银行业金融机构绿色金融评价方案

中国银保监会关于推动银行和保险业高质量发展的指导意见

关于金融支持海南全面深化改革开放的意见

促进绿色消费实施方案

关于促进绿色消费的指导意见

8. 科学赋能与人才培养

中华人民共和国科学技术进步法

加强碳达峰碳中和高等教育人才培养体系建设工作方案

高等学校碳中和科技创新行动计划

“美丽中国，我是行动者”提升公民生态文明意识行动计划（2021—

2025 年）

关于构建市场导向的绿色技术创新体系的指导意见

彻落实碳达峰碳中和目标要求推动数据中心和 5G 等新型基础设施绿色高质量发展实施方案

科技支撑碳达峰碳中和实施方案（2022—2030 年）

9. 城乡建设与农业农村

中华人民共和国乡村振兴促进法

关于推动城乡建设绿色发展的意见

绿色生活创建行动总体方案

"十四五"城镇生活垃圾分类和处理设施发展规划

国家发展改革委关于开展第三批国家低碳城市试点工作的通知

住房和城乡建设部等 15 部门关于加强县城绿色低碳建设的意见

低碳社区试点建设指南

全国特色小镇规范健康发展导则

农村人居环境整治提升五年行动方案（2021—2025 年）

10. 绿色建筑与绿色交通

绿色建筑行动方案

民用建筑节能条例

绿色建筑创建行动方案

绿色建筑标识管理办法

交通运输部关于全面深入推进绿色交通发展的意见

绿色交通"十四五"发展规划

新能源汽车产业发展规划（2021—2035 年）

新能源汽车生产企业及产品准入管理规定

乘用车企业平均燃料消耗量与新能源汽车积分并行管理办法

第二部分：地方性法规和规章及政策文件
（碳排放权交易试点地区）

1. 北京

北京市碳排放权交易管理办法（试行）

北京市碳排放权抵消管理办法（试行）

北京市碳排放权交易公开市场操作管理办法（试行）

关于规范碳排放权交易行政处罚自由裁量权的规定

关于北京市在严格控制碳排放总量前提下开展碳排放权交易试点工作的决定

北京市碳排放配额场外交易实施细则

关于合作开展京蒙跨区域碳排放权交易有关事项的通知

2. 上海

上海市碳排放管理试行办法

上海市人民政府关于本市开展碳排放交易试点工作的实施意见

上海市碳排放核查第三方机构管理暂行办法（修订版）

上海市碳排放核查工作规则（试行）

上海加快打造国际绿色金融枢纽服务碳达峰碳中和目标的实施意见

上海市生态环境保护“十四五”规划

上海市 2021 年节能减排和应对气候变化重点工作安排

上海环境能源交易所碳排放交易规则

碳管理体系评定工作管理办法

3. 天津

天津市碳达峰碳中和促进条例

天津市碳排放权交易管理暂行办法

天津电力“碳达峰、碳中和”先行示范区实施方案

天津市权益类交易场所监督管理办法

天津排放权交易所会员管理办法

天津排放权交易所碳排放权交易规则（暂行）

天津排放权交易所碳排放权交易结算细则（暂行）

天津市加快建立健全绿色低碳循环发展经济体系的实施方案

4. 广东

广东省碳排放管理试行办法

广东省发展改革委关于企业碳排放信息报告与核查的实施细则

广东省发展改革委关于碳普惠制核证减排量管理的暂行办法

广东省人民政府关于加快建立健全绿色低碳循环发展经济体系的实施意见

广州碳排放权交易中心碳排放配额交易规则（2019 年修订）

广州碳排放权交易中心广东省碳普惠制核证减排量交易规则（2020

年修订）

5. 深圳

深圳经济特区绿色金融条例（绿金条例）

深圳市碳排放权交易管理暂行办法

深圳经济特区碳排放管理若干规定

深圳市工业和信息化局支持绿色发展促进工业"碳达峰"扶持计划操作规程

6. 重庆

重庆市碳排放权交易管理暂行办法

重庆市"碳惠通"生态产品价值实现平台管理办法（试行）

重庆市规划环境影响评价技术指南——碳排放评价（试行）

重庆市节约能源条例

重庆市碳排放配额管理细则（试行）

重庆市工业企业碳排放核算报告和核查细则（试行）

重庆联合产权交易所碳排放交易细则（试行）

重庆联合产权交易所碳排放交易结算管理办法（试行）

重庆联合产权交易所碳排放交易违规违约处理办法（试行）

重庆联合产权交易所碳排放交易风险管理办法（试行）

重庆联合产权交易所碳排放交易信息管理办法（试行）

7. 湖北

湖北省碳排放权管理和交易暂行办法

关于印发开展"碳汇+"交易助推构建稳定脱贫长效机制试点工作的实施意见的通知

境外投责者参与湖北碳排放权交易外汇管理暂行办法

湖北省人民政府关于发展低碳经济的若干意见

关于碳排放权交易基价和交易服务收费标准的通知

湖北省碳排放配额投放和回购管理办法（试行）

湖北省近零碳排放区示范工程实施方案

武汉市碳排放达峰行动计划（2017—2022 年）

后 记

自 2004 年以来，本人即开始关注可持续发展、可再生能源、低碳发展、碳减排、低碳技术等领域的法治问题，就此等问题除发表近百篇学术论文外，还主编出版了《世界能源法研究丛书》（5 部）和《低碳法前沿研究丛书》（5 部）。适逢"双碳"目标提出后，2021 年《南京工业大学学报》（社会科学版）（2021 年第 2 期）发表了本人撰写的《实现碳中和的多元化路径》，随后被《新华文摘》（2021 年第 16 期）全文转载，近期亦有相关系列论文发表。受此影响，经李剑提议，由李剑、张治宇和我共同讨论确定了该书论题和初步想法。在此基础上，由我和李剑组织了多次线上研讨会，形成了共识、确立了基本思路与写作框架及大纲，由各位撰稿人撰写初稿并根据主编意见多次修改，最后由主编统稿审定。

本书是集体创作之成果，具体写作分工如下：杨解君、许政敏撰写第一章，李剑、张治宇撰写第二章，李剑撰写第三章，李剑、庄汉撰写第四章，才凤敏撰写第五章，李俊撰写第六章，杨宁撰写第七章，詹鹏玮撰写第八章，附录部分由翁靖雯整理，最后由杨解君统稿定稿。

本书承蒙人民出版社张燕编辑和王青林编辑的辛勤付出和认真审校，使本书得以及时出版。特此致谢！

杨解君

2022 年 9 月 7 日